Sniffy
O RATO VIRTUAL
Versão Pro 3.0

Dados Internacionais de Catalogação na Publicação (CIP)

Alloway, Tom.
    Sniffy : o rato virtual : versão pro 3.0 / Tom Alloway,
Greg Wilson, Jeff Graham ; tradução: Solange Aparecida
Visconte ; revisão técnica: Marcelo Bevenuti. – São Paulo,
SP : Cengage Learning, 2022.
    310 p. : il. ; 23 cm.

    5. reimpr. da 2. ed. brasileira de 2017.
    Inclui bibliografia, glossário e índice.
    ISBN 978-85-221-2704-7

    1. Psicologia da aprendizagem - Simulação
(Computadores). 2. Condicionamento operante - Programas
de computador. 3. Reflexos condicionados - Programas de
computador. I. Wilson, Greg. II. Graham, Jeff.
III. Visconde, Solange Aparecida. IV. Benvenuti, Marcelo.
V. Título

                       CDU 159.953.5:004.94
                       CDD 153.1526

Índice para catálogo sistemático:

1. Psicologia da aprendizagem : Simulação (Computadores)
159.953.5:004.94

(Bibliotecária responsável: Sabrina Leal Araujo – CRB 10/1507)

Sniffy
O RATO VIRTUAL
Versão Pro 3.0

Tom Alloway
University of Toronto, Campus de Mississauga

Greg Wilson
DID Software, Inc.

Jeff Graham
University of Toronto, Campus de Mississauga

Tradução: Solange Aparecida Visconte

Revisão técnica: Marcelo Benvenuti
Professor Doutor nível I no Instituto de Psicologia
da Universidade de São Paulo e Pesquisador
do Instituto Nacional de Ciência e Tecnologia
sobre Comportamento, Cognição e Ensino.

Austrália • Brasil • México • Cingapura • Reino Unido • Estados Unidos

Sniffy, O Rato Virtual: Versão Pro 3.0
Tradução da 3ª edição norte-americana
2ª edição brasileira

Tom Alloway
Greg Wilson
Jeff Graham

Gerente editorial: Noelma Brocanelli

Editora de desenvolvimento: Gisela Carnicelli

Supervisora de produção gráfica: Fabiana Alencar Albuquerque

Título original: Sniffy: the virtual rat Pro Version 3.0
ISBN 10: 1-111-82793-1
ISBN 13: 978-1-111-82793-9

Tradução da 2ª edição norte-americana: Roberto Galman

Revisão técnica da 2ª edição norte-americana: Igor Ribeiro Sucupira e Marcelo Benvenuti

Tradução desta edição: Solange Aparecida Visconte

Revisão técnica desta edição: Marcelo Benvenuti

Revisão: Danielle Mendes Sales, Rosângela Ramos da Silva, Fábio Gonçalves

Editoração eletrônica: PC Editorial Ltda.

Indexação: Fernanda B. dos Santos

Capa: BuonoDisegno

Imagem da capa: lineartestpilot/Shutterstock

© 2012, 2009 Wadsworth, Cengage Learning
© 2018 Cengage Learning Edições Ltda.

Todos os direitos reservados. Nenhuma parte deste livro poderá ser reproduzida, sejam quais forem os meios empregados, sem a permissão, por escrito, da Editora. Aos infratores aplicam-se as sanções previstas nos artigos 102, 104, 106 e 107 da Lei nº 9.610, de 19 de fevereiro de 1998.

Esta editora empenhou-se em contatar os responsáveis pelos direitos autorais de todas as imagens e de outros materiais utilizados neste livro. Se porventura for constatada a omissão involuntária na identificação de alguns deles, dispomo-nos a efetuar, futuramente, os possíveis acertos.

A Editora não se responsabiliza pelo funcionamento dos sites contidos neste livro que possam estar suspensos.

Para informações sobre nossos produtos, entre em contato pelo telefone **0800 11 19 39**

Para permissão de uso de material desta obra, envie seu pedido para
direitosautorais@cengage.com

© 2018 Cengage Learning. Todos os direitos reservados.

ISBN-13: 978-85-221-2704-7
ISBN-10: 85-221-2704-2

Cengage Learning
Condomínio E-Business Park
Rua Werner Siemens, 111 – Prédio 11 – Torre A – Conjunto 12
Lapa de Baixo – CEP 05069-900 – São Paulo – SP
Tel.: (11) 3665-9900 – Fax: (11) 3665-9901
SAC: 0800 11 19 39

Para suas soluções de curso e aprendizado, visite
www.cengage.com.br

Impresso no Brasil
Printed in Brazil
5. reimpr. – 2022

Dedicatória
Ao rato de laboratório

Sumário

Prefácio: instalando o Sniffy Pro xiii

Agradecimentos xvii

Guia rápido de menus e comandos xix

1 Introdução ao Sniffy 1

Por que criamos Sniffy 1

Como criamos Sniffy, a criatura animada 2

Sniffy, o programa 2

Sniffy é um instrumento de aprendizagem, não um instrumento de
pesquisa 4

Aplicando o que você aprende com Sniffy 6

2 Introdução ao condicionamento clássico 7

Um primeiro exame do Sniffy Pro 7

Pano de fundo do condicionamento clássico 8

A Resposta Emocional Condicionada (CER) 9

A caixa de diálogo Design Classical Conditioning Experiment (Programar Experimentos de Condicionamento Operante) 14

A janela da mente Sensitivity & Fear (Sensibilidade e Medo) 20

A janela da mente CS Response Strengh (Força da Resposta ao CS).. 21

A janela Movement Ratio (Índice de Movimento) 23

O registro cumulativo durante o condicionamento clássico 24

A janela Suppression Ratio (Índice de Supressão) 25

Tipos de associações 26

viii *Sniffy – O rato virtual*

Como obter resultados confiáveis e comparáveis 28

Juntando todas as partes para compreender o condicionamento
clássico 29

Transferindo seus resultados para outros programas 30

Imprimindo todo o conteúdo de uma janela de dados...................... 31

Copiando e colando a parte visível de uma janela 31

3 Fenômenos básicos do condicionamento clássico: aquisição, extinção, recuperação espontânea e efeitos da intensidade do estímulo **33**

Acelerando o tempo 33

Controle de ruído 34

Elementos básicos dos exercícios deste capítulo............................. 35

Exercício 1: aquisição básica de uma CR 35

Exercício 2: extinção 40

Exercício 3: recuperação espontânea 42

Exercício 4: variando a força do CS.. 44

Exercício 5: variando a força do US 52

Questões.. 55

Tarefas para realizar 55

4 Condicionamento com estímulos compostos, bloqueio, sombreamento e superexpectativa **57**

Exercício 6: condicionamento com estímulos compostos comparado
com pareamentos separados de CS 57

Exercício 7: bloqueio... 64

Exercício 8: sombreamento... 69

Exercício 9: superexpectativa 72

Resumo.. 75

Questões.. 75

Tarefas para realizar 76

5 Condicionamento inibitório **77**

Exercício 10: o condicionamento inibitório prévio retarda o
condicionamento excitatório... 78

Exercício 11: condicionamento inibitório medido pela soma de
respostas 82

Questões 86
Tarefa para realizar 86

6 Estruturas associativas no condicionamento clássico: pré-condicionamento sensorial e condicionamento de ordem superior **87**

Elementos básicos 87
Exercício 12: pré-condicionamento sensorial 88
Exercício 13: condicionamento de ordem superior 94
Tarefas para realizar 97

7 A natureza da associação no condicionamento clássico **99**

Elementos básicos 99
Exercício 14: aquisição básica nos quatro modelos 102
Exercício 15: efeito da habituação da UR sobre o condicionamento de primeira ordem 104
Exercício 16: condicionamento básico de ordem superior nos quatro modelos 108
Exercício 17: efeito da extinção do CR de primeira ordem sobre o condicionamento de ordem superior 111
Exercício 18: efeito da habituação do UR sobre o condicionamento de ordem superior 115
Questões 121

8 Habituação, sensibilização, condicionamento contextual e os efeitos de pré-exposição ao CS e ao US **123**

Elementos básicos 123
Exercício 19: habituação, sensibilização e condicionamento contextual 125
Exercício 20: efeito de pré-exposição ao CS 130
Exercício 21: efeito de pré-exposição ao US 132
Comparação da pré-exposição ao CS e ao US com o controle 134
Questão 135
Tarefa para realizar 136

9 Introdução ao condicionamento operante **137**

Edward Thorndike 137
B. F. Skinner 138

Sniffy – O rato virtual

A caixa operante 142

Reforço e punição 143

10 Fenômenos operantes básicos: treinamento para uso do alimentador, modelagem, extinção, recuperação espontânea e reforço secundário 147

Técnica do condicionamento operante 147

A janela da mente Operant Associations (Associações Operantes) ... 148

O registro cumulativo 149

Exercício 22: treinamento para uso do alimentador.............. 150

Exercício 23: modelando Sniffy para pressionar a barra................... 152

Exercício 24: registros cumulativos – visualização das respostas do Sniffy: 156

Exercício 25: extinção 160

Exercício 26: reforço secundário 164

Exercício 27: recuperação espontânea 167

Repertório comportamental do Sniffy 168

Exercício 28: os efeitos da aquisição e extinção nas frequências relativas de comportamentos do Sniffy 171

Tarefa para realizar 175

11 Os efeitos da punição sobre a eliminação da resposta 177

Exercício 29: o efeito de uma única punição suave.............. 177

Exercício 30: o efeito de uma única punição severa.......... 179

Exercício 31: o efeito das punições suaves repetitivas.......... 181

Questões... 182

12 Esquemas de reforçamento e o efeito de reforço parcial 183

Elementos básicos e exemplos.. 183

Esquemas de razão variável (VR) e de intervalo variável (VI) 187

Esquemas de razão fixa (FR) 188

Esquemas de intervalo fixo (FI) 188

Programando um esquema na caixa de diálogo Design Operant Conditioning Experiment (Programas Experimentos de Condicionamento Operante) 189

Exercício 32: colocando Sniffy em um esquema VR pequeno........... 191

Sumário xi

Exercício 33: aumento do valor do esquema VR do Sniffy 193

Exercício 34: esquemas de intervalo variável 194

Exercício 35: esquema de razão fixa 194

Exercício 36: esquema de intervalo fixo 195

Quão realista é o desempenho do Sniffy nos esquemas? 196

Exercício 37: o efeito do reforço parcial sobre a extinção 196

Exercício 38: comportamento adjuntivo 198

Questões e tarefas para realizar 200

13 Discriminação e generalização de estímulos **203**

Elementos básicos e teoria 203

Preparando os experimentos de aprendizagem de discriminação 209

Exercício 39: aprendizagem de discriminação simples com um
tom S+ 215

Exercício 40: generalização de estímulos após a aprendizagem de
discriminação simples com um tom S+ 217

Exercício 41: aprendizagem de discriminação simples com um
tom S– 218

Exercício 42: generalização de estímulos após a aprendizagem de
discriminação simples com um tom S– 220

Exercício 43: aprendizagem de discriminação S+/S– 221

Exercício 44: generalização de estímulos após a aprendizagem de
discriminação S+/S– 222

Comparação de três curvas de generalização 224

Questões 225

Tarefas para realizar 225

14 Modelando comportamentos diferentes de pressão na barra **227**

Exercício 45: modelando Sniffy para pedir 229

Exercício 46: modelando Sniffy para esfregar o focinho 231

Exercício 47: modelando Sniffy para rolar 234

Exercício 48: modelando Sniffy para ter outros comportamentos 236

Exercício 49: como treinar a pedir, esfregar o focinho e rolar afeta a
frequência de outros comportamentos no repertório
comportamental de Sniffy 237

Exercício 50: modelando um gato para pedir ou andar com as
    patas traseiras 240

Questões e tarefas para realizar 243

Apêndice: como gerenciar seus arquivos Sniffy Pro............................... **245**

Pen drives 245

Decidindo onde salvar seus arquivos.................................... 246

Obtendo acesso fácil aos seus arquivos Sniffy a partir da área de
    trabalho de seu computador.. 247

Salvando arquivos 248

Abrindo arquivos... 252

Copiando arquivos de um disco rígido para um pen drive 256

Glossário **261**

Glossário de termos e expressões em inglês-português **269**

Referências... **273**

Índice remissivo.. **275**

Prefácio: instalando o Sniffy Pro

Acesse o site da Cengage

Clique no campo de busca do site, digite Sniffy e tecle Enter. Na tela que abrir, clique na imagem da capa do livro. Você será direcionado para a página deste livro. Clique em "Materiais de apoio" e escolha uma opção entre "Material de apoio para estudantes" ou "Material de apoio para professores". Ao clicar na opção desejada, o download do arquivo será feito. Tenha em mãos a senha disponibilizada neste livro, pois só é possível abrir os arquivos mediante senha. O software Sniffy Pro 6 está dentro da pasta Manual Install.

Requisitos do sistema

Windows

Você vai precisar de um computador compatível com a arquitetura IBM que execute o Windows Vista ou uma versão posterior. O computador deverá ter um processador Intel Core 2 Duo (ou equivalente), e um mínimo de 2 GB de memória de acesso aleatório (RAM).

Macintosh

Você vai precisar de um computador com um processador Intel Core 2 Duo ou um processador PCP que execute Mac OS 10.5 ou posterior. O computador deverá ter pelo menos 2 GB de memória RAM e um DVD player.

Instalação

O programa Sniffy Pro é projetado para ser instalado no disco rígido do computador do usuário. Ele não é projetado para ser executado a partir de um CD ou de um servidor. Tentar executar o programa a partir do CD ou de um servidor poderá conduzir a resultados inesperados e imprevisíveis.

Arquivos FAQ e Read Me

Antes de instalar o programa, leia o arquivo Read Me. Seria também uma excelente ideia acessar o site do Sniffy na Internet para descobrir se um arquivo FAQ revisado ou uma atualização do programa Sniffy Pro se encontram disponíveis. Incluiremos no site um novo arquivo FAQ sempre que houver novas informações.

Windows

♦ Pressione o botão (esquerdo) de seu mouse, clique duas vezes no programa de instalação denominado Sniffy Pro 6 dentro da pasta Manual Install e siga as instruções à medida que você avançar.

♦ O instalador colocará:

◊ O software The Sniffy Pro dentro dos Arquivos de Programa (x86) em seu Disco Local (Drive C).

◊ A pasta Arquivos de Amostras dentro de uma pasta intitulada Arquivos Sniffy Pro Data, que está dentro da pasta Meus Documentos (Biblioteca de Documentos) associada ao seu nome de usuário.

♦ Você deve salvar todos os arquivos Sniffy na pasta Sniffy Pro for Windows para que estejam todos juntos em um mesmo local onde você possa acessá-los facilmente. Ao fazer os exercícios, haverá muitas ocasiões em que poderá economizar tempo e esforço caso tenha disponível o arquivo de um exercício anterior para usar como base para um novo.

Macintosh

♦ Para instalar o aplicativo Sniffy Pro, basta copiá-lo para a pasta Applications no disco rígido de seu Macintosh.

◊ Clique duas vezes no ícone de disco rígido de seu computador, que deve estar localizado na área de trabalho de seu Macintosh. Se necessário, mova o cursor para tornar visível a pasta Applications.

◊ Aponte o cursor para o ícone do aplicativo Sniffy Pro, clique e pressione o botão esquerdo do mouse e arraste o ícone do aplicativo para a pasta Applications em seu disco rígido.

♦ Também recomendamos que você crie uma pasta chamada Sniffy Pro Data Files em seu disco rígido e salve todos os seus arquivos Sniffy nessa pasta. Quando efetuar os exercícios, haverá muitas ocasiões em que você poderá economizar tempo e esforço, se tiver o arquivo de um exercício anterior disponível para utilizar como base para um novo exercício.

♦ Para criar seus Sniffy Data Files dentro de sua pasta Documents:

◊ Clique duas vezes no ícone do disco rígido, o qual provavelmente estará localizado no lado superior direito de sua tela.

◊ Clique duas vezes na pasta Users.

◊ Clique duas vezes em sua própria identidade de usuário.

◊ Sua pasta Documents deve estar visível agora.

◊ Clique duas vezes na pasta Documents para abri-la.

◊ Com o cursor apontado para o interior de sua pasta Documents, pressione as teclas Shift e Command e digite a letra N para criar uma nova pasta dentro de sua pasta Documents. Nomeie imediatamente a nova pasta como Sniffy Data Files.

◊ Após ter criado uma pasta Sniffy Data Files, copie a pasta Sample Files para ela. A pasta Sample Files contém alguns arquivos do Sniffy que poderão ser úteis quando você estiver fazendo os exercícios.

Contato com os autores

Dr. Tom Alloway tom_alloway@me.com
Dr. Jeff Graham jgraham@utm.utoronto.ca
Greg Wilson didsoft@rogers.com

Sobre o revisor técnico

Marcelo Benvenuti é professor doutor nível I no Instituto de Psicologia da Universidade de São Paulo e pesquisador do Instituto Nacional de Ciência e Tecnologia sobre Comportamento, Cognição e Ensino. É psicólogo pela Pontifícia Universidade Católica de São Paulo (1997), mestre em Psicologia pela Universidade de Brasília (2000) e doutor em Psicologia Experimental pela Universidade de São Paulo (2004), com pós-doutorado na Universidade de Brasília (2008-2011). Foi professor da Faculdade de Psicologia da Pontifícia Universidade Católica de São Paulo e professor convidado no Programa Pós-graduação em Ciências do Comportamento da Universidade de Brasília. Foi também presidente da Associação Brasileira de Análise do Comportamento, editor da *Revista Brasileira de Análise do Comportamento* e secretário geral da Sociedade Brasileira de Psicologia. Atua como pesquisador na investigação experimental do comportamento social, em especial nos temas cooperação, aversão à iniquidade e superstição. Trabalha também na discussão da necessidade de articulação entre ciência básica e análise de fenômenos complexos para a formação do psicólogo.

Material de apoio para professores

Na página do livro no site da Cengage também está disponível para professores o manual do instutor (em inglês). Este material contém questões extras de todos os capítulos e suas respectivas respostas.

Agradecimentos

Agradecemos aos muitos alunos, amigos e colegas que ajudaram desde o início deste projeto em 1991. Esta é a quarta edição do software, à qual implementamos animações mais realistas no ano 2000 e novas animações e exercícios em 2004. Somos gratos pela ajuda e pelo apoio do professor Doug Chute da Drexel University, que foi a primeira "pessoa de fora" a perceber o potencial de Sniffy e que nos auxiliou a concretizar o projeto. Agradecemos à CNN, à Télée Quebec e às equipes de noticiário da CBC, que nos ajudaram a promover Sniffy como uma alternativa ética para o uso de animais vivos na área educacional.

Somos muito gratos ao nosso diretor de arte, Allan Sura, por projetar e criar os movimentos de Sniffy com base em um vídeo real de um rato vivo (embora tivesse de usar muita criatividade para algumas das novas façanhas que Sniffy agora pode exibir!). Agradecemos também pelas contribuições artísticas do professor Nick Woolridge, nos primeiros *releases* de Sniffy. Ele trabalhou nas animações iniciais do Sniffy e é responsável por seu ícone. Gostaríamos de agradecer especialmente aos alunos da University of Toronto que ajudaram durante as sessões de teste, em 2010: Bilal Butt, Debbie Fernandes, Arubah Nadeem, Roohie Parmar, Brinda Patel, Komal Siddiqui e Rebecca Szeto.

Agradecemos aos milhares de alunos da disciplina Introdução à Psicologia da University of Toronto, campus de Mississauga, que, ao longo dos últimos 19 anos, usaram em classe os primeiros protótipos do software, e aos alunos da disciplina Condicionamento Clássico e Condicionamento Operante do professor Tom Alloway que realizaram o teste-piloto de 40 exercícios incluídos nesta edição do Sniffy Pro.

Agradecemos o apoio do reitor e dos vice-reitores da University of Toronto (campus de Mississauga), que nos deram seu suporte no início antes que Sniffy atraísse a atenção de um editor. Agradecemos aos diversos revisores que ajudaram a refinar e a salientar características operacionais e temas pedagógicos.

Tom Alloway e Jeff Graham congratulam o coautor Greg Wilson por seu sucesso com a programação do Sniffy Pro para os sistemas operacionais Macintosh e Windows. Greg dedicou-se incansavelmente à tarefa complexa de converter os princípios psicológicos em inteligência artificial demonstrável e o fez enquanto se ocupava com os problemas técnicos complexos do desenvolvimento multiplataforma.

Finalizando, agradecemos à nossa equipe editorial na Cengage, especialmente a Karl Haberlandt (Trinity College), Randall C. Wolfe (Limestone College), Andrew W. Gardner (Northern Arizona University), Donna Goetz (Elmhurst College), Aneeq Ahmad (Henderson State University) e Jennifer Peszka (Hendrix College).

Guia rápido de menus e comandos

Esta seção proporciona uma análise breve dos comandos do menu disponíveis no Sniffy Pro.

Preferences (Preferências)

As Preferences (Preferências) do programa Sniffy Pro aparecem no menu File, no Windows 7, e no menu Sniffy Pro, no Mac OS X.

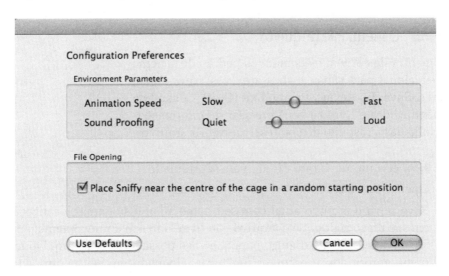

- O controle deslizante Animation Speed (Velocidade da Animação) controla com que velocidade Sniffy se move quando está visível. Ajuste-o de modo que os movimentos de Sniffy pareçam realistas.

xix

♦ O controle deslizante Sound Proofing (Prova de Som) controla o volume dos sons que o programa produz. O volume também é afetado pelo nível de som geral que você definiu para o seu computador.

♦ A caixa de verificação próxima da mensagem "Place Sniffy near the center of the cage in a random starting position" ("Coloque Sniffy perto do centro da gaiola em uma posição inicial aleatória") afeta a randomização comportamental do programa. **Você não deve remover a marca de verificação a menos que tenha uma razão específica para fazer isso.** O programa Sniffy Pro é realista porque simula a variabilidade comportamental de ratos reais. Quando Sniffy aprende alguma coisa, seu aprendizado muda as probabilidades de seus vários comportamentos. Com uma marca de verificação na caixa, o comportamento de Sniffy é randomizado cada vez que um arquivo é aberto, um recurso que significa que você pode utilizar o mesmo arquivo Sniffy como ponto de partida para uma série de experimentos e ainda obter um resultado ligeiramente diferente cada vez que um experimento é realizado. Se você remover a marca de verificação, o comportamento do Sniffy não será randomizado cada vez que um arquivo for aberto; e o grau em que o programa simula a variabilidade comportamental de ratos reais será reduzido.

▬▬ O menu File (arquivo)

O menu File contém os comandos-padrão do sistema operacional para salvar e abrir arquivos: **New, Open, Save, Save As, Revert, Print** e **Exit (Quit)**. Consulte o apêndice deste livro se você precisar de informações detalhadas a respeito de como salvar e abrir arquivos.

New	⌘N
Open...	⌘O
Close	⌘W
Save	⌘S
Save As...	⇧⌘S
Revert	⌘R
Export	
Page Setup...	⇧⌘P
Print...	⌘P

♦ **New** cria um novo rato pronto para ser treinado.

♦ **Open** acessa a caixa de diálogo para abrir arquivos.

♦ **Save** salva o arquivo atual com seu nome atual e sua atual localização em seu disco rígido. Se o arquivo não tiver sido salvo previamente, aparecerá uma caixa de diálogo para que você possa atribuir ao arquivo um nome apropriado e escolher um lugar adequado em seu computador para salvá-lo.

♦ **Save As** acessa uma caixa de diálogo que lhe permite atribuir ao arquivo um nome novo e escolher um lugar apropriado em seu computador para salvar o arquivo.

◆ **Revert** restaura o arquivo ao estado em que se encontrava na última vez em que você o salvou.

◆ **Export Data** produz um arquivo contendo os dados numéricos associados aos dados na janela atualmente ativa. Esses arquivos de dados podem ser abertos na maioria das planilhas e dos programas de análise estatística. Você pode usar esse comando com as janelas Cumulative Record (Registro Cumulativo), Movement Ratio (Índice de Movimento), Suppression Ratio (Índice de Supressão), Discriminative Stimulus (DS) Response Strength (Força da Resposta ao SD) e CS Response Strenght (Força da Resposta ao CS).

◆ **Print Window** imprime a janela atualmente ativa. Você pode usar esse comando com qualquer janela, exceto a Operant Chamber (Caixa Operante).

O menu Edit (Editar)

Undo	⌘Z
Cut	⌘X
Copy	⌘C
Copy Window Image	
Paste	⌘V
Clear	

◆ Os comandos **Undo**, **Copy**, **Cut**, **Paste** e **Clear** não estão implementados no Sniffy Pro.

◆ **Copy Window Image** copia uma imagem bitmap do conteúdo da janela atualmente ativa para a área de transferência. Esse comando proporciona um meio conveniente para inserir imagens das janelas do Sniffy Pro em um documento do editor de textos. Para inserir uma imagem de uma janela Sniffy em um documento de editor de texto:

◊ Selecione a janela cuja imagem você deseja copiar clicando uma vez na janela com o botão (esquerdo) do seu mouse.

◊ Execute o comando Copy Window Image.

◊ Vá ao lugar em seu documento do editor de textos onde você deseja inserir a imagem.

◊ Selecione o comando Paste (ou Paste Special) do menu File do programa editor de textos para inserir sua imagem do Sniffy Pro no documento do editor de textos.

O menu Experiment (Experimentos)

Design Classical Conditioning Experiment	
Change Nature of Association	
Design Operant Conditioning Experiment	
Remove Sniffy for Timeout	
Isolate Sniffy (Accelerated Time)	⌘I
Pause	⌘G
Mark Record	⇧⌘M

Os comandos nesse menu determinam as condições experimentais existentes durante os experimentos do Sniffy Pro e controlam algumas outras funções.

Design Classical Conditioning Experiment
(Programar Experimentos de Condicionamento Clássico)

Executar o comando Design Classical Conditioning Experiment acessa a caixa de diálogo a seguir. As configurações nessa caixa de diálogo determinam as condições experimentais existentes durante os experimentos de condicionamento clássico.

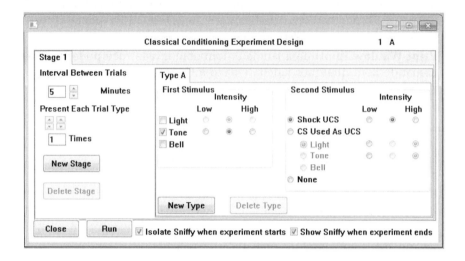

O Capítulo 2 traz instruções detalhadas de como usar essa caixa de diálogo.

Change Nature of Association (Mudar a Natureza das Associações)

Executar o comando Change Nature of Association acessa a seguinte caixa de diálogo:

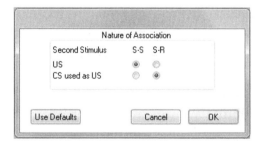

As configurações nessa caixa de diálogo determinam se Sniffy aprende as associações S-S ou S-R durante os experimentos de condicionamento clássico. O Capítulo 7 contém uma discussão detalhada das circunstâncias sob as quais as alterações nessas configurações são apropriadas.

- Clicando nas alternativas S-S ou S-R, você determina se Sniffy aprende uma associação estímulo-estímulo (S-S) ou uma associação S-R ao CS que foi pareado ao US choque ou a outro CS usado como um US.
- Clique no botão Use Defaults para ajustar o modelo de associação aos valores originais do programa:
  ◊ S-S para CSs pareados ao US choque.
  ◊ S-R para CSs pareados a um outro CS usado como um US.
- Clique no botão Cancel para dispensar a caixa de diálogo sem fazer alterações no modelo de associação.
- Clique no botão OK para dispensar a caixa de diálogo e colocar as atuais configurações em operação.
- As configurações de Nature of Association (Natureza das Associações) não podem ser alteradas após o comando Run Classical Conditioning Experiment (Programar Experimentos de Condicionamento Clássico) ter sido executado pela primeira vez em qualquer arquivo Sniffy Pro.

Design Operant Conditioning Experiment (Programar Experimentos de Condicionamento Operante)

Selecionar Design Operant Conditioning Experiment acessa a caixa de diálogo mostrada a seguir, usada para controlar experimentos de condicionamento operante.

O lado esquerdo da caixa de diálogo sob **Reinforcement Schedule (Esquema de Reforçamento)** determina as condições de reforço.

- Selecionar **Continuous** faz que cada instância da resposta selecionada no menu suspenso Reinforcement Action (Ação de Reforço) seja reforçada.
- Para criar um esquema de reforçamento:
  - ◊ Selecione **Fixed** para esquemas de intervalo fixo (FI) ou razão fixa (FR).
  - ◊ Selecione **Variable** para esquemas de intervalo variável (VI) ou razão variável (VR).
  - ◊ Selecione **Responses** para os esquemas FR ou VR.
  - ◊ Selecione **Seconds** para os esquemas FI ou VI.
  - ◊ O número que você indicar na caixa de texto nesta seção determina o valor do esquema em termos de número de respostas para esquemas de razão ou de segundos para esquemas de intervalo.
- Selecionar **Extinction (Extinção)** faz que o reforço seja desligado. Nenhuma das pressões na barra feita por Sniffy produz pelotas de alimento.
  - ◊ Selecionar **Mute Pellet Dispenser (Dispensador de Pelotas Silencioso)** elimina o som do dispensador de alimento como consequência da pressão na barra.
  - ◊ Para produzir as condições de **extinção-padrão**, deve-se selecionar o Mute Pellet Dispenser.
  - ◊ Se o Mute Pellet Dispenser não for selecionado, Sniffy continuará a ouvir o som do dispensador de alimento sempre que pressionar a barra. A seleção de Extinction com o Mute Pellet Dispenser desligado é usada para estudo do **reforço secundário**.
- A seleção feita no menu suspenso sob **Reinforcement Action (Ação Reforçada)** determina que resposta operante o programa reforça automaticamente.

As condições existentes durante os experimentos de **discriminação** e os testes de **generalização de estímulos** são controladas pelo lado direito da caixa de diálogo sob **Discrimination/Generalization**. Quando um experimento de diferenciação ou generalização *não* estiver sendo conduzido, a alternativa None deve ser selecionada para S+ e S–.

- Durante os experimentos de aprendizagem de discriminação, Sniffy é exposto a intervalos alternados de 1 minuto durante os quais as condições do estímulo selecionadas sob S+ e S– são apresentadas.
  - ◊ Durante os períodos S+, as pressões à barra exercidas por Sniffy são reforçadas de acordo com o esquema de reforço estabelecido no lado esquerdo da caixa de diálogo.

◊ Durante os períodos S–, as pressões na barra exercidas por Sniffy nunca são reforçadas.

◊ O Capítulo 13 contém uma descrição detalhada dos tipos de experimentos de aprendizagem de discriminação que o Sniffy Pro simula.

♦ Para preparar um teste de generalização de estímulos:

◊ Selecione Extinction.

◊ Assegure-se de selecionar Mute Pellet Dispenser.

◊ Coloque um sinal ✓ na caixa ao lado de Generalization Test.

◊ Selecione a condição de estímulo que estará em vigor durante o teste, indicando-a no menu suspenso sob Generalization Test.

Remove Sniffy for Time-Out (Remover Sniffy para um Período de Espera)

O comando Remove Sniffy for Time-Out acessa a seguinte caixa de diálogo:

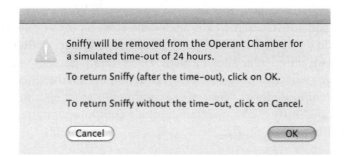

Esse comando é usado em experimentos sobre **recuperação espontânea**. Veja os Capítulos 3 e 10 para conhecer descrições detalhadas de experimentos nos quais o comando é empregado. Na caixa de diálogo:

♦ Clique no botão OK para simular a Sniffy um período de descanso de 24 horas em seu compartimento.

♦ Clique no botão Cancel para dispensar a caixa de diálogo sem dar a Sniffy um período de descanso.

Isolate Sniffy (Accelerate Time) (Sniffy Isolado – Tempo Acelerado)

O comando Isolate Sniffy (Accelerate Time) encontra-se disponível sempre que Sniffy estiver visível. Executar o comando substitui a visão de Sniffy movendo-se em sua caixa operante pela seguinte janela:

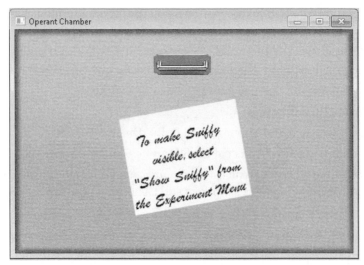

* Para deixar o Sniffy visível, selecione "Show Sniffy" no menu Experiment.

A ilustração mostra a parte externa de uma caixa à prova de som e com ar condicionado do tipo que muitos psicólogos que estudam condicionamento operante usam para isolar seus animais vivos, que facilmente se distraem com estímulos externos no laboratório. Sempre que essa ilustração aparecer na tela, seu computador processará o experimento atual com mais rapidez do que quando Sniffy estiver visível, porque o computador não tem de mostrar os movimentos de Sniffy.

Show Sniffy (Mostrar Sniffy)

O comando Show Sniffy encontra-se disponível sempre que a câmara de isolamento de Sniffy estiver sendo mostrada. Executar o comando faz reaparecer a animação de Sniffy.

Pause and Resume (Interromper e Continuar)

O comando Pause encontra-se disponível sempre que o programa estiver sendo executado. Utilizá-lo faz a operação do programa ser suspensa até que o comando Resume seja executado. O comando Pause pode ser útil quando você for interrompido durante um experimento em andamento.

Mark (Record) (Sinalizar – Registrar)

Esse comando faz que um pequeno sinal vertical seja colocado logo abaixo do topo da janela Cumulative Record para ressaltar o fato de que ocorreu algum evento que você deseja registrar. Por exemplo, ao treinar Sniffy para pressionar a barra, você poderia sinalizar o registro para indicar a hora em que o assistente de laboratório disse que o treinamento de Sniffy estava completo.

O menu Windows

Os comandos no menu Windows tornam visíveis as janelas específicas do Sniffy Pro. Selecionar uma delas reabrirá uma janela que havia sido fechada ou trará à frente qualquer janela que se encontrar atualmente obscurecida por uma outra. Observe que Cumulative Records e Mind Windows estão agrupados em submenus distintos.

Introdução ao Sniffy

Por que criamos Sniffy

Sniffy Pro é uma maneira acessível e humana de proporcionar aos alunos um acesso prático aos principais fenômenos de condicionamentos operante e clássico que os cursos de Psicologia da Aprendizagem normalmente discutem. Embora os psicólogos acreditem que os fenômenos simulados pelo programa Sniffy Pro desempenhem um papel preponderante nos comportamentos humano e animal, os cursos que discutem esses tópicos usualmente se desenvolvem por meio de aulas expositivas que não proporcionam aos alunos a possibilidade de obter prática de laboratório. Existem duas razões principais para essa omissão.

A primeira razão é o custo. O dispositivo mais comum que os psicólogos usam para estudar os condicionamentos clássico e operante é a **caixa operante**, um compartimento especial que contém uma barra a qual um rato pode ser treinado a pressionar e com dispositivos para proporcionar alimento e água além de outros estímulos. Um computador ligado à caixa registra automaticamente as respostas do rato e controla a apresentação do estímulo. Um arranjo básico consistindo em uma caixa operante, um computador para controlá-la e uma interface apropriada entre os dois custa cerca de 3.500 dólares. Poucas faculdades possuem condição de adquirir esse equipamento na quantidade exigida a fim de oferecer aulas práticas em laboratório para um curso de psicologia da aprendizagem. Além disso, a regulamentação atual relativa ao trato dos animais especifica padrão rigoroso para o cuidado de animais usados em ensino e pesquisa. Normalmente, essa regulamentação exige não apenas que os animais sejam colocados em compartimentos limpos e recebam alimento e água segundo critérios adequados; ela também especifica que o espaço onde eles ficam precisa receber mais ar fresco e ter um melhor controle de temperatura e umidade do que as salas que as pessoas ocupam. Instalações que obedecem a esses padrões são caras para construir e manter. A fim de cobrir esses custos são cobradas usualmente taxas diárias de manutenção para cada animal; essas taxas somariam um valor elevado se cada aluno matriculado em um curso tivesse seu próprio rato para estudar.

Um segundo motivo pelo qual os alunos de cursos em faculdades raramente possuem acesso a animais é que algumas pessoas consideram que o uso de animais vivos para fins de ensino, em que o resultado de cada experiência pode ser previsto com confiança baseando-se em resultados anteriores, viola os princípios éticos de tratamento humano dispensados aos animais. Algumas pessoas apegam-se a essa opinião mesmo quando os animais usados para ensino nunca são expostos a nenhum desconforto. A oposição é muito mais disseminada se eles forem sujeitos a estímulos prejudiciais.

Não obstante, estudar a aprendizagem dos animais sem ter condições de observar como os experimentos são preparados e os dados são colhidos mantém os alunos isolados de um importante e fascinante conjunto de fenômenos comportamentais. O programa Sniffy Pro foi criado para acabar com esse isolamento.

Como criamos Sniffy, a criatura animada

Criamos o personagem animado Sniffy que você vê em sua tela de computador gravando em videoteipe um rato vivo de laboratório à medida que se movimentava espontaneamente em um compartimento de vidro com fundo azul. As sessões de gravação ocorreram em uma sala confortável e razoavelmente silenciosa, e simplesmente deixamos o rato apresentar os comportamentos que iam sendo produzidos. Das várias horas de gravação que acumulamos, selecionamos 40 sequências de comportamento de curta duração que mostram o rato movimentando-se no compartimento, apoiando-se contra as paredes, cuidando de si e tendo outros comportamentos típicos de um rato. Em uma etapa final, removemos o fundo azul de cada quadro desses videoclipes e ajustamos o brilho e o contraste nas imagens resultantes a fim de produzir quase 600 quadros de animação que mostram o rato em diferentes posturas e orientações. O programa Sniffy Pro exibe esses quadros em várias sequências e posições para produzir o animal virtual que você vê.

Sniffy, o programa

O programa Sniffy Pro permite que você prepare e execute uma grande variedade de experimentos de condicionamentos clássico e operante e lhe permite colher e dispor dados de uma maneira que simula o modo como os psicólogos trabalham em seus laboratórios. Além disso, em razão de o programa simular e mostrar simultaneamente alguns dos processos psicológicos que os psicólogos acreditam ser empregados pelos animais (e pelas pessoas), o Sniffy Pro apresenta-lhe alguns aspectos da aprendizagem que você não poderia observar caso estivesse trabalhando com um animal vivo.

Em um rato real, a aprendizagem é o resultado de interações bioquímicas entre bilhões de neurônios no cérebro. Como consequência desses processos fisiológicos, os animais adquirem informações em eventos no mundo externo e em como seu comportamento afeta esses eventos. Um aspecto da aprendizagem envolve a aquisição de informações em sequências de eventos no mundo. Quando um estímulo regularmente precede e é preditor de outro, os animais modificam seu comportamento sob certos aspectos; os psicólogos denominam esse tipo de aprendizagem **condicionamento clássico** (ou **respondente**). Um segundo aspecto da aprendizagem envolve a aquisição de associações entre comportamentos (respostas) e eventos externos (estímulos); os psicólogos denominam esse tipo de aprendizagem **condicionamento operante** (ou **instrumental**).

Embora acreditemos que os processos neurofisiológicos no cérebro sejam responsáveis, em última instância, pelas mudanças de comportamento aprendidas após observação, os psicólogos geralmente discutem os condicionamentos operante e clássico em termos de aquisição e modificação de associações. Em certo grau, descrevemos a aprendizagem em termos associativos porque não compreendemos suficientemente bem os processos fisiológicos para explicar plenamente nossas constatações em termos fisiológicos. No entanto, os processos psicológicos e fisiológicos também constituem diferentes níveis de explicação (Keller e Schoenfeld, 1950; Skinner, 1938). Portanto, não precisamos compreender os processos fisiológicos em detalhes a fim de explicar a aprendizagem em termos psicológicos.

Até certo ponto, o relacionamento entre processos neurofisiológicos e explicações psicológicas da aprendizagem é análogo ao relacionamento entre a atividade elétrica nos circuitos eletrônicos de seu computador e os processos psicológicos simulados que formam a base para o comportamento de Sniffy. Seu computador contém o equivalente a diversos milhões de transistores que, de certo modo, são análogos aos neurônios no cérebro do rato. O programa Sniffy usa o conjunto de circuitos eletrônicos de seu computador para simular os mecanismos psicológicos que muitos psicólogos utilizam para explicar a aprendizagem em animais e pessoas reais. Uma vantagem da simulação pelo computador é que podemos programar um computador não apenas para simular certos processos psicológicos, mas também para exibir os processos simulados. Essa possibilidade nos permitiu desenvolver um conjunto de telas que denominamos **janelas da mente**.

Essas janelas da mente mostram como o comportamento de Sniffy interage com os eventos na caixa operante para criar, fortalecer e enfraquecer as associações que o modificam. Portanto, o programa Sniffy Pro não permite apenas preparar experimentos e registrar e mostrar dados comportamentais de modo similar ao dos psicólogos, ele também permite observar como os processos psicológicos de Sniffy operam. Consideremos que ser capaz de observar os processos psicológicos de Sniffy tornará mais fácil compreender como a aprendizagem se desenvolve.

Uma outra diferença entre Sniffy e um rato real é que você pode determinar a natureza do processo de aprendizagem de Sniffy em algumas situações. Em virtude de os processos psicológicos de animais reais não serem observáveis, frequentemente os psicólogos executam experimentos criados para lhes permitir inferir quais de dois ou mais processos psicológicos plausíveis estão efetivamente envolvidos em uma situação de aprendizagem específica. Em alguns poucos casos, concedemos a Sniffy a capacidade de aprender de duas maneiras diferentes. Nesses casos, você pode determinar que tipo de processo psicológico Sniffy empregará em uma experiência particular, observar o processo psicológico em operação e ver como sua escolha afeta os resultados. Em muitas situações, dois mecanismos diferentes produzirão resultados idênticos. No entanto, também mostraremos alguns experimentos nos quais os resultados serão diferentes quando Sniffy empregar processos de aprendizagem diferentes.

Esperamos que ser capaz de ver como a escolha de um processo psicológico algumas vezes afetará, porém muitas vezes não afetará, o resultado de um experimento ajude a compreender o grau de desafio de uma tarefa para os psicólogos ao criarem experimentos que lhes capacitem inferir que processos psicológicos os organismos reais efetivamente empregam.

▃▃▃ Sniffy é um instrumento de aprendizagem, não um instrumento de pesquisa

O programa Sniffy Pro é o resultado de inovações na tecnologia computacional que permitem a simulação e a exibição de processos complexos em computadores relativamente baratos. No entanto, os processos psicológicos e os fenômenos comportamentais que o programa simula são característicos de organismos vivos. Descobrir esses processos e fenômenos exigiu mais de um século de pesquisas com participantes animais e humanos. Avanços futuros no entendimento científico do conhecimento também necessitarão de pesquisas sobre organismos vivos. O Sniffy Pro e outras simulações por computador são instrumentos fascinantes para demonstrar aquilo que já conhecemos, porém não podem substituir um ser real quando se trata de adquirir novos conhecimentos científicos.

Sniffy não é um rato real. Na verdade, Sniffy não é sequer a mais realista simulação de um rato real que poderíamos ter criado.

O programa Sniffy usa um rato como um tipo de metáfora para ajudar você a compreender a psicologia da aprendizagem. Ao criar Sniffy como um auxílio para a aprendizagem, sacrificamos deliberadamente o realismo sempre que o julgamos interferindo no modo de criação de um instrumento útil para os alunos. Além de aspectos imediatamente óbvios, como as janelas da mente e a capacidade para escolher qual processo de aprendizagem Sniffy empregará em certas situações, eis aqui alguns dos aspectos deliberadamente irrealistas a respeito de Sniffy:

♦ Você estará usando o alimento como um reforçador (uma recompensa) para treinar Sniffy a pressionar a barra ou a fazer outras coisas na caixa operante. Sniffy está sempre pronto a trabalhar para obter alimento, independentemente de quanto ele tenha comido recentemente. Em contraste, ratos reais ficam saciados do alimento e deixam de trabalhar para obtê-lo quando já ingeriram o suficiente. Poderíamos ter simulado a saciação, mas decidimos não o fazer porque se trata principalmente de um fenômeno motivacional, e não de aprendizagem. Se você vier alguma vez a fazer pesquisas usando o reforço alimentar com animais reais, terá de aprender como os psicólogos controlam esse fator motivacional quando criam experimentos de aprendizagem. No entanto, os livros didáticos de psicologia da aprendizagem raramente discutem a saciação, as explicações psicológicas dos fenômenos de aprendizagem lhe fazem pouca referência e julgamos que simular a saciação introduziria uma inconveniência desnecessária para os alunos de Psicologia da Aprendizagem.

♦ Os ratos reais aprendem algumas coisas bem lentamente. Em um experimento no qual um animal é ensinado a diferenciar a presença e a ausência de um estímulo reforçando as pressões na barra quando o estímulo é apresentado e não as reforçando quando o estímulo é retirado, um rato real exige muitas sessões de treinamento antes que seja obtida a diferença máxima no ritmo da pressão da barra na presença e na ausência do estímulo (Keller e Schoenfeld, 1950). Em contraste, Sniffy aprenderá a diferenciação em menos de uma hora. Sniffy também se adapta a alterações nos esquemas de reforçamento com muito mais rapidez que um rato real. Fazer Sniffy aprender de modo rápido e irrealista nessas situações lhe dá tempo para estudar um maior número de fenômenos de aprendizagem, e julgamos que oferecer a oportuni-

dade para o estudo de fenômenos adicionais seja mais importante que simular de modo realista a rapidez com que os ratos aprendem.

Aplicando o que você aprende com Sniffy

Os princípios de aprendizagem que Sniffy exemplifica possuem muitas aplicações no mundo real e em áreas tão diversas como a alteração terapêutica do comportamento humano e o treinamento de animais para fins utilitários, para divertimento, para esporte ou com fins lucrativos. Além de uma compreensão integral dos princípios de aprendizagem, aplicar eficazmente os princípios dos condicionamentos operante e clássico em situações da vida real envolve quase sempre grandes doses de engenhosidade criativa e refinamento. Para tornar-se um profissional da modificação terapêutica do comportamento humano, você precisa concluir o bacharelado em Psicologia, frequentar um curso de pós-graduação, estudar a modificação do comportamento sob a orientação de um profissional e atender às exigências para registro oficial na jurisdição na qual você planeja trabalhar. Essas exigências educacionais e profissionais foram estabelecidas visando assegurar a aplicação eficaz e ética dos princípios de aprendizagem que Sniffy simula.

Os padrões para os futuros treinadores de animais são muito menos exigentes. Qualquer pessoa pode adquirir um cachorrinho e tentar treiná-lo. No entanto, se você conseguir um cachorrinho e, subsequentemente, quiser transformar o animalzinho indisciplinado que possui agora no membro obediente e bem-comportado do lar que você havia vislumbrado, será aconselhável providenciar a sua matrícula e a de seu cachorrinho em uma escola para treinamento de cães que tenha boa reputação. De modo idêntico à modificação do comportamento humano, o treinamento ético de animais envolve combinar uma compreensão abrangente dos princípios científicos com engenhosidade e refinamento. Os melhores treinadores de animais entendem a ciência e a arte. Sniffy o auxiliará a aprender a ciência, porém você precisa adquirir a arte em outro lugar. Deixar de adquirir a arte antes de tentar aplicar a ciência pode produzir resultados inesperados e, algumas vezes, até mesmo perigosos.

Introdução ao condicionamento clássico

2

Um primeiro exame do Sniffy Pro

Chegou a hora de examinar o programa Sniffy Pro e iniciar o treinamento de Sniffy.[1]

> ♦ Localize a pasta onde você instalou o programa Sniffy Pro e os arquivos de demonstração no disco rígido de seu computador.
>
> ♦ Inicie o programa.

Dependendo de você estar usando o Sniffy Pro com Windows XP ou Mac OS X, quando o programa abrir, a tela de seu computador deve ficar parecida com uma das imagens mostradas a seguir. (Se você estiver usando versões mais antigas do Windows ou do Mac OS, a aparência do programa e suas respectivas janelas serão ligeiramente diferentes.)

Quando você iniciar pela primeira vez o Sniffy Pro, duas janelas serão visíveis:

♦ A janela Operant Chamber é aquela na qual você vê Sniffy se movimentando. A barra de título no alto da janela contém o nome do arquivo Sniffy que está sendo utilizado no momento. Por você ainda não ter salvo um arquivo Sniffy, ele é denominado Untitled no Mac OS X. No Windows, a janela é chamada Operant Chamber (Caixa Operante).

♦ A janela Lab Assistant Helpful Advice (Assistência do Laboratório) fornece sugestões úteis a respeito do que fazer em seguida ou acerca do estado de seu atual experimento com Sniffy. Neste caso, ela está sugerindo

---

[1] Neste manual, as instruções detalhadas específicas para a realização de determinados exercícios são apresentadas em um fundo de cor cinza.

que, para planejar um experimento de condicionamento clássico, você deve selecionar o comando Design Classical Conditioning Experiment do menu Experiment, ou que, para planejar um experimento de condicionamento operante, você deve selecionar o comando Design Operant Conditioning Experiment.

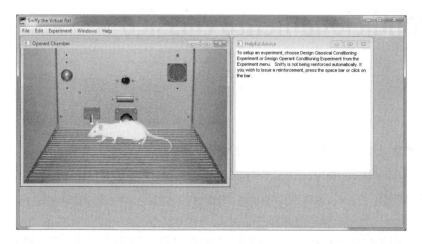

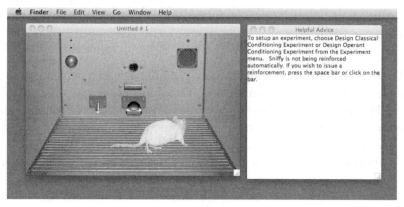

Em todo o restante deste manual, algumas vezes mostraremos exemplos do modo como o programa aparece no Windows 7 e algumas vezes no Mac OS X. Em virtude de o programa operar identicamente em ambos os sistemas operacionais, seria redundante mostrar ilustrações dos dois sistemas.

Pano de fundo do condicionamento clássico

O condicionamento clássico é a forma de aprendizagem resultante quando ocorrem confiavelmente dois estímulos em uma sequência de modo que o primeiro seja preditor à ocorrência do segundo. Usualmente, os estímulos possuem graus diferentes de importância biológica para o organismo, com o estímulo menos importante vindo antes do mais importante. Grande parte dos fenômenos de condicionamento clássico foi descrita inicialmente pelo fisiologista russo Ivan Pavlov e seus colaboradores, os primeiros a examinar sistematicamente essa forma de aprendizagem (Pavlov, 1927). Duas outras designações para o mesmo tipo de aprendizagem são **condicionamento pavloviano** e **condicionamento respondente**.

No condicionamento clássico, o estímulo que acontece primeiro na sequência temporal é denominado **estímulo condicionado (CS)** e o estímulo que ocorre em segundo lugar é denominado **estímulo incondicionado (US)**. O US possui, inicialmente, a capacidade para eliciar uma resposta óbvia e fácil de medir denominada **resposta incondicionada (UR)**. A resposta inicial ao CS é denominada **resposta de orientação (OR)**, porém a OR muitas vezes é muito fraca, a ponto de os psicólogos tratarem o CS como se fosse um estímulo neutro que inicialmente não elicia nenhuma resposta. Em outras palavras, a OR ao CS raramente é medida.

O **procedimento de aquisição do condicionamento clássico** consiste em apresentar o CS um pouco antes do US repetidas vezes. Como consequência desses pareamentos repetidos e sequenciais de estímulos, o CS adquire gradualmente a capacidade de eliciar uma nova resposta aprendida, denominada **resposta condicionada (CR)**. Usualmente – mas não sempre –, a CR se parece com a UR, no sentido de que a CR é formada por certos componentes da UR.

Em suas primeiras experiências, Pavlov e seus colaboradores usaram alimento colocado na boca de cães privados de alimento como US. O alimento colocado na boca de um cão faminto elicia a mastigação, o ato de engolir e a salivação como UR. O grupo de Pavlov usou como CSs vários sons, luzes e estímulos táteis de intensidade média, nenhum dos quais possuía nenhuma tendência inicial para eliciar uma resposta parecida com a UR ao alimento. Quando pareados repetidamente com a apresentação de alimento, todos esses CSs adquiriram gradualmente a capacidade de eliciar salivação. Durante quase um século desde que Pavlov divulgou pela primeira vez suas descobertas, foram realizadas milhares de experiências de condicionamento clássico empregando dezenas de espécies diferentes e uma ampla variedade de estímulos diferentes como US e CS.

■■■■ A Resposta Emocional Condicionada (CER)

O Sniffy Pro simula uma forma de condicionamento clássico denominada **resposta emocional condicionada (CER)** ou **supressão condicionada**. Estes e Skinner (1941) foram os primeiros a apresentar um paradigma experimental para a produção e medida dessa forma de condicionamento clássico. Sons intensos e súbitos e choques elétricos aplicados às patas de um rato são estímulos que possuem intrinsecamente a capacidade para interromper uma sequência de comportamentos do animal. O rato pula quando o som é elevado ou o choque ocorre e, então, se imobiliza (*freezes*),[2] isto é, permanece imóvel por um período de tempo. Portanto, ruídos muitos intensos e choques nas patas podem ser usados como USs para produzir imobilidade como UR. Em contraste, sons menos intensos e luzes moderadamente brilhantes produzem inicialmente pouco ou nenhum efeito no comportamento atual de um rato. Por essa razão, esses estímulos podem ser usados como CSs. O procedimento de condicionamento consiste em apresentar o estímulo que está sendo usado como CS por um período de tempo antes de apresentar muito brevemente o US. Usualmente, o CS e o US terminam simultaneamente. Em experimentos distintos, o período de tempo durante cada tentativa quando somente o CS é apresentado isoladamente varia normalmente entre 30 e 120 segundos (Mazur, 1998; Domjan, 1998 e 2010). A duração do US é geralmente de 1 segundo ou menos. Como consequência da combinação do CS com o US, o CS adquire gradualmente a capacidade para interromper a cadeia de comportamentos do rato e induzir ao congelamento motor.

Ao longo dos últimos 40 anos aproximadamente, a CER tem se tornado a forma de condicionamento clássico que os psicólogos da América do Norte estudam mais comumente. Existem, provavelmente, duas razões principais para essa preferência. Em primeiro lugar, a CER proporciona uma preparação experimental para estudar a aquisição de uma resposta muito importante e interessante – o medo. Em segundo, em razão de todo o processo de apresentação de estímulos e de coleta de dados poder ser automatizado, a CER é uma forma muito conveniente de condicionamento clássico para ser estudada.

Conforme descrito originalmente (Estes e Skinner, 1941) e na maior parte dos atuais laboratórios, os estudos envolvendo a CER normalmente se iniciam empregando-se procedimentos de condicionamento operante para treinar um rato a fim de pressionar a barra e obter um reforço alimentar ou água, em um esquema de reforço que produz resposta estável e constante.[3] O número constante de pressões na barra é então adotado como uma linha de base em função da qual se medem os efeitos da apresentação de estímulos. No entanto, em virtude de quase todos os livros didáticos de Psicologia da Aprendizagem discutirem o condicionamento clássico antes do condicionamento operante, julgamos que seria importante proporcionar aos usuários do Sniffy Pro uma maneira para estudar a CER antes de aprenderem o condicionamento operante. O Sniffy Pro capacita o aluno, correspondentemente, a medir a imobilização relacionada a medo de dois modos.

---

[2] A reação de imobilidade é um efeito comum nesse tipo de experimento com choque. A expressão em inglês para descrever tal estado de imobilidade é *freezing* e tem sido tradicionalmente traduzida como congelamento na literatura especializada em português, tradução que adotaremos no presente texto. (N.R.T)

[3] Veja o Capítulo 12.

Para medir o comportamento de imobilização nos experimentos em que Sniffy não foi treinado para pressionar a barra, empregamos uma medida denominada **índice de movimento**. Essa medida é a proporção de tempo durante cada apresentação do CS em que Sniffy está manifestando congelamento e outros comportamentos relacionados ao medo. À medida que aumentar o número de vezes em que o US se seguiu às ocorrências do CS, aumentará a proporção de tempo durante o CS quando Sniffy manifestará comportamentos de medo. O índice de movimento, conforme implementado no Sniffy Pro, proporciona uma medida comportamental convincente do condicionamento clássico quer Sniffy *tenha ou não* sido previamente treinado para pressionar a barra na caixa operante.

O outro modo para medir as respostas condicionadas de medo de Sniffy exige que ele seja treinado inicialmente para pressionar a barra em sua caixa operante para obter reforço alimentar. A segunda medida, denominada **índice de supressão**, é a medida de resposta mais comumente usada por pesquisadores que estudam a CER com ratos vivos. A ideia básica por trás do índice de supressão consiste em comparar o índice de pressão na barra (o número de pressões na barra por minuto) durante o CS (Índice Durante o CS) ao índice de pressões na barra durante o período de tempo que precede imediatamente a apresentação do CS (Índice Pré-CS). Quando os períodos de tempo Pré-CS e Durante o CS tiverem a mesma duração (como no Sniffy Pro), comparar os índices de pressão na barra é equivalente a comparar o número de pressões na barra durante o CS (Pressões na Barra Durante o CS) ao número de pressões na barra no período que precede o CS (Pressões na Barra Pré-CS). Se o CS não elicia uma resposta de medo, o número de pressões na barra durante esses dois períodos de tempo deve ser aproximadamente igual. No entanto, se o CS suprimir a pressão na barra, então as pressões na barra Durante o CS serão menores que as pressões na barra Pré-CS. Para obter uma medida quantitativa da supressão da pressão na barra em resposta ao CS, o índice de supressão é expresso como a razão entre as Pressões na Barra Durante o CS e a soma das Pressões na Barra Durante o CS com as Pressões na Barra Pré-CS. Sob forma de equação, o índice de supressão é definido como:

$$\frac{\text{Índice de}}{\text{supressão}} = \frac{\text{Pressões na Barra Durante o CS}}{\text{Pressões na Barra Durante o CS + Pressões na Barra Pré-CS}}$$

Vamos raciocinar um pouco a respeito de como essa equação funciona. Se a apresentação do CS não afeta o ato de o animal pressionar a barra (se Pressões na Barra Durante o CS = Pressões na Barra Pré-CS), então o denominador da função será o dobro do numerador e o índice de supressão será igual a 0,5. No entanto, se o CS suprimir a pressão na barra de modo que o rato pressione menos durante o CS do que durante o período Pré-CS, o índice de supressão será menor que 0,5; se o rato nunca pressionar a barra durante o CS, o índice de supressão será zero. Em um experimento de CER no qual o CS está sendo pareado com um US aversivo, as Pressões na Barra Durante o CS raramente deveriam (e então somente por acaso) ser maiores do que as Pressões na Barra Pré-CS, de modo que o índice de supressão geralmente deveria ser inferior ou igual a 0,5. Na primeira tentativa de treino (antes de o animal ter sido submetido ao US), o índice de supressão deveria ficar em torno de 0,5. Então, à medida que o condicionamento prosseguisse, o valor do índice de supressão deveria diminuir até finalmente se nivelar em um valor médio menor que 0,5. Para calcular o índice de supressão, o programa Sniffy Pro compara a taxa de respostas de Sniffy durante os 30 segundos que precedem cada apresentação do CS com a taxa de respostas durante o CS.

O condicionamento da CER é relativamente rápido com ratos reais e com Sniffy. O condicionamento máximo (ou quase) é alcançado após 10 pareamentos CS-US. O US que o programa Sniffy Pro simula é o choque elétrico na pata aplicado por meio de barras metálicas paralelas que formam o piso da caixa operante de Sniffy. A duração do choque é sempre de 1 segundo. A duração do CS é sempre de 30 segundos. Quando o US choque estiver sendo pareado com o CS, o US choque ocorre durante o último segundo do CS.[4] Aplicar o choque no Sniffy interrompe imediatamente o seu comportamento. Ele salta e então permanece imóvel. Quando ele começa a se mover novamente, acessos de congelamento são intermeados por atenção com o próprio corpo e comportamento exploratório. Após alguns minutos, o efeito do choque desaparece. Se Sniffy tiver sido treinado para pressionar a barra, as pressões na barra continuarão. Se ele não tiver sido treinado para pressionar a barra, ele voltará a mover-se pelo compartimento e a participar de suas outras atividades normais.

Para animar a UR de Sniffy ao US choque, aplicamos alguns artifícios a sequências de quadros de animação obtidas do videoteipe de um rato que *não* havia recebido choques ou sido exposto a nenhuma outra forma de estímulos prejudiciais. Consideramos que o resultado parece plausível, porém não sabemos quão realista ele é. Os psicólogos que estudam a CER praticamente nunca fornecem descrições detalhadas da UR de seus animais ao US. Para criar uma simulação realista da resposta de um rato ao choque, precisaríamos ter feito o videoteipe de um rato que estivesse recebendo um choque, porém não fizemos isso.

---

[4] Todas as durações mencionadas estão no tempo do programa Sniffy. O tempo do programa é aproximadamente equivalente ao tempo cronológico quando a animação de Sniffy é planejada para operar em um ritmo que pareça realista. No entanto, o tempo do programa e o tempo cronológico raramente serão exatamente equivalentes.

No programa Sniffy Pro, o US choque possui três níveis de intensidade: baixa, média ou alta. A reação inicial de Sniffy aos choques dessas três intensidades é a mesma. Na primeira vez que recebe um choque, Sniffy não levará mais tempo para retornar ao comportamento normal após receber um choque de alta intensidade do que após receber um choque de baixa intensidade. Em ambos os casos, após receber um choque inicial, Sniffy exigirá cerca de 2 minutos antes de seu comportamento retornar ao nível normal, pré-choque. No entanto, sua reação às apresentações repetidas do choque é diferente para os três níveis de choque:

♦ A UR de Sniffy ao choque de baixa intensidade é **habituada**. À medida que o número de choques que ele recebe aumenta, sua reação ao choque de baixa intensidade diminui. Após receber cerca de 25 choques de baixa intensidade, Sniffy não reage mais a esses choques.

♦ A duração da UR de Sniffy ao choque de intensidade média nunca se altera, independentemente do número de choques que ele receber. Portanto, deve-se usar o valor médio, exceto em experimentos em que se deseja que a UR de Sniffy se altere.

♦ A UR de Sniffy ao choque de alta intensidade é **sensibilizada**. Em virtude de o número de choques que ele recebeu ter aumentado, sua reação ao choque de alta intensidade aumenta gradualmente. Após receber um grande número de choques de alta intensidade, Sniffy levará o dobro do tempo para voltar ao comportamento normal.

O Programa Sniffy Pro simula três tipos diferentes de CS: uma luz, um tom e uma campainha. A luz e o tom podem ser apresentados em três níveis distintos de intensidade: baixa, média e alta. A duração do CS é sempre de 30 segundos. Na atividade em que o CS é pareado com o US, este ocorre durante o último segundo do CS. Em outras palavras, o início do CS sempre precede o início do US em 29 segundos.

Nenhum dos CSs exerce inicialmente qualquer efeito sobre o comportamento corrente de Sniffy. O tom, a luz ou a campainha não são suficientemente intensos para ter alguma tendência de atuar como um US capaz de interromper o fluxo do comportamento de Sniffy. No entanto, quando um CS é pareado com um US de choque, o CS adquire gradualmente a capacidade para suprimir as pressões na barra e interromper outros aspectos do comportamento de Sniffy. Quando estiver plenamente condicionado, Sniffy começará a ter acessos de imobilização e outros comportamentos relacionados ao medo logo após surgir o CS. Assim como no caso da UR, embora julguemos que a CR de Sniffy pareça plausível, não sabemos quão realista ela é, pois não fizemos o videoteipe do rato que foi efetivamente condicionado para manifestar uma CER.

A caixa de diálogo Design Classical Conditioning Experiment (Programar Experimentos de Condicionamento Operante)

Conforme observado anteriormente, uma das razões para a popularidade da CER entre os pesquisadores norte-americanos é o fato de que todos os aspectos da CER podem ser automatizados. Um computador controla a apresentação dos estímulos, registra o comportamento do rato e calcula o índice de movimento e/ou o índice de supressão. O Programa Sniffy Pro oferece uma interface simplificada que o capacita a preparar e realizar uma grande variedade de experimentos de condicionamento clássico. De modo idêntico ao de um psicólogo em um laboratório de pesquisa, você preparará o experimento e então permitirá que seu computador apresente os estímulos e registre os dados. Quando você escolhe o comando Design Classical Conditioning Experiment do menu Experiment, aparece a caixa de diálogo a seguir.[5]

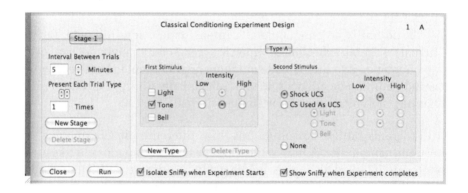

Os experimentos de condicionamento clássico consistem de um ou mais **blocos**, e cada bloco contém um ou mais **tipos de tentativa**. Um bloco é um grupo de tentativas. Todas as tentativas em um bloco são feitas antes de ocorrerem as tentativas no próximo bloco. Um tipo de tentativa especifica os eventos relacionados a estímulos que ocorrem durante uma tentativa. Cada bloco precisa ter pelos menos um tipo de tentativa. Contudo, um determinado bloco pode ter dois ou mais tipos de tentativas diferentes que definem

---

[5] A caixa de diálogo é mostrada como aparece no Mac OS X 10.6. Nas versões anteriores do Mac OS e no Windows, a aparência da caixa de diálogo é ligeiramente diferente. Todas as características do programa funcionam da mesma forma em todas as versões dos sistemas operacionais Windows e Mac com que o programa foi projetado para trabalhar. Neste manual mostramos, algumas vezes, caixas de diálogo e janelas de dados conforme aparecem no Mac OS X e, algumas vezes, do modo como aparecem no Windows XP.

tipos diferentes de eventos relacionados a estímulos. Se um bloco possuir mais de um tipo de tentativa, os diferentes tipos de tentativas ocorrem aleatoriamente durante o bloco[6] e cada um dos tipos de bloco diferentes ocorre um número igual de vezes.

Para ver com mais clareza a diferença entre blocos e tipos de tentativas, imagine que você prepara um experimento no qual Sniffy está sujeito a 10 tentativas durante as quais o CS tom é pareado com um CS choque, e 10 tentativas durante as quais o CS tom ocorre sem o US. Se você definir os dois tipos de tentativas como pertencentes a diferentes blocos do experimento, Sniffy estará sujeito a um conjunto de 10 tentativas de um tipo seguido por um conjunto de 10 tentativas do outro tipo. Se você definir os dois tipos de tentativas como tipos de tentativas diferentes no âmbito do mesmo bloco de 20 tentativas, os dois tipos de tentativas serão mesclados aleatoriamente entre si.

Vamos agora examinar as diferentes partes da caixa de diálogo Classical Conditioning Experimental Design.

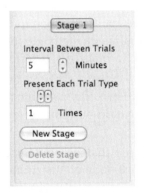

♦ Na seção Stage (Bloco) da caixa de diálogo, o número após View/Edit Experiment Stage indica que bloco do experimento você está vendo. Quando você abrir inicialmente a caixa de diálogo selecionando o comando Design Classical Conditioning Experiment do menu Experiment, o número ou numerais à direita de Stage indica os blocos do experimento que foram definidos. No exemplo acima, o número 1 indica que o experimento contém somente um bloco (até o momento). No exemplo a seguir, o experimento contém três blocos e o destaque no número 2 indica que o Bloco 2 está sendo visualizado naquele momento.

---

[6] A ordem na qual ocorrem os tipos de tentativas é tornada aleatória cada vez que um experimento é realizado. Se o experimento for repetido, variará a ordem na qual ocorrem os tipos de tentativas.

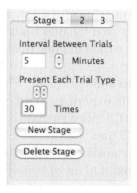

- Você pode editar (criar ou alterar) qualquer bloco que ainda não tenha sido efetivado e pode adicionar mais blocos a um experimento no qual um ou mais blocos iniciais já tenham sido efetivados. Você também pode ver as configurações para os blocos que já foram efetivados. Mas você não pode mudar as configurações para qualquer bloco que já foi efetivado ou para um bloco que já está em processo de ser efetivado. Quando você vir as configurações para um bloco que já foi efetivado ou para o bloco que está sendo atualmente efetivado, todos os botões de comando se obscurecem e você não consegue inserir nenhuma informação nas caixas de texto.
- Em um experimento contendo diversos blocos, você pode se mover de um bloco para outro clicando no número do bloco para o qual quer se mover.
- A seção bloco da caixa de diálogo contém dois botões de comando e duas caixas nas quais você pode digitar números.
- Clicar no botão **New Stage** (Novo Estágio) cria um novo bloco e o insere imediatamente após o bloco que você estava vendo quando clicou no botão, levando-o automaticamente a novo bloco. Se necessário, outros blocos do experimento são automaticamente renumerados. Por exemplo, se você já criou três blocos e atualmente está trabalhando no Bloco 2, clicar em New Stage criará um novo Bloco 3 e o inserirá entre o Bloco 2 e o bloco que era denominado previamente Bloco 3. O antigo Bloco 3 torna-se automaticamente o Bloco 4.
- O botão **Delete Stage** (Apagar Bloco) elimina o bloco atual e, se necessário, renumera automaticamente os demais blocos. Suponha que você já tenha definido quatro blocos em um experimento e esteja trabalhando atualmente no Bloco 3. Clicar no botão Delete Stage eliminará o antigo Bloco 3 e fará que o bloco que havia sido denominado anteriormente Bloco 4 seja renumerado para Bloco 3.

◆ Você especifica o tempo médio do **Interval Between Trials** (Intervalo Entre Tentativas) para o bloco atual digitando um número na caixa de texto. Intervalos entre tentativas são medidos em minutos. O número que você digitar precisa ser um inteiro (um número inteiro sem vírgula decimal). O intervalo médio mais curto permitido é de 2 minutos; o mais longo, 20 minutos. Lembre-se de que você está especificando o intervalo *médio* entre tentativas. Os intervalos presentes variam de tentativa para tentativa, de modo que Sniffy não pode aprender a prever quando o próximo CS ocorrerá.

◆ O número que você digitar na caixa denominada **Times** é o número de vezes que cada tipo de tentativa será apresentado no bloco do experimento que você estiver editando. Se o bloco tiver mais do que um tipo de tentativa, o número total de tentativas para o bloco será igual ao número de tentativas especificadas para Times multiplicado pelo número de tipos de tentativas. Por exemplo, se o bloco contiver dois tipos de tentativa e você especificar o número 10 para Present Each Trial Type _____ Times, o número total de tentativas para esse bloco será de 2 × 10 = 20 tentativas.

◆ Vamos agora examinar o painel Trial Types (Tipo de Tentativa) na caixa de diálogo:

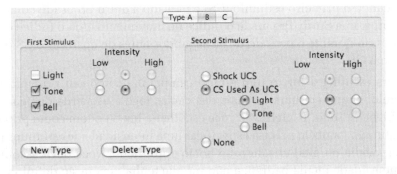

◆ Os Trial Types são especificados em sequência pelas letras A, B, C e assim por diante. A letra destacada que aparece depois de **Type** informa que tipo de tentativa você está vendo ou editando atualmente. Lembre-se de que os tipos de tentativas são definidos no âmbito dos blocos. Assim, a Trial Type A (Tentativa Tipo A) para o Bloco 1 provavelmente deve ser diferente da Trial Type A para o Bloco 2. A caixa denominada **New Type** contém quatro botões de comando. Os botões **New Type** e **Delete Type** no painel Trial Type da caixa de diálogo operam de um modo análogo aos botões com designações similares no painel Stage.

As áreas denominadas **First Stimulus** (Primeiro Estímulo) e **Second Stimulus** (Segundo Estímulo) capacitam a especificar as condições de CS e US, respectivamente, para o tipo de tentativa do bloco que você estiver editando atualmente.

- *Você precisa definir um primeiro estímulo (CS) e um segundo estímulo (US) para cada tipo de tentativa em cada bloco de um experimento.*
- Quando o primeiro estímulo (CS) for pareado ao US choque, a duração do primeiro estímulo é sempre de 30 segundos. A duração de um US choque é de 1 segundo, e o choque ocorre durante o último segundo em que o primeiro estímulo é ligado.
- Quando o primeiro estímulo (CS) for pareado a um outro CS (luz, tom ou campainha) usado como um segundo estímulo (CS usado como US), o primeiro estímulo dura um total de 45 segundos e o segundo estímulo ocorre durante os últimos 15 segundos da apresentação do primeiro estímulo. As configurações do CS usado como se fosse um US para o segundo estímulo permitem realizar experimentos de condicionamento de ordem superior e pré-condicionamento sensorial. Essas variedades de condicionamento clássico encontram-se explicadas no Capítulo 6.
- Quando o primeiro estímulo (CS) é pareado a outro CS usado como US, o programa Sniffy Pro mede o índice de movimento e/ou o índice de supressão durante o período de 30 segundos antes de aparecer o CS usado como US.
- Para escolher a luz, o tom e/ou a campainha como seu primeiro estímulo, clique em uma ou mais das caixas logo à esquerda das palavras "Light", "Tone" e "Bell". Se você escolher a luz ou o tom como primeiro estímulo, também precisa especificar uma intensidade de estímulos (baixa, média ou alta) clicando no botão apropriado. Você deve escolher a intensidade média padrão, a não ser que tenha uma razão definida para escolher uma outra alternativa.
- Escolher mais de um tipo de primeiro estímulo (por exemplo, luz e tom) fará que todos os primeiros estímulos selecionados sejam apresentados juntos como um CS composto. Os componentes de um CS composto aparecem e terminam simultaneamente.
- Se nenhuma das caixas à esquerda das palavras "Light", "Tom" e "Bell" for indicada, nenhum primeiro estímulo será apresentado. As únicas alternativas de um segundo estímulo explícito que você pode escolher quando nenhum primeiro estímulo tiver sido selecionado são as três intensidades do US choque. Quando nenhum primeiro estímulo for selecionado, o choque ocorre sem aviso.

- As configurações do segundo estímulo são em grande parte análogas às do primeiro estímulo, exceto que somente um tipo de segundo estímulo pode ser escolhido para cada tipo de tentativa.
- O valor padrão para o US choque é médio. Lembre-se de que a UR de Sniffy ao US de baixa intensidade produz habituação e que sua UR ao US de alta intensidade produz sensibilização. Opte pelo choque de intensidade média, a não ser que você deseje que a resposta de Sniffy ao choque se altere em função do número de apresentações de US.
- Conforme observado anteriormente, as configurações do CS usado como se fosse um US para o segundo estímulo capacitam a realizar experimentos de condicionamento de ordem superior e de pré-condicionamento sensorial.
- A alternativa None para o segundo estímulo permite apresentar o primeiro estímulo (CS) sem um segundo estímulo. Conforme explicado no Capítulo 3, essa alternativa permite estudar um fenômeno denominado extinção.

Os dois botões a seguir aparecem na parte inferior da caixa de diálogo Classical Conditioning Experimental Design:

- Escolher **Cancel** fecha a caixa de diálogo Classical Conditioning Experimental Design e salva qualquer das partes de um experimento que você tenha definido.
- Escolher **Run** (Executar) faz com que o programa Sniffy execute o experimento que você configurou.
- À direita dos botões de comando Close (Fechar) e Run (Executar) estão duas caixas de verificação identificadas como **Isolate Sniffy when Experiment Starts (Isolar Sniffy quando o Experimento Iniciar)** e **Show Sniffy when Experiment Completes (Mostrar Sniffy quando o Experimento for Concluído)**.
- O propósito da caixa **Isolate Sniffy when Experiment Starts (Isolar Sniffy quando o Experimento Iniciar)** é permitir que você execute experimentos o mais rápido possível. Se você quiser observar o que está acontecendo durante o experimento, desmarque essa caixa.
- O propósito da caixa **Show Sniffy when Experiment Completes (Mostrar Sniffy quando o Experimento for Concluído)** é evitar que você inadvertidamente execute o programa por mais tempo do que o previsto. Geralmente, você deve deixar essa caixa assinalada. Os experimentos do Snif-

fy têm uma duração máxima de 20 horas de tempo de programa, após os quais o experimento é automática e permanentemente encerrado. Com o Sniffy oculto, muitos computadores contemporâneos são capazes de executar todas as 20 horas de tempo de programa em menos de 5 minutos do tempo convencional.

A janela da mente Sensitivity & Fear (Sensibilidade e Medo)

Eis como aparece a janela da mente Sensitivity & Fear:

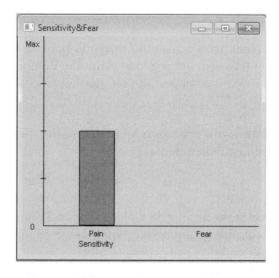

♦ Janelas da mente mostram alguns dos parâmetros do programa Sniffy Pro que afetam o comportamento de Sniffy. Você deve considerá-las como representando os estados psicológicos de Sniffy. Elas *não* são avaliações do comportamento de Sniffy. Todas as janelas da mente possuem um fundo azul.

♦ A coluna denominada **Pain Sensitivity** (Sensibilidade à Dor) indica a sensibilidade de Sniffy ao US choque e prevê a força de sua UR na próxima vez que ocorrer o US. Essa coluna sempre estará em seu ponto médio no início do experimento de condicionamento clássico e permanecerá nesse ponto em todos os experimentos que empreguem o choque de intensidade média. Se você estiver empregando o US de alta intensidade e que causa sensibilização, a altura da coluna aumentará à medida que a UR de Sniffy se tornar mais forte como resultado das apresentações repetidas do US. Se você estiver usando o US de baixa intensidade e que produz habituação, a altura da coluna diminuirá à medida que diminuir a resposta de Sniffy a apresentações repetidas do US.

♦ A coluna denominada **Fear** (Medo) mostra a intensidade atual do medo de Sniffy. Lembre-se de que essa não é uma avaliação do comportamento de Sniffy, mas a medida de um parâmetro de programa que representa um processo psicológico interno. Quanto mais intenso o medo interno de Sniffy, maior sua predisposição para apresentar comportamentos de medo, como congelamento. Se Sniffy tiver sido treinado para pressionar a barra (ou ter qualquer outra resposta condicionada operante), ele terá menos predisposição para demonstrar esse comportamento quando sentir medo. Se Sniffy não tiver sido treinado para ter um comportamento condicionado operantemente, um nível elevado de medo reduzirá seus movimentos exploratórios e os de outra natureza que não estejam relacionados ao medo.

A janela da mente CS Response Strength (Força da Resposta ao CS)

Nos experimentos com Sniffy Pro, a luz, o tom e a campainha podem ser usados como CSs. A caixa (o ambiente geral ou a condição da caixa operante) também pode funcionar como um CS. A Janela da Mente Força da Resposta ao CS mostra a força com que cada CS é capaz de eliciar uma CR como função do número de tentativas. Em experimentos de condicionamento com estímulos compostos, nos quais mais de um CS é apresentado simultaneamente, a janela CS Response Strength mostra separadamente a força da resposta para cada CS. A força da resposta ao CS composto é igual à soma das forças das respostas aos componentes CSs do CS composto. Mostra-se a seguir a janela da mente CS Response Strength conforme apareceria no final do seguinte experimento de condicionamento com estímulos compostos:

♦ O Bloco 1 do experimento consistiu em 10 tentativas durante as quais o tom de alta intensidade e a luz de baixa intensidade foram apresentados como um CS composto pareado ao US choque de média intensidade. Portanto, o Bloco 1 possuía um único tipo de tentativa que ocorreu 10 vezes.

♦ No Bloco 2, cada um dos dois diferentes tipos de tentativas foi apresentado uma vez.
  ◊ Trial Type A (Tentativa Tipo A): o CS luz de baixa intensidade ocorreu sem o segundo estímulo.
  ◊ Trial Type B (Tentativa Tipo B): o CS tom de alta intensidade ocorreu sem o segundo estímulo.

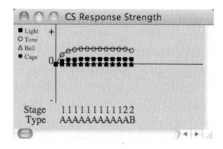

Observe as seguintes características dessa janela da mente CS Força da Resposta:

- A cor azul do fundo denota que a janela CS Response Strength é uma janela da mente, não uma medida do comportamento de Sniffy. O estado psicológico mostrado significa cada possível capacidade do CS para eliciar uma CR ao final de cada tentativa. A força da resposta ao CS prediz, desse modo, com que intensidade Sniffy responderá ao CS na *próxima* vez que o estímulo for apresentado.

- A legenda do gráfico encontra-se na margem esquerda e indica os tipos de símbolos dos pontos de dados associados aos estímulos de luz, tom, campainha e caixa.

- O eixo vertical do gráfico indica se a força da resposta ao CS é excitatória (positiva) ou inibitória (negativa). Se um CS possuir uma tendência excitatória, positiva, para eliciar uma CR relacionada ao medo, a força de sua resposta será maior do que zero. Se um CS possuir uma tendência inibitória, negativa, para prevenir a ocorrência de uma CR, a força de sua resposta será menor que zero. Uma força de resposta igual a zero significa que um estímulo não tem capacidade para eliciar ou inibir uma CR.

- Abaixo do eixo horizontal do gráfico e à direita das palavras "Stage" e "Type", respectivamente, encontram-se uma linha de números e uma linha de letras. Os números denotam o bloco do experimento no qual ocorreu cada tentativa e as letras indicam o tipo de tentativa em cada caso. Nesse exemplo, a linha de números consiste em 10 números 1 seguidos por dois números 2 porque o Bloco 1 do experimento consiste em 10 tentativas, e o Bloco 2, em 2 tentativas. A letra A aparece abaixo de cada número 1 porque o Bloco 1 continha somente um tipo de tentativa. As letras A e B sob os números 2 indicam que tipo de tentativa ocorreu durante cada uma das duas tentativas do Bloco 2.

- Durante o Bloco 1, a linha que une os quadrados pretos que denotam o CS luz e a linha que une os círculos abertos que denotam o CS tom aumentam para níveis maiores do que zero. Essa mudança indica que o CS luz e o CS tom estão adquirindo capacidade para produzir a CR. A linha para o CS tom aumenta mais do que aquela para o CS luz, e a diferença indica que a capacidade do tom para eliciar uma CR é maior do que a capacidade do CS luz.[7] As linhas para CS campainha e da caixa permanecem aproximadamente iguais a zero, indicando que nenhum desses estímulos está adquirindo a capacidade para eliciar ou inibir uma CR. Em virtude de os círculos pretos simbolizando a caixa e os triângulos abertos simbolizando a campainha estarem superpostos, somente os círculos pretos são claramente visíveis.

▬▬▬ A janela Movement Ratio (Índice de Movimento)

Encontra-se a seguir a janela Movement Ratio para o mesmo experimento:

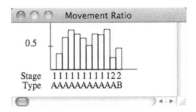

- O fundo branco dessa janela indica que ela contém uma medida do comportamento de Sniffy. O índice de movimento é a proporção de tempo durante cada apresentação do CS em que Sniffy permanece em congelamento ou manifesta outros comportamentos relacionados ao medo.
- Na parte inferior do gráfico, a linha de números que aparece à direita da palavra "Stage" denota os blocos do experimento, e a linha de letras que aparece à direita da palavra "Type" indica os tipos de tentativas.
- O índice de movimento é zero na primeira tentativa. Após o Trial 1, o índice de movimento aumenta rapidamente e, então, nivela-se em torno de 0,7 durante o restante do Bloco 1. Portanto, durante o Bloco 1, o CS composto por luz e tom adquire a capacidade para eliciar uma CER forte.
- No Bloco 2, as respostas de Sniffy a cada um dos componentes do estímulo composto são testadas durante tentativas nas quais não ocorre o US choque.
- Na primeira tentativa do Bloco 2, o Trial Type A (a luz CS de baixa intensidade) é apresentada e elicia uma CER fraca. Esse resultado é coerente

---

[7] Neste compartimento, o tom adquire mais poder para produzir uma CER do que a luz porque o tom é um CS de alta intensidade, ao passo que a luz é um CS de baixa intensidade.

com nossa observação na janela da mente CS Response Strength de que o CS luz havia adquirido apenas uma magnitude pequena de força positiva de CS para alocar respostas durante o Bloco 1 do experimento.

♦ Na segunda tentativa do Bloco 2, o Trial Type B (CS tom de alta intensidade) é apresentado e elicia uma CER forte (embora não tão forte quanto a luz e o tom juntos estiveram produzindo durante as últimas tentativas do Bloco 1). Esse resultado é coerente com nossa observação na janela da mente CS Response Strength de que o CS tom havia adquirido uma quantidade razoavelmente grande da força positiva de CS para evocar respostas durante o Bloco 1 do experimento.

O registro cumulativo durante o condicionamento clássico

Acreditamos que a maioria dos usuários conduzirá seus experimentos de condicionamento clássico utilizando um arquivo no qual Sniffy não tenha sido treinado previamente a pressionar a barra. Mas, para auxiliar aqueles que usam arquivos nos quais Sniffy tenha sido anteriormente treinado para pressionar a barra, indicamos um registro cumulativo mostrando como o programa Sniffy Pro registra eventos durante experimentos de condicionamento clássico. O registro cumulativo mostrado nesta seção indica a pressão na barra durante as três últimas tentativas do experimento descrito anteriormente. Nesse caso, antes do experimento de condicionamento clássico, Sniffy havia sido treinado para pressionar a barra em sua caixa operante, e seu comportamento de pressionar a barra estava sendo mantido em um esquema de reforço VR-25, significando que ele deveria pressionar a barra 25 vezes em média para obter uma pequena porção de alimento.

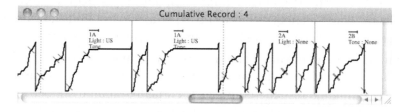

♦ As características do registro cumulativo como medida de pressões à barra e a outros comportamentos condicionados operantemente se encontram descritos em detalhes no Capítulo 10, Exercício 24.

♦ O registro cumulativo não conterá nenhuma informação útil a não ser que Sniffy tenha sido treinado a pressionar a barra ou a demonstrar um outro comportamento operante. Os usuários que não estejam usando um animal condicionado operaneme nte para seus experimentos de condicionamento clássico deveriam não levar em conta essa medida de resposta.

- Recomendamos enfaticamente aos usuários que planejam usar um rato condicionado operantemente para estudos de condicionamento clássico que utilizem um animal que esteja sendo mantido em um esquema VR-25.
- No lado esquerdo do registro, a barra horizontal acima das palavras "Light" e "Tone" marca as durações do CS composto. A notação "1A" indica que essa tentativa ocorreu durante o Bloco 1 e o evento era um exemplo do Trial Type A. As letras abaixo da barra horizontal indicam que CS luz e o tom foram apresentados e que foram seguidos pelo US choque.
- No centro do registro, a notação "2A" indica que a tentativa ocorreu no Bloco 2 do experimento e que era o tipo de evento definido como Trial Type B. As palavras "Tone" e "None" indicam que o CS tom foi apresentado e que *não* foi seguido pelo US choque.
- Finalmente, no lado direito do registro, a notação "2B" indica que o Trial Type B do Bloco 2 foi apresentado, e as palavras "Light" e "None" significam que o CS luz *não* foi seguido pelo US choque.

▬▬ A janela Suppression Ratio (Índice de Supressão)

De modo similar, para auxiliar os usuários que estejam utilizando um animal condicionado operantemente em seus experimentos de condicionamento clássico, aqui está a janela Suppression Ratio para o mesmo experimento. Essa medida de resposta produz informações úteis somente para animais previamente condicionados operantemente.

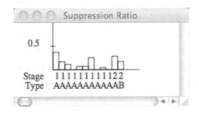

- O fundo branco dessa janela indica que ela contém uma medida do comportamento de Sniffy.
- Na parte inferior do gráfico, a linha de números que aparece à direita da palavra "Stage" indica os blocos do experimento, e a linha de letras que aparece à direita da palavra "Type" denota os tipos de tentativas.
- Por acaso, o índice de supressão está um pouco abaixo de 0,5[8] na primeira tentativa. Após o Trial 1 (Tentativa 1), o índice de supressão decresce

---

[8] O sistema de numeração decimal em vigor no Brasil recomenda o uso de vírgula em vez de ponto. Por esse motivo, a vírgula está sendo utilizada no texto como separador decimal, enquanto, nas ilustrações, os decimais aparecem com ponto. (NE)

e se estabiliza em zero ou um pouco acima para o restante do Bloco 1. Portanto, durante o Bloco 1, o CS composto de luz e tom adquire a capacidade de eliciar uma supressão quase completa das pressões na barra.

- No Bloco 2, as respostas de Sniffy a cada um dos componentes do estímulo composto são testadas durante tentativas nas quais o US choque não ocorre.
- Na primeira tentativa do Bloco 2, o Trial Type A (o CS luz de baixa intensidade) é apresentado e elicia muito pouca supressão de pressões na barra. O resultado é coerente com a nossa observação, na janela da mente CS Response Strength, de que o CS luz havia adquirido somente uma pequena quantidade de força positiva para evocar respostas.
- Na segunda tentativa do Bloco 2, o Trial Type B (o CS tom de alta intensidade) é apresentado e elicia forte supressão de pressões na barra, porém não tanto quanto apresentando ambos os CSs. Esse resultado é coerente com nossa observação, na janela da mente CS Response Strength, de que o CS tom havia adquirido uma quantidade relativamente grande da força positiva, de CS, para evocar respostas durante o Bloco 1 do experimento.

Tipos de associações

Como padrão, Sniffy associa o primeiro estímulo ao segundo estímulo (aprende uma associação S-S) sempre que o US choque é usado como segundo estímulo, e associa o primeiro estímulo com a resposta ao segundo estímulo (aprende uma associação S-R) sempre que um CS for usado como segundo estímulo. Em outras palavras, como padrão, Sniffy aprende associações S-S para o condicionamento de primeira ordem e associações S-S para o condicionamento de ordem superior. Os condicionamentos de primeira ordem e de ordem superior e a diferença entre as associações S-R e S-R são discutidos em detalhes no Capítulo 7. Esses parâmetros simulam os tipos de associações que se considera serão aprendidos por ratos reais em experimentos de CER (Domjan, 1998; Mazur, 1998).

Selecionar o comando Change Nature of Association (Mudar a Natureza da Associação) do menu Experiment mostra uma caixa de diálogo que lhe permite mudar a natureza das associações que Sniffy aprende durante os experimentos de condicionamento clássico. A caixa de diálogo é mostrada a seguir:

Introdução ao condicionamento clássico 27

[Caixa de diálogo "Nature of Association" com opções Second Stimulus (US, CS used as US) e configurações S-S / S-R, além dos botões Use Defaults, Cancel e OK.]

Sob as palavras "Second Stimulus" existem duas alternativas: US e CS usados como US. Há duas configurações (S-S e S-R) para cada tipo de segundo estímulo. Você muda uma configuração apontando o cursor em uma alternativa não selecionada e clicando o botão (esquerdo) do mouse.

◆ Sob o painel no qual as configurações são feitas, há três botões de comando:
  ◊ Clicar no botão **Use Defaults** restaura as configurações-padrão para os parâmetros do programa Sniffy Pro: S-S quando o segundo estímulo for o US choque e S-R quando o segundo estímulo for um CS usado como US.
  ◊ Clicar no botão **Cancel** fecha a caixa de diálogo sem fazer mudanças.
  ◊ Clicar no botão **OK** fecha a caixa de diálogo e confirma as configurações que você selecionou.

◆ O comando Change Nature of Association encontra-se sempre disponível, de modo que você pode ver quais configurações estão sendo utilizadas. No entanto, todas as alternativas – exceto Cancel – serão desabilitadas após você ter executado o comando Run pela primeira vez em um arquivo específico do Sniffy Pro. Portanto, se você quiser que algo diferente das configurações-padrão esteja em atividade durante um experimento particular, você precisa executar o comando Change Nature of Association e selecionar as configurações que deseja antes de executar o comando Run. Essa restrição no comando Change Nature of Association é necessária para assegurar que o programa Sniffy Pro forneça resultados coerentes com as diferentes configurações.

◆ **Aviso**: Selecionamos os valores-padrão do programa Sniffy Pro para Nature of Association porque representam o modo em que a maioria dos psicólogos acredita que os ratos reais normalmente aprendem associações em uma situação de CER (Domjan, 1998; 2003; Mazur, 1998). Não

mude essas configurações a não ser que você possua uma razão específica para fazê-lo.

▬▬ Como obter resultados confiáveis e comparáveis

O índice de movimento constitui uma medida muito eficaz do comportamento de medo no condicionamento clássico, tão eficaz a ponto de permitir uma medida de resposta útil nos casos de Sniffy ter ou não sido condicionado operantemente para pressionar a barra na caixa operante, ou para desempenhar qualquer dos outros comportamentos condicionados operantemente que Sniffy é capaz de aprender.

O índice de supressão depende de alterações medidas no desempenho das pressões na barra demonstrado por Sniffy. O programa Sniffy Pro calcula o índice de supressão comparando o número de respostas que Sniffy realiza durante o CS de 30 segundos com o número de respostas que ele realiza durante o período de 30 segundos imediatamente antes de o CS ser apresentado. Para tornar essa medição confiável, é muito importante que Sniffy esteja pressionando a barra em um ritmo rápido e constante, a não ser que seu índice de respostas esteja sendo reduzido por ele apresentar uma CR ou uma UR. Se Sniffy não estiver pressionando a barra em um ritmo constante, você obterá resultados errôneos porque o valor do índice de supressão é afetado pelo número de pressões na barra feitas por Sniffy durante os 30 segundos anteriores a cada apresentação do CS.

O esquema de razão variável (VR) resulta em pressões à barra rápidas e constantes que criam os referenciais ideais em relação aos quais se medem os índices de supressão. Portanto, recomendamos enfaticamente que você use um Sniffy treinado em VR como ponto de partida para todos os seus experimentos de condicionamento clássico que utilizam o índice de supressão como medida de resposta. Demonstrar muitos dos fenômenos mais avançados de condicionamento clássico que o programa Sniffy Pro simula requer comparar os índices de supressão que Sniffy manifesta sob diferentes condições experimentais. Sempre que tal comparação for necessária, seus resultados somente serão confiáveis se você usar um arquivo Sniffy com as mesmas características de desempenho de linha de base (um Sniffy treinado no mesmo esquema de reforço) em cada uma das diferentes condições experimentais.

A maneira mais segura para obter resultados previsíveis e comparáveis entre experimentos e no âmbito deles, utilizando o índice de supressão como uma medida de resposta, consiste em usar a mesma linha de base de Sniffy como ponto de partida para todos os seus experimentos de condicionamento clássico nos quais você deseja empregar o índice de supressão como sua medida de resposta. A linha de base que utilizamos para calibrar o programa Sniffy Pro é o arquivo VR-25 localizado na pasta Sample Files. Recomendamos que você o adote como linha de base de condicionamento clássico em todos os experimentos nos quais o índice de supressão estiver sendo usado como sua medida de resposta de condicionamento clássico. Para experimentos que usam o índice de movimento como medida de resposta, recomendamos que você inicie seu experimento de condicionamento clássico com um arquivo Sniffy novo (isto é, não treinado).

Sua configuração para o Average Interval Between Trials (Média do Intervalo entre Tentativas) também pode afetar a confiabilidade das medidas do índice de supressão e do índice de movimento. O valor-padrão para a média do intervalo entre tentativas é de 5 minutos. Quando o choque de baixa ou média intensidade estiver sendo usado como US, essa configuração é quase sempre suficiente para assegurar que Sniffy tenha se recuperado do efeito do choque recebido na tentativa anterior antes que ocorra a próxima tentativa. Entretanto, lembre-se de que a UR de Sniffy ao choque de alta intensidade o sensibiliza a tal ponto de ele precisar de maior tempo para se recuperar após ter recebido diversos choques de alta intensidade. Portanto, quando o choque de alta intensidade estiver sendo utilizado como US, será uma boa ideia usar uma média maior para o intervalo entre tentativas. Uma configuração de 10 minutos deve ser sempre suficiente.

Juntando todas as partes para compreender o condicionamento clássico

Durante um experimento de condicionamento clássico, você pode observar quatro aspectos:

- **Ocorrências do CS e do US.**
- **Mudanças nos estados psicológicos de Sniffy**. Essas mudanças são visíveis nas janelas Sensitivity & Fear e CS Response Strength.
- **As respostas de Sniffy ao CS e ao US** e especialmente como essa resposta ao CS se altera em função do experimento. Você pode observar as respostas de Sniffy simplesmente acompanhando o seu comportamento durante e após a apresentação desses estímulos.
- **Medidas das respostas.** Se Sniffy tiver sido treinado para pressionar a barra ou executar qualquer um dos outros diversos comportamentos operantes que podem ser registrados automaticamente, o Cumulative

Record, que contém dados brutos a respeito das ocorrências do comportamento condicionado operantemente escolhido ao longo do experimento, aparece quando ocorrem estímulos de condicionamento clássico e capacita a visualizar o modo como os estímulos afetam o comportamento condicionado operantemente de Sniffy. A janela Movement Ratio mostra a proporção de tempo durante cada estímulo condicionado em que Sniffy está manifestando comportamentos de medo. A janela Suppression Ratio contém a medida da resposta de condicionamento clássico que os psicólogos normalmente usam em experimentos de CER.

Ser capaz de notar como eventos relacionados ao estímulo produzem mudanças psicológicas, que por sua vez produzem mudanças de comportamento, que se refletem por sua vez em medidas comportamentais, deve habilitá-lo a desenvolver uma compreensão integral do modo como os psicólogos acreditam que o condicionamento clássico opera.

▬▬ Transferindo seus resultados para outros programas

Durante um experimento de condicionamento clássico, o programa Sniffy Pro insere dados nas janelas Movement Ratio, Suppression Ratio e CS Response Strength. Esses gráficos são salvos como parte do arquivo Sniffy Pro para que você possa retornar e examinar seus resultados após um experimento ser completado.

Você também pode exportar o índice de supressão e os resultados da força da resposta do CS para uma planilha ou um programa de análise estatística no qual você pode fazer análises de dados adicionais ou produzir gráficos mais sofisticados. Para exportar os dados numéricos nos quais se baseiam os gráficos CS Response Strength, Moviment Ratio e Suppression Ratio:

◆ Clique uma vez no botão (esquerdo) do mouse enquanto aponta o cursor para a janela Movement Ratio, Suppression Ratio ou CS Response Strength.
◆ Escolha o comando Export Data do menu File. Executar esse comando acessará a caixa de diálogo-padrão para criar e salvar um novo arquivo.
◆ Escolha um nome e uma localização apropriados em seu disco rígido para seu arquivo de dados exportados e clique OK.

Imprimindo todo o conteúdo de uma janela de dados

Você pode imprimir o conteúdo de qualquer janela da mente ou de medida de resposta que o programa Sniffy Pro gerar.[9] Para imprimir o conteúdo de uma janela:

◆ Selecione a janela colocando o cursor sobre ela e clicando uma vez o botão (esquerdo) do mouse.

◆ Execute o comando Print Window no menu File.

◆ Faça as seleções necessárias na caixa de diálogo de impressão que aparecer.

Copiando e colando a parte visível de uma janela

Com exceção da Operant Chamber e do Lab Assistant, a porção visível de todas as janelas que o programa Sniffy Pro produz pode ser copiada e depois colada em um programa de edição de textos ou de imagens que aceite imagens coladas. Para copiar e colar a porção visível de uma janela Sniffy:

◆ Abra seu programa de edição de textos ou de imagens e determine onde você deseja colocar a imagem que irá copiar do Sniffy Pro. Em um editor de textos, é uma boa ideia ir ao lugar em seu documento em que deseja inserir a imagem e criar uma linha em branco no lugar no qual você deseja colocá-la.

◆ Abra o arquivo de dados do Sniffy Pro que contém a janela cuja imagem você deseja copiar.

◆ Se necessário, torne visível a janela que você deseja copiar selecionando-a do menu Windows.

◆ Assegure-se de que a janela que você deseja copiar seja selecionada clicando nela uma vez.

◆ Execute o comando Copy Window no menu Edit do programa Sniffy Pro.

◆ Retorne a seu programa editor de textos ou de imagens.

◆ Execute o comando Paste do editor de textos ou de imagens, o qual provavelmente estará abaixo do menu Edit desse programa. (Alguns programas possuem um comando Paste especial para colar imagens.)

◆ O conteúdo gráfico da janela Sniffy Pro aparecerá no documento do outro programa.

---

[9] A única janela cujo conteúdo *não* pode ser impresso é a caixa operante, a janela na qual você vê Sniffy se movimentando.

3

Fenômenos básicos do condicionamento clássico: aquisição, extinção, recuperação espontânea e efeitos da intensidade do estímulo

Acelerando o tempo

Aviso: Não permita que o tempo acelerado fuja de seu controle. Para poupar seu tempo e permitir que você realize uma maior variedade de experimentos, o programa Sniffy Pro contém um recurso denominado "time acceleration" ("aceleração de tempo"). Quando Sniffy está visível, o programa retrata todos os seus movimentos. No entanto, se você escolher o comando Isolate Sniffy (Accelerated Time) no menu Experiment, a janela Operant Chamber exibirá a imagem descrita a seguir, e seu computador executará o experimento o mais rápido que puder. O total de aceleração de tempo que computadores atuais produzem é enorme. Os experimentos de Sniffy podem demorar o máximo de 20 horas do tempo de programa de Sniffy. Contudo, com Sniffy isolado, um computador razoavelmente rápido pode executar essa quantidade de tempo de programa em menos de 5 minutos de tempo de relógio humano. O programa Sniffy Pro tem um recurso importante para ajudá-lo a evitar que experimentos de condicionamento clássico sendo executados em tempo acelerado durem mais do que você planeja. A caixa de diálogo Design Classical Conditioning Experiment contém duas caixas identificadas como **Isolate Sniffy when Experiment Starts (Isolar Sniffy quando o Experimento Iniciar)** e **Show Sniffy when Experiment Completes (Mostrar Sniffy quando o Experimento for Concluído).** Por padrão, ambas as caixas são assinaladas com os resultados: (a) Sniffy está oculto com tempo acelerado quando um experimento inicia e (b) Sniffy reaparece e a aceleração de tempo termina quando o experimento é concluído.

Mantenha essas definições de padrão inalteradas, a menos que você tenha um motivo específico para modificá-las.

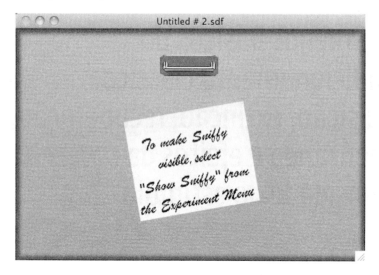

Eis aqui outra dica sobre como realizar experimentos com Sniffy o mais rápido e eficientemente possível. Muitos dos exercícios de condicionamento clássico envolvem a comparação de duas ou mais condições experimentais. Se você aceitar nossas sugestões de nomeação de arquivos (de modo que saiba qual arquivo utilizar), mantendo seus arquivos de condicionamento clássico em um único local em seu disco rígido (para que possa saber onde os encontrar), e seguir cuidadosamente nossas instruções sobre como configurar e executar os experimentos, frequentemente você será capaz de reutilizar um arquivo de um exercício anterior como ponto de partida para um exercício posterior ou como uma das condições experimentais em um exercício posterior. Planejamos cuidadosamente os exercícios do Sniffy Pro dessa maneira para facilitar ao máximo seu trabalho.

Controle de ruído

Os exercícios de condicionamento clássico de Sniffy fazem uso frequente de um tom como CS. Por padrão, esse tom será ouvido nas ocasiões apropriadas sempre que Sniffy estiver visível durante os experimentos de condicionamento clássico. Se você, sua família ou seus colegas de quarto desejam paz e tranquilidade, você pode silenciar o som executando o comando Preferences no menu de Sniffy.

Elementos básicos dos exercícios deste capítulo

A **aquisição** (aprendizagem) de uma resposta no condicionamento clássico é produzida apresentando o CS seguido do US seguidas vezes. Como resultado desse procedimento de aquisição, o CS adquire gradualmente a capacidade para eliciar uma nova resposta (CR) que, na maioria das formas de condicionamento clássico, se parece com a UR. Após uma resposta no condicionamento clássico haver sido adquirida, ela pode ser eliminada apresentando-se repetidamente o CS sozinho, isto é, sem o US. A eliminação de uma CR por meio da apresentação repetida do CS sem o US é denominada **extinção**. Se o animal for removido da situação experimental por cerca de um dia após uma CR ter sido extinta e depois colocado de volta na configuração experimental e ser objeto de uma segunda sessão de extinção, é provável que a CR ocorrerá novamente durante as poucas primeiras tentativas da segunda sessão de extinção. Essa reaparição de uma CR previamente extinta é denominada **recuperação espontânea**. No início da segunda sessão de extinção, a CR é mais forte do que era ao término da primeira sessão de extinção, porém mais fraca que ao término da aquisição.

Exercício 1: aquisição básica de uma CR

A aquisição é produzida fazendo-se uma série de tentativas nas quais um CS precede regularmente as ocorrências do US. Os passos especificados a seguir descrevem como preparar e realizar um experimento no qual Sniffy recebe 10 conjuntos CS tom de intensidade média com o US choque de intensidade média.

- ♦ Se você planeja usar o índice de movimento como sua medida de condicionamento clássico, simplesmente inicie o programa Sniffy Pro ou, se o programa já estiver em operação, escolha o comando New no menu File.
- ♦ Se você deseja usar o índice de supressão como uma medida de resposta, abra um arquivo no qual Sniffy tenha sido plenamente treinado para pressionar a barra em uma programação de VR-25. Recomendamos que você copie o arquivo denominado VR-25 localizado na pasta Sample Files e o utilize como arquivo de referência para esse e para todos os demais experimentos de condicionamento clássico que empregam o índice de supressão como medida de resposta.

- Use o comando Save As no menu File para salvar o arquivo com um nome novo apropriado (por exemplo, Ex1-ClassAcq) no disco rígido de seu computador.
- **Selecione uma destinação apropriada para o arquivo no disco rígido de seu computador.** É uma boa ideia manter todos os seus arquivos de dados de Sniffy juntos em uma pasta no disco rígido de seu computador.
- Escolha o comando Design Classical Conditioning Experiment no menu Experiment. Na caixa de diálogo Classical Conditioning Experimental Design, faça as seguintes configurações:
  ◊ Na seção Stage (Bloco), assegure-se de que o número 5 apareça na caixa de texto localizada à direita de Interval Between Trials, indicando que a média do intervalo entre as tentativas será de 5 minutos.
  ◊ Na caixa de texto localizada à direita de Present Each Trial Type, digite 10.
  ◊ No painel First Stimulus da caixa de diálogo, assegure-se de que seja selecionado o tom de intensidade média. Certifique-se de que nenhum outro primeiro estímulo tenha sido selecionado.
  ◊ No painel Second Stimulus da caixa de diálogo, assegure-se de que seja selecionado o US choque de intensidade média.
  ◊ Certifique-se de que uma marca de verificação aparece nas caixas ao lado de Isolate Sniffy when Experiment Starts e Show Sniffy when Experiment Completes.
  ◊ Clique no botão Run (Executar).
- Sniffy irá desaparecer e seu computador executará o experimento o mais rápido possível.
- Enquanto o experimento estiver sendo executado, a janela Lab Assistant Helpful Advice (Conselho Útil do Assistente de Laboratório) informará sobre o que está acontecendo; e a janela da mente CS Response Strength mostrará alterações na Força da Resposta ao CS Response Strength de Sniffy.
- A medida de resposta exibida por padrão dependerá de se você começou a configurar o experimento com um Sniffy novo, não treinado, ou com um arquivo no qual Sniffy já foi treinado a pressionar a barra. Se você tiver iniciado o experimento com um Sniffy não

treinado, o programa exibirá o Movement Ratio por padrão. Se iniciar o experimento com um arquivo no qual o Sniffy já estiver treinado a pressionar a barra, o programa exibirá o Suppression Ratio por padrão.

♦ Quando seu computador tiver terminado de executar o experimento, Sniffy irá reaparecer.

♦ Depois que Sniffy reaparecer, salve seus resultados selecionando o comando Save no menu File.

Enquanto o programa estiver em operação, a janela Movement Ratio desenhará um gráfico de barras que mostra o índice de movimento de Sniffy como função das tentativas. Ao mesmo tempo, a janela CS Response Strength produzirá um gráfico mostrando as alterações na capacidade dos CSs pra produzir uma CR.

No final do experimento, suas janelas Movement Ratio e CS Response Strength devem ficar parecidas com as janelas mostradas a seguir.[1]

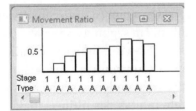 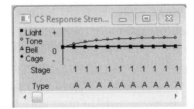

Durante a aquisição, o índice de movimento principia em zero na primeira tentativa, aumenta e se estabiliza em torno de 0,7. Esse aumento do índice de movimento significa que o CS tom está adquirindo a capacidade

---

[1] A janela da mente CS Response Strength deve ser idêntica àquela mostrada se você estiver operando com o Windows 7. Se você estiver operando com uma outra versão do Windows ou com o Mac OS, o conteúdo da janela deve ser exatamente idêntico ao mostrado, porém o formato dos limites da janela dependerá do sistema operacional de seu computador. O conteúdo das janelas da mente mostra processos que fazem parte do algoritmo de aprendizagem de Sniffy, e esses parâmetros são completamente determinados pelas configurações que você fizer na caixa de diálogo Design Classical Conditioning Experiment. No entanto, a semelhança entre a janela Movement Ratio mostrada e a que você obterá será menos exata. O índice de movimento é uma medida do comportamento real de Sniffy. À medida que Sniffy aprende, o algoritmo de aprendizagem altera a probabilidade de ele se comportar de certo modo, porém não determina completamente aquilo que ele faz. Em virtude de o algoritmo de aprendizagem alterar somente as possibilidades com que ocorrem os comportamentos, os detalhes do resultado do índice de movimento serão diferentes cada vez que a experiência for realizada.

para provocar congelamento e outros comportamentos relacionados ao medo. À medida que o índice de movimento aumenta, a janela CS Response Strength mostra que a capacidade do tom para eliciar medo como um processo psicológico está aumentando. Lembre-se de que a janela Movement Ratio mostra uma mudança no comportamento de Sniffy, enquanto a janela da mente CS Response Strength mostra uma mudança em um dos parâmetros de aprendizado do programa que você pode ver como um "estado psicológico" que influencia a alteração comportamental.

Se você realizou o experimento com um arquivo no qual Sniffy havia sido treinado previamente para pressionar a barra, a janela Suppression Ratio deve ficar parecida com a mostrada a seguir:

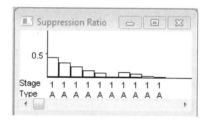

Durante a aquisição, o índice de supressão começa aproximadamente em torno de 0,5 na primeira tentativa, diminui em seguida e se estabiliza em um valor médio um pouco maior do que zero. Essa diminuição do índice de supressão significa que o CS tom se encontra adquirindo a capacidade para suprimir a pressão na barra feita por Sniffy. Você poderia verificar esse fato examinando o registro cumulativo. Durante muitas das últimas tentativas, você notaria que Sniffy para de pressionar a barra muito rapidamente após o tom surgir.

Com um rato real, a mudança na resposta ao CS seria o único aspecto que um psicólogo poderia observar. Muitos psicólogos explicam essa mudança de comportamento alegando ser ela o resultado de uma alteração de um processo psicológico não observável. Com a resposta emocional condicionada, a capacidade adquirida de um CS para eliciar congelamento e para suprimir a pressão da barra ou outro comportamento condicionado operantemente é considerada o resultado de uma resposta de medo cada vez mais intensa. Durante as apresentações do CS, a janela da mente Sensitivity & Fear de Sniffy mostra a sua intensidade do medo atual; e a janela da mente CS Response Strenght mostra quão forte será a resposta de medo quando o CS for aplicado da próxima vez. Com o Sniffy Pro, você pode observar a mudança de comportamento e a alteração no algoritmo de condicionamento clássico do programa Sniffy Pro – o estado psicológico de Sniffy –

que causa a mudança de comportamento de Sniffy. Criamos o algoritmo de condicionamento clássico de Sniffy para que ficasse parecido com os processos teóricos que os psicólogos (por exemplo, Guthrie, 1960; Hull, 1943; 1952; Rescorla e Wagner, 1972) postularam em uma tentativa de explicar o condicionamento. No entanto, ninguém chegou a observar algo que sequer fosse análogo à força de resposta ao CS no cérebro de um rato; muitos psicólogos asseveram que é impossível, mesmo em princípio, observar os processos psicológicos (mentais) de animais reais. Acreditamos que as janelas da mente no programa Sniffy Pro o ajudarão a compreender as explicações psicológicas do condicionamento clássico, porém é importante lembrar de que elas não podem proporcionar nenhuma informação detalhada sobre o modo de operar da "mente animal".

Um aspecto interessante a ser notado é que as medidas do índice de movimento e do índice de supressão da resposta de Sniffy ao CS não constituem um reflexo perfeito da resposta de medo interno de Sniffy. Conforme as janelas CS Response Strength e Sensitivity & Fear mostram, a resposta de medo de Sniffy ocorre em um nível elevado quase constante durante as diversas últimas tentativas de aquisição. Mas os valores dos índices de movimento e dos índices de supressão de Sniffy possuem uma certa flutuação entre as tentativas. Estas medidas comportamentais variam porque o comportamento de Sniffy é determinado por um conjunto complexo de probabilidades. As alterações do algoritmo de aprendizagem de Sniffy (estado psicológico de Sniffy) alteram as *probabilidades* com que ocorrem comportamentos relacionados ao medo, porém o comportamento de Sniffy é sempre probabilístico e, portanto, algo variável.

Essas variações no índice de movimento e no índice de supressão de Sniffy são, em certo grau, análogas aos resultados obtidos se você realizar repetidamente um experimento no qual joga uma moeda 10 vezes. Sempre que se joga uma moeda, a probabilidade de dar cara é igual à probabilidade de dar coroa. Por esse motivo, se você fizer muitos experimentos em que joga uma moeda 10 vezes, o número médio de caras será 5. No entanto, o número exato de caras variará em cada experimento. Algumas vezes você obterá 5 caras; outras vezes, 7 caras; e algumas outras, 4 caras. A operação de processos similares explica a variação que você observa nas medidas das respostas de Sniffy. As medidas das respostas variam porque o comportamento de Sniffy é probabilístico. Após todo movimento que Sniffy faz, existem diversas coisas que ele poderia fazer em seguida. Suas experiências na caixa operante alteram as probabilidades de seus comportamentos, porém o programa foi criado de modo que assegure que nunca possamos conhecer antecipadamente com exatidão o que Sniffy fará em seguida.

Mesmo sob condições muito similares, Sniffy nem sempre faz a mesma coisa. Essa variabilidade do comportamento do Sniffy é que explica a variabilidade que observamos nas medidas de resposta do condicionamento clássico. As medidas comportamentais que os psicólogos obtêm com animais reais variam de modo similar e isso, possivelmente, ocorre por razões um tanto similares.

Exercício 2: extinção

Essas instruções supõem que você já tenha realizado o experimento de aquisição descrito no Exercício 1. Para criar uma série de 30 tentativas de extinção, você deve seguir os passos descritos. Você precisa fazer mais tentativas de extinção que de aquisição porque a CER se extingue muito mais lentamente do que é adquirida.

- Inicie o programa Sniffy Pro e abra o arquivo que sugerimos fosse denominado Ex1-ClassAcq, no qual Sniffy adquiriu uma CR ao CS tom de intensidade média.

- Use o comando Save As para salvar o arquivo com um novo nome (por exemplo, Ex2-ClassExt) na pasta Sniffy Files existente no disco rígido de seu computador. *Salvar o arquivo com um novo nome preserva para uso futuro o arquivo original no qual Sniffy foi sujeito ao condicionamento clássico. Você precisará dele para diversos exercícios futuros.*

- Escolha o comando Design Classical Conditioning Experiment no menu Experiment. A caixa de diálogo Classical Conditioning Experimental Design abre no Bloco 1. Todas as opções para a definição de condições ficam desabilitadas porque o Bloco 1 já foi executado.

- Na caixa de diálogo Design Classical Conditioning Experiment, faça os seguintes ajustes para definir o Bloco 2, o qual conterá suas tentativas de extinção:

    ◊ Na seção Stage (Bloco), clique no botão denominado New Stage. O número 2 destacado aparecerá à direita do número 1, próximo da palavra Stage. Por esse ser um novo bloco que ainda não foi executado, todas as opções para a definição dos tipos de tentativas encontram-se disponíveis.

    ◊ Na seção Stage, assegure-se de que o número 5 apareça na caixa de texto após Interval Between Trials e digite 30 na caixa de texto

localizada à esquerda de Times. Essas configurações indicam, respectivamente, que o intervalo médio entre tentativas será de 5 minutos e que existirão 30 tentativas para cada Trial Type.
◊ No painel First Stimulus, escolha o tom de intensidade média.
◊ No painel Second Stimulus, escolha None.
◊ Certifique-se de que uma marca de verificação aparece nas caixas próximas de Isolate Sniffy when Experiment Starts e Show Sniffy when Experiment Completes.
◊ Clique no botão de comando Run (Executar).
♦ Quando o programa tiver terminado de realizar o experimento, escolha o comando Save do menu File para salvar seus resultados.

Durante os próximos 150 minutos de tempo de programa, o Sniffy Pro aplicará automaticamente em Sniffy 30 tentativas de extinção, isto é, 30 tentativas durante as quais ocorre o CS sem o US. À medida que o programa executar, o Sniffy Pro desenhará um gráfico mostrando o índice de movimento de Sniffy em cada tentativa na janela Movement Ratio ou na janela Supression Ratio (Índice de Supressão) e a intensidade da capacidade do tom para eliciar medo ao final de cada tentativa na janela CS Response Strength. No fim da extinção, suas janelas Movement Ratio e CS Response Strength devem ficar parecidas com as seguintes:

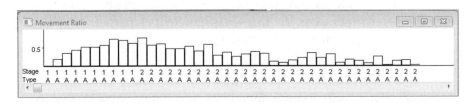

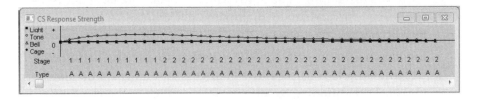

A janela Movement Ratio ou a janela Supression Ratio (Índice de Supressão) mostram que aplicar repetidamente o CS sem o US faz com que o CS pare de eliciar gradualmente o congelamento e outros comportamentos relacionados ao medo. A janela da mente CS Response Strength mostra que essa alteração de comportamento é o resultado de o CS perder sua capacidade para eliciar uma resposta de medo. Observe novamente a variabilidade do índice de movimento, a qual reflete a natureza probabilística do comportamento de Sniffy. Se o seu experimento foi realizado em um arquivo no qual Sniffy havia sido treinado para pressionar a barra, a janela Suppression Ratio parece semelhante à que mostramos a seguir:

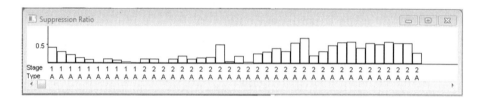

Exercício 3: recuperação espontânea

Eis aqui os passos que você precisa seguir para observar a recuperação espontânea:

- Abra o arquivo que sugerimos que você denominasse Ex2-ClassExt no Exercício 2, no qual Sniffy foi condicionado primeiramente no Bloco 1 e a extinção ocorreu no Bloco 2.

- Use o comando Save As para salvar o arquivo com um nome novo apropriado (por exemplo, Ex3-ClassSponRec) na pasta Sniffy Files no disco rígido de seu computador.

- No menu Experiment, escolha Remove Sniffy for Time-Out. Essa operação simula remover Sniffy da caixa operante e deixá-lo em sua caixa-viveiro original durante 24 horas; uma caixa de diálogo aparecerá dizendo-lhe que Sniffy saiu da caixa. Para fazer que Sniffy retorne ao experimento no próximo dia simulado, clique no botão OK da caixa de diálogo.

- Escolha no menu Experiment o Design Classical Conditioning Experiment e faça as seguintes configurações na caixa de diálogo Classical Conditioning Experimental Design para submeter Sniffy a uma segunda sessão com 15 tentativas de extinção:

Fenômenos básicos do condicionamento clássico 43

◊ A caixa de diálogo abre (como sempre) no Bloco 1. Todas as alternativas para a definição de tentativas e estímulos são desabilitadas porque o Bloco 1 já foi realizado.

◊ Clique no número 2 à direita de Bloco para mover para o Bloco 2. Todas as alternativas para a definição de tentativas e estímulos ficarão esmaecidas porque o Bloco 2 também já foi executado.

◊ Clique no botão New Bloco para criar um novo Bloco 3 após o Bloco 2. Observe que um número 3 destacado agora está presente na sequência de números depois de Bloco.

◊ Assegure-se de que o Interval Between Trials seja ajustado para 5 minutos.

◊ Ajuste Times para 15 vezes.

◊ No painel First Stimulus, escolha o tom de intensidade média.

◊ No painel Second Stimulus, escolha None.

◊ Verifique cuidadosamente suas configurações.

♦ Clique em Run.

♦ Quando o experimento for finalizado, salve o arquivo.

À medida que o Bloco 3 prosseguir, o índice de movimento aparecerá em um gráfico como uma função das tentativas na janela Movement Ratio, e a intensidade da capacidade do tom para eliciar uma resposta de medo aparecerá em um gráfico na janela CS Response Strength. No fim do experimento, essas duas janelas devem ficar parecidas com as mostradas a seguir:

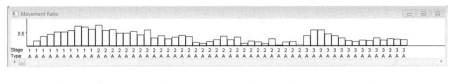

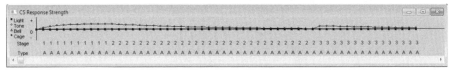

A partir de agora, supomos que a maioria dos usuários utilizará o índice de movimento como a medida de resposta para avaliar o condicionamento clássico, e deixamos de mostrar os resultados do índice de supressão.

Exercício 4: variando a força do CS

A força do CS constitui um determinante fundamental da velocidade com que ocorre a aquisição no condicionamento clássico (veja, por exemplo, Imada, Yamazaki e Morishita, 1981). No experimento de aquisição descrito no Exercício 1, usamos o tom de intensidade média como CS. Para estudar o efeito da variação da intensidade do CS, repita o experimento duas vezes: uma vez com o CS tom de baixa intensidade e uma segunda vez com o tom de alta intensidade como CS. O procedimento para criar os dois novos arquivos Sniffy é exatamente o mesmo do Exercício 1, exceto que, em um caso, você selecionará o tom de baixa intensidade como primeiro estímulo, ao passo que, no outro caso, você selecionará o tom de alta intensidade como primeiro estímulo. Sugerimos que seus dois novos arquivos Sniffy sejam denominados Ex4-LoToneCS e Ex4-HiToneCs, respectivamente.

Após os dois experimentos adicionais de aquisição terem terminado, você pode comparar os resultados do índice de movimento e da intensidade de resposta ao CS em seus três arquivos Sniffy. Examinaremos inicialmente os índices de movimento.

Sua janela Movement Ratio para o CS de baixa intensidade deve ficar parecida com a seguinte:

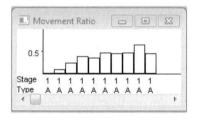

Para o CS de intensidade média, os resultados de seu índice de movimento (do Exercício 1) devem ficar parecidos com os seguintes:

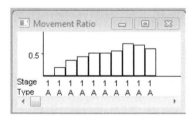

Eis os resultados de seu índice de movimento para o CS de alta intensidade:

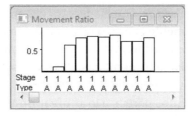

Conforme esperado, os resultados do índice de movimento sugerem que, quanto mais intenso o CS, mais rapidamente é adquirida a CR. A situação fica até mais clara quando comparamos os resultados nas janelas CS Response Strength.

Primeiro, eis a janela da mente CS Response Strength para o CS de baixa intensidade:

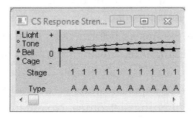

Em seguida, a janela da mente para o CS de intensidade média:

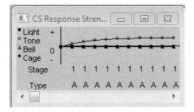

Finalmente, eis a janela para o CS de alta intensidade:

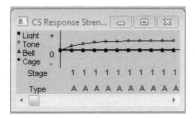

A comparação entre as três janelas mostra claramente que, quanto mais forte o CS, mais rapidamente ocorre o condicionamento. Além disso, observe que a assíntota das curvas (o nível de condicionamento final alcançado quando as curvas se nivelam) permanece aproximadamente a mesma. Em outras palavras, mudar a intensidade do CS afeta a velocidade com a qual ocorre o condicionamento, porém não o nível de condicionamento finalmente atingido. (O condicionamento com o CS de baixa intensidade é tão lento a ponto de 10 tentativas de condicionamento não serem suficientes para que a força da resposta ao CS atinja seu nível máximo.)

Você pode obter uma imagem até mais clara do efeito da variação da intensidade do CS transferindo seus resultados para a planilha eletrônica e indicando os resultados da intensidade da resposta ao CS em um único gráfico. Concluiremos nossa discussão desse exercício ilustrando como isso pode ser feito. Nesse exemplo, iremos criar arquivos de dados exportados dos três experimentos de aquisição, abrir esses arquivos em um programa de planilha eletrônica, copiar as informações relevantes em um único arquivo de planilha e, finalmente, traçar um gráfico que mostra o efeito da variação da intensidade do CS na aquisição da força da resposta ao CS. Os procedimentos gerais que especificamos serão válidos para praticamente todos os programas de planilha eletrônica. No entanto, os detalhes variarão de um programa para outro. Essa ilustração usa o Microsoft Excel versão X para o Macintosh OS X.

- ◆ O primeiro passo consiste em criar os três arquivos de dados exportados que abriremos subsequentemente com nosso programa de planilha. Para criar cada um dos três arquivos:
    - ◊ Abra um arquivo relevante do Sniffy Pro no qual a experiência de aquisição tenha sido completada.
    - ◊ Mostre a janela da mente CS Response Strength. (Se necessário, torne-a visível selecionando-a na seção Mind Windows do menu Windows.)
    - ◊ Aponte o cursor para a janela CS Response Strength e clique uma vez o botão (esquerdo) do mouse para assegurar-se de que a janela foi selecionada.
    - ◊ Escolha o comando Export Data no menu File.
    - ◊ Na caixa de diálogo para salvar arquivos, salve seu arquivo com um nome apropriado no lugar do disco rígido de seu computador onde você mantém o restante de seus arquivos Sniffy.

- Repita esse processo a fim de criar arquivos de dados exportados a partir de todos os três experimentos de aquisição.
- Saia do programa Sniffy Pro.
- Inicie seu programa de planilha ou de análise estatística.
- Se o programa criar automaticamente um arquivo quando abrir, salve-o atribuindo-lhe um nome apropriado (por exemplo, CS Intensity). De outra maneira, escolha o comando New e dê um nome ao arquivo.
- Coloque cabeçalhos nas colunas e linhas para criar um grupo de células que seja parecido com a seguinte janela:

	A	B	C	D
1	Trials	Weak CS	Medium CS	Strong CS
2	1			
3	2			
4	3			
5	4			
6	5			
7	6			
8	7			
9	8			
10	9			
11	10			

- Abra seus três arquivos de dados exportados do Sniffy. Para abrir cada arquivo em seu programa de planilha:
  ◊ Escolha o comando Open no menu File do programa.
  ◊ Na caixa de diálogo que aparece, acesse o lugar em seu disco rígido onde você salvou os arquivos de transferência de dados exportados do Sniffy Pro.
  ◊ Se os arquivos não estiverem visíveis, escolha a opção Show All Files na caixa de diálogo para abertura de arquivos.
  ◊ Se nenhuma opção Show All Files estiver disponível ou se o programa não abrir o arquivo de modo bem-sucedido quando você selecioná-lo, procure verificar se o programa possui um comando especial para trazer dados de outro programa. Se necessário, leia o manual de utilização de seu programa ou busque seus arquivos de ajuda on-line para determinar como importar um arquivo de texto delimitado por tabulação.

◊ Repita esse processo para os outros dois arquivos de dados exportados.

♦ Cada um dos três arquivos ficará parecido com a ilustração a seguir quando aberto em sua planilha:

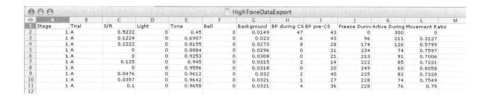

♦ Os dados são apresentados em colunas encabeçadas pelas letras A a L e em linhas encabeçadas pelos números 1 a 11.

♦ Existem 12 colunas de dados. Na linha 1 de cada coluna, há uma identificação que informa o tipo de dado que aparece abaixo.

♦ A coluna denominada **Stage** mostra o bloco do experimento para cada tentativa. Em virtude de esse experimento possuir somente um bloco, o número 1 é exibido em toda tentativa.

♦ A coluna denominada **Trial** indica o tipo de tentativa para cada tentativa. Em razão de esse experimento possuir somente um tipo de tentativa, a letra A aparece em cada tentativa.

♦ A coluna denominada **S/R** fornece o índice de supressão para cada tentativa.

♦ As colunas denominadas **Light**, **Tone**, **Bell** e **Background** fornecem os valores da intensidade da resposta ao CS para CS luz, CS tom, CS campainha e CS contexto do compartimento para cada tentativa, respectivamente.

♦ A coluna denominada **BP During CS** (Pressões à Barra Durante o CS) indica quantas vezes Sniffy pressionou a barra enquanto o CS estava sendo aplicado durante cada tentativa.

♦ A coluna denominada **BP Pre-CS** (Pressões à Barra Antes do CS) indica quantas vezes Sniffy pressionou a barra durante o período de 30 segundos antes de o CS haver iniciado durante cada tentativa.

♦ A coluna denominada **Freeze During CS** (Congelamento Durante o CS) indica quantas unidades de congelamento e de outros comportamentos relacionados ao medo Sniffy produziu durante o CS.

- A coluna denominada **Active During CS** (Atividade Durante o CS) indica quantas unidades de comportamento ativo "não imobilizado" Sniffy produziu durante o CS.
- A coluna denominada **Movement Ratio** (Índice de Movimentos) é a proporção de unidades de congelamento durante o CS: Movement Ratio = Freeze During CS/(Freeze During CS + Active During CS).
- Iniciando na linha 2, cada linha de dados contém as informações a respeito de uma tentativa específica de condicionamento clássico.
- Cada um dos seus três arquivos de dados exportados contém informações sobre uma intensidade específica do CS tom. Os dados de que precisamos para traçar nossos gráficos mostrando o efeito da intensidade do CS na intensidade da resposta ao CS aparecem na coluna denominada Tone em cada um dos três arquivos de dados exportados.
- Para traçar um único gráfico no qual comparamos a força da resposta ao CS como função das tentativas para as três diferentes intensidades de CS, precisamos copiar os dados do tom existentes nos três arquivos de dados exportados e colocá-los na planilha que denominamos CS Intensity.
- As colunas na planilha CS Intensity são denominadas Trials, Weak CS, Medium CS e Strong CS. Copiaremos inicialmente os dados do arquivo de dados exportados relativos ao tom de baixa intensidade na coluna denominada Weak CS da planilha. Para fazer isso:
    ◊ Acesse o arquivo LoCS. A maior parte dos programas de planilha possui um menu denominado Windows. Seu arquivo LoCS já aberto deve ser uma das opções de menu no menu Windows.
    ◊ Selecione os números na coluna denominada Tone. Na maior parte dos programas, você pode selecionar um grupo de números em uma coluna apontando o cursor no número ao alto, clicando o botão (esquerdo) de seu mouse e então o mantendo pressionado até alcançar o número embaixo. Quando todos os números tiverem sido selecionados, solte o botão do mouse.
    ◊ Escolha o comando Copy, o qual provavelmente estará localizado no menu Edit.
    ◊ Retorne ao arquivo da planilha na qual você deseja colocar os números. Para retornar ao arquivo da planilha, selecione-o no menu Windows.

◊ Selecione as células para Trials 1 a 10 sob a coluna Weak CS. Para selecionar essas células, clique na célula Trial 1 até alcançar a célula Trial 10, mantendo pressionado o botão (esquerdo) do mouse e, depois, soltando-o.

◊ Selecione o comando Paste no menu Edit.

◆ Os números que você copiou do arquivo Ex23-LoCS devem aparecer na planilha de modo que ela se assemelhe à seguinte:

	A	B	C	D
1	Trials	Weak CS	Medium CS	Strong CS
2	1	0,15		
3	2	0,2752		
4	3	0,3798		
5	4	0,4671		
6	5	0,54		
7	6	0,6009		
8	7	0,6518		
9	8	0,6942		
10	9	0,7297		
11	10	0,7593		

◆ Repita o processo Copy-Paste que acabamos de delinear a fim de copiar dados dos arquivos dos tons de média e alta intensidades para as colunas da planilha denominadas Medium CS e Strong CS, respectivamente.

◆ Sua planilha deve agora se parecer com a seguinte:

	A	B	C	D	E
1	Trials	Weak CS	Medium CS	Strong CS	
2	1	0,15	0,3	0,45	
3	2	0,2752	0,5055	0,6907	
4	3	0,3798	0,6462	0,8195	
5	4	0,4671	0,7426	0,8884	
6	5	0,54	0,8087	0,9253	
7	6	0,6009	0,8539	0,945	
8	7	0,6518	0,8849	0,9556	
9	8	0,6942	0,9062	0,9612	
10	9	0,7297	0,9207	0,9642	
11	10	0,7593	0,9307	0,9658	

- Agora você está pronto para traçar seu gráfico. A partir desse ponto, podemos fornecer apenas instruções incompletas porque programas diferentes e até mesmo versões diferentes do mesmo programa adotam métodos um tanto diferentes para desenhar gráficos. Muito provavelmente você terá de ler o manual e/ou consultar os arquivos de ajuda on-line para o programa que estiver usando.
- O próximo passo consiste em selecionar os dados que você deseja incluir no gráfico. Alguns programas pedem que você selecione apenas os dados numéricos a serem indicados no gráfico (células B2 a D11). Outros também pedem que você selecione os cabeçalhos das colunas para os dados numéricos (células B1 a D11), enquanto outros desejam que você também inclua a coluna denominada Trials (células A1 a D11).
- Após ter selecionado as células certas, você escolherá um comando de traçado de gráficos em um dos menus e então tomará uma série de decisões a respeito do tipo de gráfico que você deseja traçar. Esses comandos e escolhas variam consideravelmente entre os programas. Podemos afirmar, em geral, que você deseja traçar um **gráfico de linha** e criar uma **legenda** para diferenciar as diversas intensidades de CS. Você quase certamente precisará consultar o manual e/ou a ajuda on-line para determinar o que fazer.
- No final, seu gráfico deve ficar parecido com o seguinte:

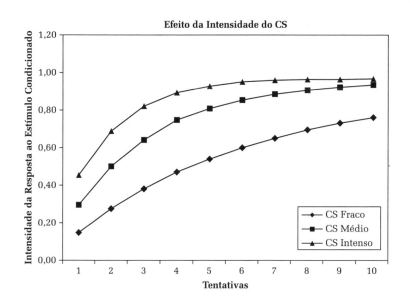

▬▬▬ Exercício 5: variando a força do US

A intensidade do US afeta a velocidade de aquisição e o nível de condicionamento clássico que pode ser obtido no final (por exemplo, Annau e Kamin, 1961; Polenchar et al., 1984). Quanto mais intenso o US, mais rapidamente ocorre o condicionamento e maior o nível de condicionamento que pode ser obtido no final. Além disso, a UR do Sniffy e, portanto, o nível potencial de condicionamento clássico que o US pode manter se alteram em função das apresentações repetidas para configurações de baixa intensidade e de alta intensidade do US. A UR ao US de baixa intensidade produz habituação, enquanto a UR ao US de alta intensidade produz sensibilização. Desse modo, para o US de baixa intensidade, o condicionamento não somente é mais lento que para o US de média ou alta intensidade, mas o nível de condicionamento que o US pode manter também diminui, com aplicações repetidas do US. Para o US de alta intensidade, não só o ritmo em que ocorre o condicionamento é mais rápido, mas também o nível potencial de condicionamento aumenta.

No experimento de aquisição descrito no Exercício 1, usamos o choque de média intensidade como US. Para estudar o efeito da variação da intensidade do US, repita duas vezes o experimento de aquisição: uma vez com o US de baixa intensidade e uma segunda vez com o US de alta intensidade. O procedimento para criar os dois novos arquivos Sniffy é exatamente o mesmo do Exercício 1, exceto que, em um caso, você selecionará o choque de baixa intensidade como segundo estímulo e, no outro, o choque de alta intensidade como segundo estímulo.

Seus índices de movimento para as três intensidades de choque devem ficar parecidos com os mostrados a seguir:

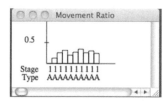

US de baixa intensidade

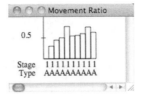
US de média intensidade

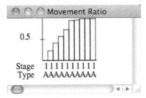
US de alta intensidade

Os resultados em sua janela CS Response Strength devem ficar parecidos com os mostrados a seguir:

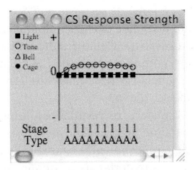
US de baixa intensidade

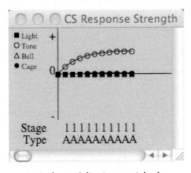
US de média intensidade

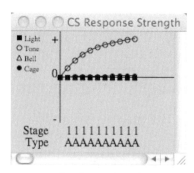

US de alta intensidade

Para o choque de média intensidade, a curva do índice de movimento se estabiliza em uma média em torno de 0,7. Para o choque de alta intensidade, a curva do índice de movimento alcança um nível mais elevado, atingindo um valor médio de quase 1,0. No entanto, os resultados obtidos com o US de baixa intensidade talvez sejam os mais interessantes. Quando um animal se acostuma a um US, declina o nível máximo de condicionamento que o US pode manter. Quando você inicia o condicionamento com um US com o qual se está habituado, a força da resposta ao CS começa a aumentar, porém se alcança um ponto no qual a eficácia enfraquecida do US sobrepõe-se ao aumento da força da resposta. Como resultado, com um US habituado, sempre existe um número ótimo de pares de CS–US além do qual o condicionamento diminui. A janela CS Response Strength e as curvas de índice de movimento mostram esse efeito.

Você também pode transferir os resultados da força da resposta ao CS para uma planilha ou para um programa de análise estatística a fim de comparar seus resultados de aquisição entre as três intensidades diferentes do US. Os procedimentos para exportar os resultados e produzir um gráfico para mostrar o efeito das diversas intensidades do US são análogos àqueles que acabamos de especificar para os efeitos das diversas intensidades do CS. O gráfico resultante deve ficar parecido com o seguinte:

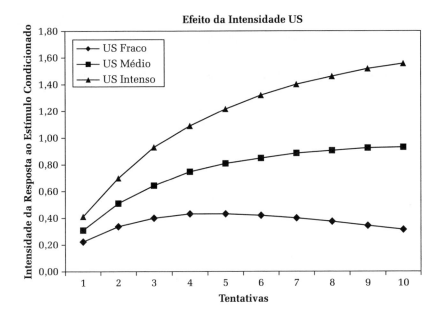

Questões

♦ Compare e contraste o índice de movimento e o índice de supressão como medidas de resposta no condicionamento clássico.

♦ À medida que aumenta a resposta de um animal ao medo, aumenta o valor do índice de movimento, porém diminui o valor do índice de supressão. Por quê? De que modo duas medidas do mesmo fenômeno podem variar em sentidos opostos à proporção que aumenta a força do fenômeno avaliado?

♦ Em sua opinião, por que a maioria dos psicólogos que estudam ratos vivos usa o índice de supressão, e não o índice de movimento, como sua medida de resposta?

♦ Compare e contraste os efeitos da variação da intensidade do CS e da intensidade do US.

Tarefas para realizar

Repita o Exercício 1 usando a luz e a campainha de pequena, média e alta intensidade, respectivamente, como CS. Transfira os dados para os arquivos do texto e compare os resultados em um aplicativo de planilha eletrônica.

- De que modo os resultados obtidos com as três intensidades da luz comparam-se aos resultados que você obteve no Exercício 4 para as três intensidades do tom?
- Com que resultados da luz e do tom os resultados da campainha são mais semelhantes?

4

Condicionamento com estímulos compostos, bloqueio, sombreamento e superexpectativa

Analisamos até agora exemplos de condicionamento clássico nos quais um único CS forma um par com o US. Este capítulo trata do condicionamento com estímulos compostos e de três fenômenos relacionados: bloqueio, sombreamento e superexpectativa. No condicionamento com estímulos compostos, dois (ou mais) CSs são apresentados simultaneamente, isto é, aparecem e desaparecem ao mesmo tempo. Esse paradigma é análogo a muitas situações da vida real em que os eventos produzem estímulos em mais de uma modalidade sensorial. Por exemplo, quando um carro passa por você na rua, você vê e ouve ao mesmo tempo e talvez até mesmo sinta um odor. Quando um CS composto é aplicado com um US, o interesse reside no grau em que cada um dos estímulos componentes adquire a capacidade para eliciar uma CR.

Exercício 6: condicionamento com estímulos compostos comparado com pareamentos separados de CS

O Exercício 6 envolve a comparação entre duas situações experimentais. Em ambas as condições, os CSs luz e tom são apresentados 10 vezes durante a aquisição. Na condição de condicionamento com estímulos compostos, o CS tom de intensidade média e o CS luz de intensidade média serão apresentados simultaneamente como um CS composto juntamente com o US choque de intensidade média. Você comparará esse procedimento de condicionamento com estímulos compostos com um procedimento de controle de pareamentos separados nos quais Sniffy receberá 10 tentativas em que o tom de intensidade média é pareado ao US e outras 10 tentativas em que a luz de intensidade média é pareada ao US. A finalidade da comparação do condicionamento com estímulos compostos com o controle de pareamentos separados é determinar se esses dois métodos diferentes de apresentar os dois CSs produzem graus diferentes de condicionamento aos dois CSs. Após ambas as situações experimentais, você testará a intensidade da CR do Sniffy a cada CS por meio da apresentação separada dos CSs durante as tentativas do teste em extinção.

Nesse exercício, introduzimos um método para resumir os experimentos de condicionamento clássico por meio de quadros. O experimento de condicionamento com estímulos compostos pode ser mostrado do seguinte modo:

Condição	Bloco 1	Bloco 2	Resultado esperado do Bloco 2
Condicionamento com Estímulos Compostos	10: CS_{ML}&CS_{MT}–US_M	1: CS_{ML}–Nenhum 1: CS_{MT}–Nenhum	CS_{ML}–CR Moderada CS_{MT}–CR Moderada
Pares Distintos	10: CS_{ML}–US_M 10: CS_{MT}–US_M	1: CS_{ML}–Nenhum 1: CS_{MT}–Nenhum	CS_{ML}–CR Forte CS_{MT}–CR Forte

Nesse e em quadros futuros:

◆ CS_{ML} significa a luz de intensidade média empregada como um CS (primeiro estímulo).

◆ CS_{MT} significa o tom de intensidade média empregado como um CS (primeiro estímulo).

◆ CS_{ML}&CS_{MT} significa que o tom de intensidade média e a luz de intensidade média são apresentados simultaneamente como um CS composto.

◆ US_M significa o choque de intensidade média empregado como US (segundo estímulo).

◆ Os números seguidos por dois-pontos designam o número de tentativas durante as quais ocorrerá um conjunto de estímulos especificados. Portanto, "10: CS_{ML}&CS_{MT}–US_M" significa que o conjunto formado pelo tom de intensidade média e pela luz de intensidade média é pareado 10 vezes com o US de intensidade média durante o bloco designado do experimento.

Se você seguir cuidadosamente nossas orientações, a situação de condicionamento com estímulos compostos pode servir como condição de controle para os exercícios de bloqueio e de sombreamento. Ser capaz de usar seus resultados de condicionamento com estímulos compostos como a condição de controle para os outros dois experimentos poupará tempo.

A condição experimental do condicionamento com estímulos compostos

Para preparar a condição experimental de condicionamento com estímulos compostos, siga estes passos:

- Inicie com um novo arquivo Sniffy.[1]
- Use o comando Save As no menu File para salvar o arquivo com um novo nome apropriado (por exemplo, Ex6-CompCon) no disco rígido de seu computador.
- Escolha Design Classical Conditioning Experiment no menu Experiment.
- Na caixa de diálogo, faça as seguintes configurações:
  ◊ Assegure-se de fixar em 5 minutos o Interval Between Trials.
  ◊ Fixe em 10 vezes o Present Each Trial Type.
  ◊ Na seção First Stimulus da caixa de diálogo, clique nas caixas à esquerda das palavras "Light" e "Tone" para que apareçam marcas de verificação (✓) em ambas as caixas; assegure-se de escolher a intensidade média para ambos os estímulos.
  ◊ Na seção Second Stimulus da caixa de diálogo, assegure-se de que um sinal de verificação (✓) apareça na caixa à esquerda das palavras "Shock US" e de que o valor de intensidade média desse estímulo seja selecionado.
  ◊ Verifique cuidadosamente para assegurar-se de haver selecionado as configurações corretas.
  ◊ Clique no botão de comando New Stage, na seção Stage da caixa de diálogo, para criar um novo Bloco 2.
  ◊ Verifique se você se encontra agora operando no Bloco 2, Trial Type A.
  ◊ Fixe em 5 minutos o Average Interval Between Trials na seção Stage da caixa de diálogo.

---

[1] Se você desejar empregar o índice de supressão como uma medida de resposta, abra um arquivo novo no qual Sniffy tenha sido bem treinado para pressionar a barra em uma programação VR.

◊ Na caixa de texto localizada à direita de Present Each Trial Type, digite 1.
◊ Assegure-se de que seja selecionado somente o CS *luz* de intensidade média na seção First Stimulus da caixa de diálogo.
◊ Selecione None na seção Second Stimulus da caixa de diálogo.
◊ Verifique cuidadosamente se você selecionou as configurações corretas.
◊ Clique no botão New Type na seção Trial Types da caixa de diálogo. Verifique se você está editando agora o Bloco 2, Trial Type B.
◊ Assegure-se de que somente o CS *tom* de intensidade média seja selecionado na seção First Stimulus da caixa de diálogo.
◊ Selecione None na seção Second Stimulus da caixa de diálogo.
◊ Verifique cuidadosamente se você selecionou as configurações corretas.
◊ Veja todas as configurações e assegure-se de que estão corretas.
◊ Clique nos números Stage e nas letras Type para ter certeza de que todas as configurações estão corretas.
◊ Clique no botão denominado Run na parte inferior da caixa de diálogo.
◊ Certifique-se que uma marca de verificação aparece nas caixas ao lado de Isolate Sniffy When Experiment Starts e Show Sniffy When Experiment Completes.
◆ Salve novamente o arquivo quando o experimento tiver terminado.

Quando o programa acabar de executar o experimento, suas janelas Movement Ratio e CS Response Strength devem ficar parecidas com as seguintes:

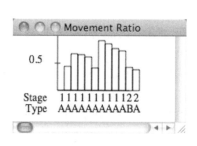 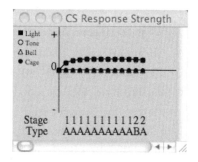

A janela Movement Ratio mostra que Sniffy adquiriu uma CR intensa para o CS composto ao longo das 10 tentativas de condicionamento no Bloco 1. Se você estivesse realizando um experimento de condicionamento com estímulos compostos com ratos reais, esses dados comportamentais seriam as únicas informações que estariam disponíveis. Você não teria informações sobre intensidades das respostas individuais aos dois componentes do CS. No entanto, no programa Sniffy Pro, a janela da mente CS Response Strength permite ver o que está acontecendo. Durante o Bloco 1, a janela CS Response Strength mostra que a força das respostas aos componentes luz e tom aumenta para níveis moderados antes de se estabilizar. Em virtude de os dois componentes do estímulo adquirirem exatamente os mesmos valores de força de resposta, suas curvas apresentam-se superpostas de modo que somente uma única curva é visível. Esse resultado na janela da mente prevê que, quando cada um dos dois CSs componentes for apresentado separadamente durante o Bloco 2 do experimento, cada componente deve gerar um índice de movimento moderado. Os resultados do índice de movimento para o Bloco 2 do experimento confirmam essa previsão. Quando apresentados sozinhos, a luz e o tom eliciam CRs moderadas, não intensas. No exemplo, os índices de movimento para os CSs luz e tom no Bloco 2 não são exatamente os mesmos. A diferença é uma questão de acaso. Se você executasse o experimento repetidamente, as médias dos índices se aproximariam.

Constatamos até agora que, durante o condicionamento com estímulos compostos, o CS composto (ambos os estímulos componentes apresentados juntos) adquire a capacidade de produzir uma CR intensa e cada componente do estímulo composto adquire a capacidade de eliciar uma CR moderada. O resultado sugere que a CR intensa ao CS composto é igual à soma das CRs aos CSs componentes.

A condição de controle de pareamentos separados no condicionamento com estímulos compostos

A próxima questão é se obteremos um resultado igual ou diferente caso os dois componentes do estímulo composto sejam pareados separadamente ao US. Para descobrir, você preparará o experimento de controle em que Sniffy recebe 10 tentativas durante as quais o tom de intensidade média é pareado ao US. Essas tentativas são mescladas com outras 10 tentativas, durante as quais a luz de intensidade média é pareada ao US.

Para realizar um experimento com pareamentos separados, siga estes passos:

- ♦ Inicie com um novo arquivo Sniffy.
- ♦ Use o comando Save As no menu File para salvar o arquivo com um novo nome apropriado (por exemplo, Ex6-SepPair) na pasta Sniffy Files no disco rígido de seu computador.

♦ Escolha Design Classical Conditioning Experiment no menu Experiment.
  ◊ Observe que você agora está trabalhando com o Bloco 1, Trial Type A.
  ◊ Assegure-se de fixar em 5 minutos o Interval Between Trials.
  ◊ Fixe em 10 vezes o Present Each Trial Type.
  ◊ Selecione a *luz* de intensidade média na seção First Stimulus da caixa de diálogo. Assegure-se de que a luz de intensidade média seja o único primeiro estímulo selecionado.
  ◊ Assegure-se de que seja selecionado o US choque de intensidade média na seção Second Stimulus da caixa de diálogo.
  ◊ Verifique cuidadosamente se você selecionou as configurações corretas.
  ◊ Clique no botão New Type na seção Trial Types da caixa de diálogo. Verifique se você está trabalhando agora no Bloco 1, Trial Type B.
  ◊ Assegure-se de que seja selecionado somente o *tom* de intensidade média na seção First Stimulus da caixa de diálogo.
  ◊ Assegure-se de que seja selecionado o US choque de intensidade média na seção Second Stimulus da caixa de diálogo.
  ◊ Verifique cuidadosamente o que você selecionou.
  ◊ Na seção Stage da caixa de diálogo, clique no botão New Stage para criar um novo Bloco 2.
  ◊ Assegure-se de fixar em 5 minutos o Average Interval Between Trials.
  ◊ Na caixa de texto localizada à direita de Present Each Trial Type, digite 1.
  ◊ Observe que você está editando o Bloco 2, Trial Type A.
  ◊ Selecione a *luz* de intensidade média na seção First Stimulus da caixa de diálogo.
  ◊ Selecione None na seção Second Stimulus da caixa de diálogo.
  ◊ Verifique cuidadosamente se você selecionou as configurações corretas.
  ◊ Clique no botão denominado New Type. Verifique se você está editando agora o Bloco 2, Trial Type B.

◊ Assegure-se de que somente o CS *tom* de intensidade média seja selecionado na seção First Stimulus.
◊ Selecione None na seção Second Stimulus da caixa de diálogo.
◊ Verifique cuidadosamente se você selecionou as configurações corretas.
◊ Clique nos números Stage e nas letras Type para certificar-se de que as configurações estão corretas.
◊ Clique no botão denominado Run na parte inferior da caixa de diálogo.
♦ Salve novamente o arquivo após o experimento haver terminado.

Ao término do experimento de controle de condicionamento com estímulos compostos, seus resultados nas janelas Movement Ratio e CS Response Strength devem ficar parecidos com os seguintes:

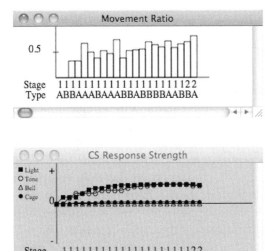

Os resultados do índice de movimento mostram que, durante o Bloco 1, cada um dos CSs adquiriu a capacidade de produzir uma forte supressão do comportamento atual de Sniffy. Na janela da mente CS Response Strength, as curvas de aquisição para os dois CSs permanecem superpostas na maior parte das vezes, de modo que somente uma curva é visível na maioria dos trechos. A curva também mostra que ambos os CSs adquiriram um valor elevado para a intensidade de resposta.

Observamos que, durante o Bloco 2, cada um dos dois CSs, quando apresentados sozinhos, elicia uma CR intensa. Você poderia indagar por que incluímos as tentativas de teste no Bloco 2 nessa condição quando já sabemos que cada um dos dois CSs está eliciando uma CR intensa. As tentativas de teste não são, na realidade, absolutamente essenciais. No entanto, nós as incluímos para tornar as condições sob as quais o índice de movimento é medido exatamente equivalentes para as condições experimental e de controle.

O programa Sniffy Pro apresenta tipos de tentativas em ordem aleatória. Portanto, a ordem em que ocorrem os tipos de tentativas A e B durante o Bloco 1 de seu experimento serão quase certamente diferentes da ordem em nosso exemplo, existindo uma probabilidade de 50% de que a ordem também seja diferente no Bloco 2. Essas diferenças na ordem dos tipos de tentativas também afetarão os detalhes do gráfico de intensidade da resposta ao CS. Esses mesmos efeitos ocasionais e a aleatoriedade do comportamento de Sniffy também afetarão seus resultados do índice de movimento.

Exercício 7: bloqueio

O Exercício 6 mostrou que, quando um CS composto, formado pelo tom de intensidade média e pela luz de intensidade média, é pareado com o US, o CS composto adquire a capacidade de eliciar uma CR e cada estímulo componente adquire a capacidade para produzir uma moderada. Esse é o resultado que os psicólogos normalmente obtêm quando cada componente de composto possui a mesma eficácia de um CS e o animal não teve uma experiência prévia com nenhum dos dois componentes do estímulo composto. O fenômeno de bloqueio examina aquilo que acontece durante as tentativas de condicionamento com estímulos compostos se um dos componentes do composto já tiver sido pareado com o US na frequência suficiente para ter adquirido a capacidade de eliciar uma CR intensa.

O fenômeno de bloqueio é definido pelos resultados do Bloco 3 do experimento descrito no quadro a seguir.[2] Em outras palavras, se você realizar as duas modalidades do experimento que o diagrama especifica e obtiver os resultados do Bloco 3 especificados para ambas as condições experimentais, terá obtido o fenômeno que os psicólogos denominam **bloqueio**. A configuração para esse experimento é similar à de Kamin (1968).

---

[2] Nesse quadro, os símbolos possuem o mesmo significado daqueles no diagrama de condicionamento com estímulos compostos apresentado no início deste capítulo.

Condicionamento com estímulos compostos, bloqueio, sombreamento e superexpectativa

Condição	Bloco 1	Bloco 2	Resultado esperado do Bloco 3
Condição Experimental de Bloqueio	10: $CS_{MT} - US_M$	10: $CS_{ML}\&CS_{MT} - US_M$	1: CS_{ML}–Nenhum CS_{ML} produz pouca ou nenhuma CR 1: CS_{MT}–Nenhum CS_{MT} produz uma CR intensa
Controle do Condicionamento com Estímulos Compostos	Descanso	10: $CS_{ML}\&CS_{MT} - US_M$	1: CS_{ML}–Nenhum CS_{ML} produz uma CR moderada 1: CS_{MT}–Nenhum CS_{MT} produz uma CR moderada

No Bloco 1 da condição experimental de bloqueio, Sniffy recebe 10 tentativas nas quais o tom de intensidade média é pareado com o US de intensidade média. Para a condição de controle, que é o condicionamento com estímulos compostos padrão, Sniffy "descansa" durante o Bloco 1. Em outras palavras, o Bloco 1 é omitido para a condição de controle. No Bloco 2, ambas as condições recebem 10 tentativas-padrão de condicionamento com estímulos compostos nas quais o CS composto formado pelo tom de intensidade média e pela luz de intensidade média é pareado ao US de intensidade média. Finalmente, no Bloco 3, ambas as condições recebem um teste de condicionamento com estímulos compostos consistindo de uma apresentação do CS tom e uma do CS luz. O US é omitido durante o Bloco 3.

Se você seguiu cuidadosamente nossas indicações ao resolver o Exercício 6, seus resultados do condicionamento com estímulos compostos podem ser usados como a condição de controle do bloqueio, e seu experimento original de aquisição de condicionamento clássico do Exercício 1, no qual o CS tom de intensidade média foi pareado ao US de intensidade média por 10 tentativas, pode ser usado para o Bloco 1 da condição experimental de bloqueio. Siga estes passos para efetivar a condição experimental de bloqueio:

Bloco 1 do bloqueio

♦ Se você ainda tiver o arquivo cujo nome sugerimos fosse Ex1-Class Acq, abra-o. Escolha Design Classical Conditioning Experiment no menu Experiment e verifique se as seguintes condições foram válidas para o Bloco 1:
  ◊ O Interval Between Trials médio foi de 5 minutos.
  ◊ O número após Present Each Trial Type era 10.

> - ◊ O First Stimulus foi o tom de intensidade média.
> - ◊ O Second Stimulus foi o US choque de intensidade média.
> - ◊ O Bloco 1 é o único bloco que foi efetivamente executado (isto é, o arquivo que você está observando *não* é o arquivo no qual Sniffy foi extinto subsequentemente no Bloco 2). O arquivo não deve possuir blocos a não ser o Bloco 1.
> - ♦ Se você tiver o arquivo correto, use o comando Save As para salvar o arquivo com um novo nome apropriado (por exemplo, Ex7-Blocking) na pasta Sniffy Files no disco rígido de seu computador e passe para a próxima indicação "Blocking Stages 2 and 3". Se você não tiver seu arquivo original de condicionamento, volte ao Exercício 1 e siga as instruções dadas para criar o Bloco 1 do atual experimento.

Blocos 2 e 3 do bloqueio

Tenha ou não salvado seu arquivo de condicionamento original, supomos que você agora esteja operando com um arquivo Sniffy denominado Ex6-Blocking no qual, durante o Bloco 1, Sniffy recebeu 10 pareamentos do tom de intensidade média com o US de intensidade média com um intervalo médio de 5 minutos entre as tentativas. Siga essa série de passos indicados para realizar os Blocos 2 e 3 da condição experimental de bloqueio:

> - ♦ Escolha Design Classical Conditioning Experiment no menu Experiment.
> - ♦ Faça as seguintes configurações na caixa de diálogo:
>   - ◊ Na seção Stage, clique no botão New Stage para criar um novo Bloco 2 após o Bloco 1.
>   - ◊ Assegure-se de fixar em 5 minutos o Interval Between Trials.
>   - ◊ Fixe em 10 vezes o Present Each Trial Type.
>   - ◊ Selecione a luz de intensidade média *e* o tom de intensidade média na seção First Stimulus.
>   - ◊ Selecione o US choque de intensidade média na seção Second Stimulus.
>   - ◊ Verifique cuidadosamente para assegurar-se de que suas configurações estejam corretas.

Condicionamento com estímulos compostos, bloqueio, sombreamento e superexpectativa   67

◊ Clique no botão New Stage para inserir um novo Bloco 3 após o Bloco 2.
◊ Verifique se você está operando agora no Bloco 3, Trial Type A.
◊ Assegure-se de que a configuração Interval Between Trials seja de 5 minutos.
◊ Digite 1 na caixa de texto a seguir de Present Each Trial Type.
◊ Assegure-se de que seja selecionado somente o CS *luz* de intensidade média na seção First Stimulus da caixa de diálogo.
◊ Selecione None na seção Second Stimulus da caixa de diálogo.
◊ Verifique cuidadosamente se você selecionou as configurações corretas.
◊ Clique no botão denominado New Type na seção Trial Types da caixa de diálogo. Verifique se você está editando agora o Bloco 3, Trial Type B.
◊ Assegure-se de que somente o CS *tom* de intensidade média seja selecionado na seção First Stimulus da caixa de diálogo.
◊ Selecione None na seção Second Stimulus da caixa de diálogo.
◊ Verifique cuidadosamente se você selecionou as configurações corretas.
◊ Clique nos números Stage e nas letras Type para verificar se *todas* as suas configurações estão corretas. *Se você cometeu um erro, AGORA é a ocasião em que você pode identificá-lo e corrigi-lo!*
◊ Clique no botão Run na parte inferior da caixa de diálogo.
♦ Salve o arquivo novamente quando o experimento terminar.

No final do experimento, suas janelas Movement Ratio e CS Response Strength devem ficar parecidas com as seguintes:

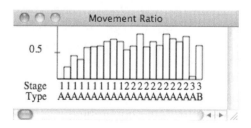

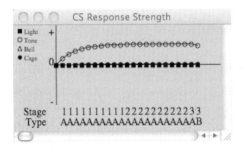

A janela CS Response Strength mostra que, durante o Bloco 1, os 10 pareamentos tom-choque fizeram com que o tom adquirisse uma grande força de resposta ao CS. Portanto, conforme a janela Movement Ratio mostra, o tom estava produzindo uma CR de medo intenso no final do Bloco 1. Em virtude da força da resposta ao tom, o estímulo composto tom-luz já eliciou uma CR forte no início do Bloco 2, e o estímulo composto continuou a eliciar uma forte supressão do comportamento atual em todo o Bloco 2. Se você fosse um psicólogo trabalhando com um animal real, a pergunta seria: o que estava acontecendo às intensidades das respostas aos CSs tom e luz durante o Bloco 2? Com um animal real, você não seria capaz de saber, porque tudo que constataria seria que a composição dos dois estímulos continuava a produzir uma forte supressão do comportamento atual. No entanto, com Sniffy podemos olhar a janela da mente CS Response Strength e observar que, durante o Bloco 2, embora a força do CS para evocar respostas permaneça elevada, a luz praticamente não adquire força de CS para evocar respostas. No Bloco 3, esse resultado da janela da mente do Bloco 2 é confirmado pelos resultados do índice de movimento. Quando o tom e a luz são apresentados separadamente, o tom (Trial Type B) elicia uma CR intensa, enquanto a luz (Trial Type A) elicia pouca ou nenhuma resposta.

Recordando a definição de bloqueio apresentada no início desse exercício, concluímos que demonstramos o fenômeno. A condição de controle é a experiência de condicionamento com estímulos compostos do Exercício 6. Conforme especificado na definição de bloqueio, quando Sniffy não tiver adquirido experiência anterior com nenhum dos dois estímulos, 10 apresentações do CS composto formado pelo tom de intensidade média e pela luz de intensidade média pareados ao choque de intensidade média produzem resultados de teste no qual cada estímulo componente elicia uma CR moderada. Entretanto, se Sniffy tiver experimentado 10 pareamentos do tom com o choque antes de receber as 10 tentativas de condicionamento com estímulos compostos, os resultados dos testes mostram que o tom elicia uma CR intensa, mas a luz elicia pouca ou nenhuma resposta. Em outras palavras, os pares anteriores tom-choque bloqueiam a capacidade da luz para adquirir força para evocar respostas durante o condicionamento com estímulos compostos.

Exercício 8: sombreamento

A **saliência** de um estímulo pode ser definida em linhas gerais como a capacidade do estímulo para atrair atenção. A simulação Sniffy Pro do condicionamento clássico torna iguais a saliência dos CSs luz e tom. Para qualquer nível dado de intensidade, a luz e o tom são igualmente salientes e igualmente eficazes como um CS.[3] O fenômeno do **sombreamento** pergunta o que acontece durante o condicionamento com estímulos compostos quando os componentes de um CS composto são diferentemente salientes. Por exemplo, suponha que você tivesse um CS composto formado por um tom de alta intensidade e uma luz de baixa intensidade. De modo análogo ao próprio condicionamento com estímulos compostos e ao bloqueio, o sombreamento é definido por uma configuração experimental de duas condições que pode ser apresentada conforme segue:

Condição	Bloco 1	Bloco 2	Resultado esperado do Bloco 2
Tratamento Experimental de Superocultação	10: CS_{HT}&CS_{LL}–US_M	1: CS_{ML}–Nenhum 1: CS_{MT}–Nenhum	CS_{ML}–CR Fraca CS_{MT}–CR Forte
Controle de Condicionamento com Estímulos Compostos	10: CS_{MT}&CS_{ML}–US_M	1: CS_{MT}–Nenhum 1: CS_{ML}–Nenhum	CS_{MT}–CR Moderada CS_{ML}–CR Moderada

Os símbolos nesse quadro possuem o mesmo significado daqueles nos dois quadros anteriores, com dois acréscimos:

♦ CS_{HT} significa CS tom de alta intensidade.
♦ CS_{LL} significa CS luz de baixa intensidade.

Novamente, a condição de controle é o condicionamento básico com estímulos composto no qual são feitas 10 tentativas em Sniffy em que a composição do CS luz de intensidade média e do CS tom de intensidade média é pareada ao US de intensidade média, seguidas por uma única tentativa de extinção com o tom de intensidade média e a luz de intensidade média. Conforme vimos no Exercício 6, essa condição de controle produz o resultado do Bloco 2 especificado na definição de sombreamento: cada um dos estímulos componentes elicia uma CR moderada.

Na condição experimental de sombreamento, Sniffy recebe 10 tentativas nas quais o estímulo CS composto pela luz de alta intensidade e tom

---

[3] Um aluno interessado poderia desejar descobrir como comparar a característica evidente da luz e do tom de intensidade média com a característica evidente do CS campainha.

de baixa intensidade é pareado ao US de intensidade média. Em seguida, na fase de teste em extinção da condição experimental, submetemos Sniffy a uma única tentativa de extinção com o CS tom de intensidade média e o CS luz de intensidade média. Usamos CSs de intensidade média durante a fase de teste da condição experimental para tornar a fase desta condição exatamente equivalente à fase de teste da condição de controle.

Para efetivar a condição experimental de sombreamento, siga estes passos:

- Use o comando Save As para salvar o arquivo com um nome apropriado (por exemplo, Ex8-Overshadow) na pasta Sniffy Files no disco rígido de seu computador.
- Escolha Design Classical Conditioning Experiment no menu Experiment.
- Faça as seguintes configurações na caixa de diálogo:
  ◊ Assegure-se de fixar em 5 minutos o Interval Between Trials na seção Stage.
  ◊ Fixe em 10 vezes o Present Each Trial Type.
  ◊ Selecione a luz de *baixa* intensidade e o tom de *alta* intensidade na seção First Stimulus.
  ◊ Selecione o US de intensidade média na seção Second Stimulus.
  ◊ Verifique cuidadosamente para assegurar-se de que suas configurações estejam corretas.
  ◊ Clique em New Stage na seção Stage para criar um novo Bloco 2 e inseri-lo após o Bloco 1.
  ◊ Assegure-se de fixar em 5 minutos o Interval Between Trials.
  ◊ Fixe em 1 vez o Present Each Trial Type.
  ◊ Observe que você está operando no Bloco 2, Trial Type A.
  ◊ Selecione a *luz de intensidade média* em First Stimulus e assegure-se de que seja o único First Stimulus selecionado.
  ◊ Selecione None em Second Stimulus.
  ◊ Verifique cuidadosamente suas configurações.
  ◊ Clique em New Type na seção Trial Type.
  ◊ Observe que você está operando agora no Bloco 2, Trial Type B.

- ◊ Selecione o *tom de intensidade média* em First Stimulus e assegure-se de que seja o único First Stimulus selecionado.
- ◊ Selecione None em Second Stimulus.
- ◊ Verifique cuidadosamente suas configurações.
- ◊ Clique nos números Stage e nas letras Type para se mover e verificar tudo cuidadosamente. *Se você cometeu um erro, essa é a ocasião para detectá-lo!*
- ◊ Clique no botão Run na parte inferior da caixa de diálogo.
- ◆ Salve novamente o arquivo quando a experiência chegar ao término.

Suas janelas Movement Ratio (Índice de Movimento) e CS Response Strength devem ficar parecidas com as seguintes:

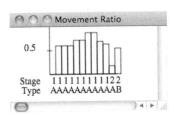 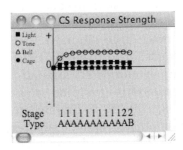

A janela Movement Ratio (Índice de Movimento) mostra, durante o Bloco 1, que o CS composto adquire a capacidade para eliciar congelamento como uma CR. Lembre-se de que esses são os únicos dados que estariam disponíveis caso você estivesse trabalhando com um rato real. No entanto, uma vez mais, a janela da mente CS Response Strength fornece informações interessantes a respeito dos processos psicológicos de Sniffy. As informações revelam que, quando a saliência de dois componentes do CSs difere, a quantidade de força evocativa de respostas do CS que os componentes desenvolvem também difere. O CS tom de alta intensidade desenvolve mais força de resposta ao CS do que o CS luz de baixa intensidade. Os resultados do índice de movimento do Bloco 2 confirmam as previsões da janela CS Response Strength. O CS tom (Type B) produz uma CR intensa, mas o CS luz (Type A) exerce pouco efeito. Finalmente, retomando a definição de sombreamento, observamos que os resultados comportamentais no Bloco 2 para a condição experimental, quando comparados aos resultados do Bloco 2 para controle de condicionamento com estímulos compostos, permitem-nos concluir que demonstramos o fenômeno do sombreamento.

Exercício 9: superexpectativa

No primeiro exercício deste capítulo (Exercício 6), comparamos o condicionamento com estímulos compostos com uma condição de controle com pareamentos separados. Constatamos que, quando dois CSs ocorrem juntos em um estímulo composto pareado ao US, o estímulo composto obtém a capacidade de eliciar uma CR intensa, porém cada um dos CSs correspondentes adquire a capacidade de eliciar somente uma CR moderada. Em contraste, quando dois CSs são pareados separadamente com o US, cada estímulo adquire a capacidade de eliciar uma CR intensa. Realmente, na condição de pareamento separado, cada CS adquire aproximadamente a mesma quantidade de intensidade de resposta ao CS que o CS composto atinge no experimento de condicionamento com estímulos compostos. O último tópico que estudamos neste capítulo diz respeito àquilo que acontece quando dois CSs que foram pareados separadamente ao US são colocados juntos subsequentemente em um estímulo composto pareado ao US. Cada componente do CS conserva sua força evocativa de resposta elevada? Ou a força da resposta aos componentes do CS diminui? A resposta é que, embora o CS composto conserve a capacidade de eliciar uma CR intensa, a força evocativa de resposta dos componentes do CS diminui para aproximadamente o nível que cada componente teria alcançado se os pareamentos distintos anteriores não tivessem ocorrido. Essa diminuição da força evocativa dos componentes do CS é denominada **efeito de superexpectativa**.

A condição única do experimento pode ser representada como no seguinte quadro:

Bloco 1	Bloco 2	Bloco 3	Bloco 4	Resultado esperado do Bloco 4
10: CS_{MT}–US_M 10: CS_{ML}–US_M	1: CS_{MT}–Nenhum 1: CS_{ML}–Nenhum	10: CS_{ML}&CS_{MT}–US_M	1: CS_{ML}–Nenhum 1: CS_{MT}–Nenhum	CS_{ML}–CR Moderada CS_{MT}–CR Moderada

Sniffy recebe um total de 20 tentativas no Bloco 1, 10 com a luz de intensidade média pareada ao choque de intensidade média e 10 com o tom de intensidade média pareado ao choque de intensidade média. No Bloco 2, apresentamos tentativas do teste de extinção para determinar a intensidade da CR aos CSs luz e tom que se apresentam individualmente. No Bloco 3, a composição entre a luz de intensidade média e o tom de intensidade média é pareada ao choque de intensidade média. Finalmente, no Bloco 4, proporcionamos novamente tentativas de testes de extinção para determinar a intensidade da CR aos CSs luz e tom apresentados individualmente. Os dois primeiros blocos do experimento são os mesmos que ocorrem na condição de controle de pareamentos separados apresentada no Exercício 6. Portanto, você iniciará com esse arquivo e agregará os dois últimos blocos. Eis as instruções detalhadas:

- Abra o arquivo de controle dos pareamentos separados que lhe sugerimos denominar Ex6-SepPair no Exercício 6. Se você não tiver mais esse arquivo, siga as instruções para o Exercício 6 a fim de recriar o arquivo.
- Use o comando Save As para salvar o arquivo com um novo nome (por exemplo, Ex9-OE) na pasta Sniffy Files no disco rígido de seu computador.
- Escolha o comando Design Classical Conditioning Experiment no menu Experiment.
- Faça as seguintes configurações na caixa de diálogo:
  ◊ Observe que a caixa de diálogo abre no Bloco 1, com todas as configurações obscurecidas porque o Bloco 1 já foi concluído.
  ◊ Clique no botão à direita de Stage para passar ao Bloco 2, que também já foi concluído.
  ◊ Clique no botão New Stage para criar um novo Bloco 3.
  ◊ Assegure-se de fixar em 5 minutos o Average Interval Between Trials.
  ◊ Fixe em 10 vezes o Present Each Trial Type.
  ◊ Selecione os CSs tom e luz, ambos de intensidade média, na seção First Stimulus da caixa de diálogo.
  ◊ Selecione o US choque de intensidade média na seção Second Stimulus da caixa de diálogo.
  ◊ Verifique cuidadosamente as configurações do Bloco 3.
  ◊ Clique no botão New Stage para criar um novo Bloco 4.
  ◊ Verifique se o Average Interval Between Trials está fixado em 5 minutos e se o Present Each Trial Type está definido como 1 vez.
  ◊ Observe que agora você está editando o Bloco 4, Trial Type A.
  ◊ Selecione a *luz* de intensidade média na seção First Stimulus da caixa de diálogo.
  ◊ Selecione None na seção Second Stimulus da caixa de diálogo.

◊ Verifique cuidadosamente se você selecionou as configurações corretas.

◊ Clique no botão denominado New Type na seção Trial Types da caixa de diálogo. Você agora está editando o Bloco 4, Trial Type B.

◊ Assegure-se de que seja selecionado somente o CS *tom* de intensidade média na seção First Stimulus da caixa de diálogo.

◊ Selecione None na seção Second Stimulus da caixa de diálogo.

◊ Verifique cuidadosamente se você selecionou as configurações corretas.

◊ Clique nas letras Type e nos números Stage para ver suas configurações e assegurar-se de que *todas* estejam corretas.

◊ Clique no botão denominado Run na parte inferior da caixa de diálogo.

◊ Salve novamente o arquivo quando a experiência tiver terminado.

Suas janelas Movement Ratio e CS Response Strength devem ficar parecidas com as seguintes:

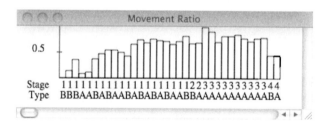

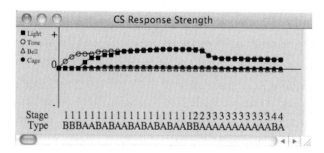

Os resultados do índice de movimento no Bloco 3 mostram que Sniffy manifestou ao CS composto uma CR intensa de congelamento relacionada ao medo durante todo o bloco. Lembre-se de que esses resultados comportamentais seriam todas as informações que estariam disponíveis caso você estivesse estudando um rato real. Entretanto, a janela da mente CS Response Strength revela ao mesmo tempo que a força da resposta ao CS de cada um dos dois CSs que formam o estímulo composto diminuiu durante as primeiras tentativas no Bloco 3. Essa diminuição da força da resposta ao CS prevê que Sniffy deveria manifestar uma CR moderada aos CSs luz e tom quando testados individualmente durante o Bloco 4. Os resultados do índice de movimento do Bloco 4 confirmam essa previsão.

Resumo

Podemos resumir da seguinte maneira os resultados dos quatro exercícios deste capítulo:

♦ Quando dois novos CSs com saliências evidentes iguais são apresentados em um estímulo composto pareando ao CS, o CS composto adquire a capacidade para eliciar uma CR intensa e cada um dos componentes dos estímulos adquire a capacidade de eliciar uma CR moderada. Este fenômeno é chamado *condicionamento composto.*

♦ Quando um dos CSs em um estímulo composto tiver sido pareado previamente ao US, o novo membro do estímulo composto adquire pouca capacidade para eliciar uma CR. Este fenômeno é chamado *bloqueio*

♦ Quando os dois componentes de um CS composto possuem saliências distintas, o componente mais saliente adquire maior capacidade para eliciar uma CR do que o componente menos saliente. Esse fenômeno é denominado *sombreamento.*

♦ Quando dois CS que foram pareados separados a um US são colocados subsequentemente juntos em um estímulo composto pareado ao US, a intensidade da resposta dos componentes dos CSs diminui para aproximadamente o nível que teria demonstrado se os pareamentos US-compostos houvessem sido os únicos pareamentos feitos. Portanto, o condicionamento com estímulos compostos elimina o efeito dos pareamentos separados anteriormente. Esse fenômeno é denominado *efeito de superexpectativa.*

Questões

♦ Os resultados do índice de movimento que você obtém quando resolve os exercícios deste capítulo provavelmente não parecerão exatamente idênticos aos resultados mostrados no manual. Ocorrerão pelo menos dois tipos de diferenças. Quais são essas diferenças? O que as explica?

- Os exercícios de condicionamento com estímulos compostos, bloqueio e sombreamento envolvem comparações entre as condições experimentais de controle. Qual é o papel das condições de controle nesses exercícios? Por que são necessárias condições de controle?
- Por que o exercício sobre superexpectativa *não* requer uma condição de controle?
- Qual é a diferença entre sombreamento e bloqueio?
- De que modo o condicionamento com estímulos compostos constitui a base para compreender o bloqueio e o sombreamento?

▰▰▰ Tarefas para realizar

Você poderia se interessar pelos resultados obtidos ao tentar algumas variações do experimento de superexpectativa.

- Repita o experimento usando o choque de alta intensidade nos Blocos 1 e 3.
- Tente agora utilizar o choque de baixa intensidade nos Blocos 1 e 3.
- De que modo os resultados no Bloco 4 se comparam àqueles obtidos quando o choque de intensidade média é empregado nos Blocos 1 e 3?

5

Condicionamento inibitório

Todos os fenômenos de condicionamento clássico que examinamos até agora exemplificam formas de **condicionamento excitatório**. Nesse condicionamento, um CS é associado a um US, adquirindo o CS a capacidade para eliciar uma CR. No caso da CER com choque elétrico como US, o CS chega a eliciar congelamento e supressão do comportamento atual como uma CR. Uma outra maneira de encarar o condicionamento excitatório é a seguinte: quando um US segue regularmente um CS, o CS passa a atuar como um "sinal" de que o US irá ocorrer. O condicionamento no qual um CS adquire a capacidade para eliciar uma CR é denominado condicionamento excitatório porque os verbos *excitar* e *eliciar* são (mais ou menos) sinônimos.

Em contraste, no **condicionamento inibitório** um CS passa a agir como um "sinal" de que um US que poderia ser esperado *não* irá ocorrer. Como consequência, quando apresentado isoladamente, um CS inibitório não elicia uma CR. Além disso, quando um CS inibidor ocorre juntamente com um CS excitatório, ele anula ou reduz a magnitude da CR que o CS excitatório viria a eliciar.

Para preparar uma situação na qual um CS sinaliza que um US esperado não irá a ocorrer, podemos proporcionar a Sniffy algum treinamento com dois tipos de tentativas. No primeiro tipo, as ocorrências do CS luz (isoladamente) são seguidas pelo US choque. Como consequência desse treinamento, Sniffy aprenderá a ter uma CR (e, portanto, a manifestar congelamento) quando a luz ocorrer isoladamente. No segundo tipo de tentativa, as ocorrências de luz como parte do CS composto com o tom não são seguidas de choque. Como o tom agora atua como um sinal de que o choque que se esperaria seguir à luz não ocorrerá, o tom torna-se um CS inibidor.

A situação é aproximadamente análoga a um cenário que surge ocasionalmente em um cruzamento viário. Como resultado do treinamento, os motoristas aprendem a obedecer ao semáforo e a seguir as instruções dos guardas. Normalmente, quando a cor de um semáforo é vermelha, os motoristas param. No entanto, se um guarda estiver orientando o tráfego e indicar aos motoristas que podem passar pelo sinal vermelho, a indicação do guarda inibe a resposta de parar que de outro modo ocorreria.

Em virtude de os CSs inibitórios não produzirem CRs quando apresentados isoladamente, medir o condicionamento inibitório pode ser um pouco enganador. A não ser que você seja cuidadoso a respeito de como planeja o experimento, a não ocorrência das CRs como consequência do condicionamento inibitório pode ser confundida com as não ocorrências das CRs que são o resultado de uma falta de treinamento, ou de extinção. Para demonstrar sem ambiguidades o condicionamento inibitório, você precisa mostrar claramente que o condicionamento inibitório produz certos efeitos esperados sobre o condicionamento excitatório. Em outras palavras, o condicionamento inibitório precisa ser medido sempre em função do condicionamento excitatório. Os dois exercícios neste capítulo apresentam duas maneiras simples que Pavlov (1927) descreveu para demonstrar o condicionamento inibitório.

Exercício 10: o condicionamento inibitório prévio retarda o condicionamento excitatório

No primeiro exercício, você comparará (1) a velocidade com a qual Sniffy aprende uma CR excitatória ao tom de intensidade média após o tom ter-se tornado inibitório (2) à rapidez com que ele aprende uma CR excitatória ao mesmo tom quando este não tiver se tornado previamente inibitório. O quadro a seguir detalha as duas condições experimentais:

Condição	Bloco 1	Bloco 2	Resultado esperado do Bloco 2
Experimental	10: CS_{ML}–US_M 10: CS_{MT}&CS_{ML}–Nenhum	10: CS_{MT}–US_M	Condicionamento lento
Controle	Descanso	10: CS_{MT}–US_M	Condicionamento mais rápido

A condição experimental envolve um experimento em dois blocos. No Bloco 1, Sniffy recebe 10 tentativas nas quais o CS luz de intensidade média é pareado ao choque de intensidade média, entremeadas com 10 tentativas durante as quais Sniffy recebe estímulo composto formado pela luz de intensidade média e pelo tom de intensidade média sem o US. Em razão de o choque vir após as ocorrências da luz isoladamente, a luz se tornará um CS excitatório que elicia congelamento. Ao mesmo tempo, pelo motivo de o choque não vir após as ocorrências do estímulo composto luz e tom, o tom se tornará um CS inibidor que impede a ocorrência da CR de congelamento relacionada ao medo que normalmente ocorreria quando a luz é apresentada. Então, no Bloco 2, Sniffy recebe 10 tentativas nas quais o tom de intensidade média é pareado ao choque de intensidade média. Como agora o US segue as ocorrências do tom, o treinamento do Bloco 2 tornará o tom excitatório, isto é, capaz de eliciar congelamento. No entanto, pelo fato de o treinamento do Bloco 1 haver tornado o tom inibitório, durante o Bloco 2 Sniffy precisa eliminar o condicionamento inibidor antes de o tom poder tornar-se excitatório. Esse processo de eliminação deve tornar lenta a aquisição de uma CR ao tom.

Evidentemente, quando dizemos que o condicionamento inibitório prévio tornará lenta a aquisição do condicionamento excitatório, precisamos de um parâmetro por meio do qual podemos fazer uma comparação. É nesse ponto que entra a condição de controle. Nessa condição, Sniffy recebe 10 tentativas durante as quais o CS tom de intensidade média é pareado ao choque de intensidade média sem nenhum treinamento inibitório prévio. Se Sniffy aprender uma CR ao tom mais lentamente no Bloco 2 da condição experimental do que na condição de controle, você terá demonstrado um efeito comportamental previsto do condicionamento inibitório e, portanto, terá obtido prova comportamental de que o condicionamento inibitório ocorreu no Bloco 1 da condição experimental.

Preparando a condição experimental

Para efetivar a condição experimental, siga estes passos:

- Inicie com um novo arquivo Sniffy.
- Use o comando Save As para salvar o arquivo com um novo nome apropriado (por exemplo, Ex10-Inhibitory 1) na pasta Sniffy Files no disco rígido de seu computador.
- Escolha Design Classical Conditioning Experiment no menu Experiment. Faça as seguintes configurações na caixa de diálogo Classical Conditioning Experimental Design:
    ◊ Assegure-se de fixar em 5 minutos o Interval Between Trials.
    ◊ Fixe em 10 vezes o Present Each Trial Type.
    ◊ Observe que você está editando presentemente o Bloco 1, Trial Type A.

- ◊ Selecione a luz de intensidade média como First Stimulus e assegure-se de que seja o único First Stimulus selecionado.
- ◊ Selecione o US choque de intensidade média como Second Stimulus.
- ◊ Verifique cuidadosamente suas configurações.
- ◊ Clique em New Type.
- ◊ Verifique se você está operando agora no Bloco 1, Trial Type B.
- ◊ Selecione a luz e o tom, ambos de intensidade média, na seção First Stimulus da caixa de diálogo.
- ◊ Selecione None como Second Stimulus.
- ◊ Verifique cuidadosamente suas configurações.
- ◊ Clique em New Stage para criar e passar a operar em um novo Bloco 2.
- ◊ Verifique se você está agora editando o Bloco 2, Trial Type A.
- ◊ Assegure-se de fixar em 5 minutos o Interval Between Trials.
- ◊ Fixe em 10 vezes o Present Each Trial Type.
- ◊ Selecione o tom de intensidade média na seção First Stimulus da caixa de diálogo e assegure-se de que seja o único First Stimulus selecionado.
- ◊ Selecione o US choque de intensidade média na seção Second Stimulus.
- ◊ Verifique cuidadosamente suas configurações.
- ◊ Clique nos botões Type e Stage para se mover e se certificar de que todas as suas configurações estão corretas.
- ◊ Clique em Run (Executar).
- ♦ Salve o arquivo quando o experimento terminar.

Preparando a condição de controle

A condição de controle na qual o tom de intensidade média é pareado ao US intensidade média durante 10 tentativas de condicionamento é idêntica à do Exercício 1 no Capítulo 3. Se você ainda tiver o arquivo daquele exercício (recomendamos que você o denominasse Ex1-ClassAcq), poderá reutilizá-lo aqui. Caso contrário, você deve refazer o Exercício 1.

Exame dos resultados

Suas janelas Movement Ratio e CS Response Strength para a condição experimental devem ficar parecidas com as seguintes:

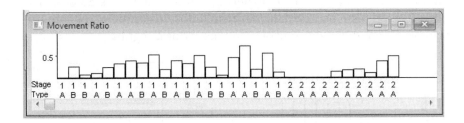

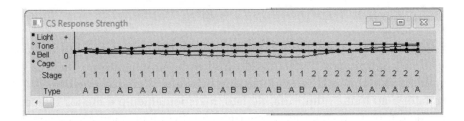

Ao examinar os resultados do índice de movimento no Bloco 1, você precisa examinar separadamente as tentativas Type A e Type B. Lembre-se de que as tentativas Type A são aquelas nas quais a luz é pareada ao US choque, e as tentativas Type B são aquelas em que a composição entre luz e tom ocorreu sem o US. Em razão de os dois tipos de tentativas ocorrerem em uma ordem aleatória diferente cada vez que o experimento for feito, seus resultados não serão exatamente iguais àqueles mostrados. Mas, à medida que o Bloco 1 avançar, suas tentativas Type A deveriam mostrar uma tendência geral para índices de movimento mais elevados, e essa tendência não deve ser visível em suas tentativas Type B. Dependendo da ordem aleatória das tentativas Type A e Type B em seu experimento, você poderá observar uma inexistência de tendência nos resultados do índice de movimento ou uma tendência de diminuição para os índices de movimento Type B. Em ambos os casos, no final do Bloco 1, você deverá observar índices de movimento médios maiores nas tentativas Type A do que nas Type B. Durante o Bloco 1, a janela CS Response Strength mostra que o CS luz está adquirindo uma força evocativa de resposta excitatória (acima de zero), enquanto o CS tom adquire uma força evocativa de resposta inibitória (abaixo de zero).

Evidentemente, se você estivesse trabalhando com um rato real, cujos processos psicológicos não são visíveis, o Bloco 1 não proporcionaria uma demonstração convincente do condicionamento inibitório porque os únicos dados disponíveis seriam os índices de movimento (ou de supressão). Para demonstrar claramente que o tom se tornou inibitório com base nos dados comportamentais, você teria de mostrar que os eventos do Bloco 1 tornam mais difícil condicionar uma resposta excitatória ao tom durante o Bloco 2 da condição experimental do que teria sido o caso se o Bloco 1 não tivesse ocorrido. Novos resultados de condicionamento inibitório para a condição de controle são mostrados a seguir:

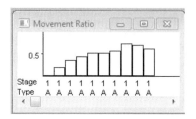 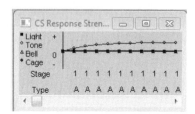

Quando você compara os resultados do índice de movimento da condição de controle aos resultados do índice de movimento no Bloco 2 da condição experimental, é evidente que ocorre a diferença prevista. A CR excitatória ao tom é adquirida, de fato, mais lentamente e menos integralmente no Bloco 2 da condição experimental do que na condição de controle. A comparação entre os resultados da intensidade da resposta ao CS para as duas condições revela que isso ocorre efetivamente. Os resultados da força da resposta ao CS para o Bloco 2 da condição experimental mostram que a CR excitatória ao tom é adquirida lentamente porque diversos pareamentos de tom e choque são necessários para suplantar o condicionamento inibitório que o tom havia adquirido previamente durante o Bloco 1. Em contraste, o medo condicionado é adquirido mais rapidamente na condição de controle porque a força de resposta ao CS inicia em zero, e não em um valor inibitório negativo.

Exercício 11: condicionamento inibitório medido pela soma de respostas

Neste exercício, você mostrará que um CS inibitório não apenas inibe a resposta ao CS com o qual ocorreu originalmente em um estímulo composto; um CS inibitório também pode inibir a resposta a outro CS excitatório com o qual nunca tenha ocorrido previamente em um estímulo composto. A configuração experimental é mostrada no quadro a seguir. Introduzimos no quadro uma nova abreviatura, CS_B, significando o CS campainha.

Condicionamento inibitório 83

Bloco 1	Bloco 2	Resultados esperados do Bloco 2
10: CS_{ML}–US_M 10: CS_{MT}&CS_{ML}–Nenhum 10: CS_B–US_M	1: CS_B–Nenhum 1: CS_{MT}&CS_B–Nenhum	CS_B produz uma CER forte CS_{MT}&CS_B produzem uma CER fraca

 O experimento envolve dois blocos, com três tipos de tentativas no Bloco 1. Os dois primeiros tipos de tentativas no Bloco 1 são os mesmos da condição experimental do exercício anterior. Existem 10 tentativas durante as quais a luz de intensidade média é pareada ao choque de intensidade média, entremeadas com 10 tentativas durante as quais a luz de intensidade média e o tom de intensidade média ocorrem em um estímulo composto sem o choque. No entanto, nesse experimento, também existe um terceiro tipo de tentativa na qual a campainha é pareada ao choque de intensidade média. Portanto, o Bloco 1 envolve um total de 30 tentativas, 10 para cada um dos três tipos de tentativas. Durante o Bloco 1, a luz e a campainha devem eliciar CRs excitatórias porque são pareadas ao choque, e o tom deve adquirir a capacidade de inibir CRs à luz, porque, nas tentativas em que o tom ocorre juntamente com a luz, não ocorrem choques. Testamos então, no Bloco 2, o poder inibitório da resposta que o tom possui: tocamos a campainha isoladamente e em conjunto com o tom. Pelo fato de a campainha ser um estímulo excitatório, ela deve produzir uma CR intensa quando tocada sozinha. Entretanto, quando o tom e a campainha ocorrerem juntos pela primeira vez em um estímulo composto, o poder inibitório do CS tom deve impedir ou reduzir drasticamente a manifestação da CR que a campainha eliciaria. Quando o estímulo composto campainha-tom for apresentado, deveremos observar pouca ou nenhuma supressão do comportamento atual de Sniffy.

 Eis os passos que você deve seguir para preparar o experimento:

- Inicie com um novo arquivo Sniffy.
- Use o comando Save As para salvar o arquivo atribuindo-lhe um nome apropriado (por exemplo, Ex11-Inhibitory 2) na pasta Sniffy Files no disco rígido de seu computador.
- Escolha Design Classical Conditioning Experiment no menu Experiment.
- Faça as seguintes configurações na caixa de diálogo Classical Conditioning Experimental Design:

◊ Assegure-se de fixar em 5 minutos o Average Interval Between Trials.
◊ Fixe em 10 vezes o Present Each Trial Type.
◊ Note que agora você está editando o Bloco 1, Trial Type A.
◊ Selecione a luz de intensidade média como First Stimulus e assegure-se de que seja o único First Stimulus selecionado.
◊ Selecione o US choque de intensidade média como Second Stimulus. Verifique cuidadosamente suas configurações.
◊ Clique em New Type.
◊ Verifique se você está operando agora no Bloco 1, Trial Type B.
◊ Selecione a luz de intensidade média e o tom de intensidade média na seção First Stimulus da caixa de diálogo.
◊ Selecione None como Second Stimulus. Verifique cuidadosamente suas configurações.
◊ Clique em New Type.
◊ Verifique se você está trabalhando agora no Bloco 1, Trial Type C.
◊ Selecione a campainha na seção First Stimulus da caixa de diálogo e assegure-se de que seja o único First Stimulus selecionado.
◊ Selecione o choque de intensidade média como Second Stimulus.
◊ Verifique cuidadosamente suas configurações.
◊ Clique em New Stage para criar e passar para um novo Bloco 2.
◊ Verifique se você está editando agora o Bloco 2, Trial Type A.
◊ Fixe em 5 minutos o Average Interval Between Trials.
◊ Fixe em 1 vez o Present Each Trial Type.
◊ Selecione a campainha na seção First Stimulus da caixa de diálogo e assegure-se de que seja o único First Stimulus selecionado.
◊ Selecione None na seção Second Stimulus. Verifique cuidadosamente suas configurações.
◊ Clique em New Type.
◊ Verifique se você está trabalhando agora no Bloco 2, Trial Type B.

◊ Selecione a campainha e o tom de intensidade média na seção First Stimulus da caixa de diálogo.

◊ Selecione None na seção Second Stimulus. Verifique cuidadosamente suas configurações.

◊ Clique nos botões número do bloco e tipo da tentativa para verificar cuidadosamente suas configurações.

◊ Clique em Run (Executar).

♦ Salve o arquivo quando o experimento chegar ao término.

No final do experimento, suas janelas Movement Ratio e CS Response Strength devem ficar parecidas com as seguintes:

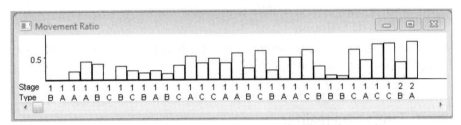

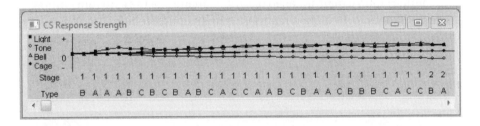

Nesse experimento, você deve examinar de novo os resultados do índice de movimento separadamente para cada tipo de tentativa. Lembre-se de que, durante o Bloco 1, as tentativas Type A são aquelas nas quais a luz é pareada ao choque, as tentativas Type B são aquelas nas quais o estímulo composto tom-luz ocorre sem o choque, e as tentativas Type C são aquelas nas quais a campainha é pareada ao choque. Em razão de as tentativas Type A, B e C ocorrerem em ordens aleatórias diferentes a cada vez que o experimento é realizado, seus resultados parecerão um tanto diferentes daqueles mostrados. No entanto, durante o Bloco 1, você deve observar tendências de índices de movimento maiores nas tentativas Type A e Type C; essa tendência não deve ser visível nas tentativas Type B. Você deve, no final do Bloco 1, observar no mínimo índices de movimento médios maiores nas tentativas Type A e C do que nas tentativas Type B.

Durante o Bloco 2, a tentativa Type A foi aquela na qual a campainha foi tocada isoladamente, e a tentativa Type B foi o teste crucial no qual, pela primeira vez, o CS tom inibitório foi apresentado juntamente com a campainha. No Bloco 2, o índice de movimento na tentativa Type A deve ser maior do que na tentativa Type B. Durante todo o decorrer do experimento, a janela da mente CS Response Strength deve mostrar que Sniffy está adquirindo força evocativa de resposta excitatória à luz e à campainha, e força evocativa de resposta inibitória ao tom.

Questões

♦ Compare e contraste os efeitos comportamentais do condicionamento inibitório e da extinção.

♦ De que modo o condicionamento inibitório se relaciona ao condicionamento com estímulo composto?

Tarefa para realizar

♦ Examine como a manipulação das intensidades da luz e do tom empregada no Exercício 11 afeta a manifestação do condicionamento inibitório.

6

Estruturas associativas no condicionamento clássico: pré-condicionamento sensorial e condicionamento de ordem superior

Elementos básicos

Examinamos até agora os fenômenos de condicionamento nos quais são estabelecidas associações como consequência do pareamento de um ou mais CSs com o US choque. **Condicionamento de primeira ordem** é uma outra designação para o condicionamento no qual um ou mais CSs são pareados a um US. Os fenômenos de pré-condicionamento sensorial e condicionamento de ordem superior, que definiremos logo mais, mostram que a aprendizagem também ocorre como resultado da combinação entre dois CSs.

Conforme observamos no Capítulo 2, uma diferença entre um CS e um US é que um elicia inicialmente uma resposta óbvia e fácil de medir denominada resposta incondicionada (UR), enquanto um CS elicia inicialmente uma resposta bem menos óbvia denominada resposta de orientação (OR). Na realidade, ORs são tão fracas que os psicólogos usualmente não tentam medi-las. Quando um CS é pareado a um US, o CS adquire a capacidade para eliciar uma nova resposta aprendida, denominada resposta condicionada (CR). Em virtude de a CR e a UR normalmente serem parecidas, a CR também é uma resposta óbvia e fácil de medir. Na realidade, a principal vantagem prática do pareamento de um CS a um US é a obviedade da CR resultante, cuja ocorrência demonstra que o animal aprendeu uma associação.

Ao contrário, se tudo que você fizer for a combinação de dois CSs, nada de óbvio acontece. O animal não responde de um modo visível a nenhum dos estímulos e, portanto, você não possui prova comportamental de que algum aprendizado tenha ocorrido. O pré-condicionamento sensorial e o condicionamento de ordem superior são dois procedimentos para suplantar esse problema de mostrar que a combinação de CSs resulta em aprendizagem.

No usual condicionamento clássico de primeira ordem comum, o CS adquire a capacidade para eliciar uma CR *porque* o CS precede o US. Imagine estarmos pareando dois CSs (por exemplo, uma luz e um tom) em uma sequência tal que um CS precede regularmente o outro. Vamos denominar CS_1 o primeiro CS e CS_2 o que vier em seguida. Quando CS_1 e CS_2 são pareados em sequência, CS_2 está desempenhando o papel do US no condicionamento clássico usual. Quando dois CSs são pareados, comumente falha em adquirir uma CR óbvia porque o CS_2 não produz uma "UR" óbvia. Se o CS_2 pudesse de alguma forma eliciar uma resposta óbvia e fácil de medir, e se a aprendizagem ocorre quando CS_1 e CS_2 são pareados, então o CS_1 também deveria eliciar uma resposta óbvia que provavelmente seria semelhante à resposta ao CS_2.

Uma maneira simples de fazer o CS_2 eliciar uma resposta fácil de medir consiste em condicionar uma CR fácil de medir ao CS_2, pareando CS_2 com um US. É interessante notar que não importa muito se o condicionamento de uma CR ao CS_2 ocorre antes ou após CS_1 e CS_2 serem pareados. Ambas as ordens funcionam. Os psicólogos, no entanto, atribuíram designações diferentes aos fenômenos comportamentais resultantes. Se CS_1 e CS_2 forem pareados *antes* de uma CR ser condicionada ao CS_2, os psicólogos denominam **pré-condicionamento** sensorial o fenômeno comportamental resultante no qual CS_1 adquire a capacidade de eliciar uma CR. Se CS_1 e CS_2 forem pareados *após* uma CR ser condicionada a CS_2, os psicólogos denominam **condicionamento de ordem superior** o fenômeno resultante no qual CS_1 elicia uma CR.

▬▬ Exercício 12: pré-condicionamento sensorial

O quadro a seguir apresenta um experimento com duas condições para a demonstração do pré-condicionamento sensorial:

Condição	Bloco 1	Bloco 2	Bloco 3	Resultado esperado do Bloco 3
Experimental	5: CS_{ML}–CS_{MT}	10: CS_{MT}–US_M	3: CS_{ML}–Nenhum	CS_{ML} produz uma CR
Controle Não Pareado	5: CS_{ML}–Nenhum 5: CS_{MT}–Nenhum	10: CS_{MT}–US_M	3: CS_{ML}–Nenhum	CS_{ML} não produz uma CR

Estruturas associativas no condicionamento clássico

Na condição experimental, a luz de intensidade média (CS_1) precede o tom de intensidade média (CS_2) durante 5 tentativas no Bloco 1, e então o tom de intensidade média (CS_2) é pareado 10 vezes ao US choque de intensidade média no Bloco 2 e, finalmente, realizamos o teste apresentando a luz de intensidade média (CS_1) durante 3 tentativas de extinção no Bloco 3. Em virtude de a luz (CS_1) preceder o tom (CS_2) no Bloco 1 e o tom (CS_2) preceder o choque no Bloco 2, esperamos que a luz (CS_1) elicie uma CR no Bloco 3.

O pré-condicionamento sensorial é o primeiro fenômeno no qual precisamos considerar o tipo de associação que Sniffy está aprendendo. No Capítulo 7, discutiremos com muito mais detalhes a natureza da associação aprendida no condicionamento clássico. Aqui, simplesmente observamos que uma associação estímulo-resposta (S-R) é aquela na qual o primeiro estímulo (CS) torna-se associado à resposta ao segundo estímulo. Se o segundo estímulo for um US, o primeiro estímulo torna-se associado à UR. Se o segundo estímulo for um CS usado como US, então o primeiro estímulo torna-se associado à OR ou à CR eliciadas pelo CS usado como US. Em contraste, uma associação estímulo-estímulo (S-S) é aquela na qual o primeiro estímulo (CS) torna-se associado ao segundo estímulo. No pré-condicionamento sensorial, pareamos a luz e o tom antes de condicionar uma CR ao tom por meio do pareamento do tom com o choque. Pelo fato de o tom não eliciar uma CR óbvia durante o Bloco 1 quando o tom é usado como segundo estímulo na série de pareamentos luz-tom, Sniffy deve aprender uma associação S-S a fim de que ocorra qualquer aprendizagem comportamental mensurável.

A condição de controle é planejada para mostrar que os pareamentos de luz ao tom no Bloco 1 são fundamentais. O controle sem pareamentos, no qual o tom e a luz ocorrem separadamente no Bloco 1, mostra que CS_1 e CS_2 precisam ser pareados para que ocorra o pré-condicionamento sensorial. Para igualar as condições em que ocorre a aprendizagem nas condições experimental e de controle, usaremos o mesmo modelo de associação em ambas as condições.

A condição experimental

Para planejar a condição experimental, você deve seguir estes passos:

- ♦ Inicie com um novo arquivo Sniffy.
- ♦ Use o comando Save As localizado no menu File para salvar o arquivo com um novo nome apropriado (por exemplo, Ex12-SPC) na pasta Sniffy Files no disco rígido de seu computador.

- **Escolha o comando Change Nature of the Association no menu Experiment. Na caixa de diálogo que aparece, selecione a associação S-S para o CS usado como um US e clique no botão OK na parte inferior da caixa de diálogo.**
- Escolha Design Classical Conditioning Experiment no menu Experiment.
- Faça as seguintes configurações na caixa de diálogo Classical Conditioning Experimental Design:
  ◊ Assegure-se de fixar em 5 minutos o Interval Between Trials na seção Stage da caixa de diálogo.
  ◊ Fixe em 5 vezes o Present Each Trial Type.
  ◊ Selecione a luz de intensidade média na seção First Stimulus da caixa de diálogo.
  ◊ Selecione o tom de intensidade média para o CS usado como um US na seção Second Stimulus da caixa de diálogo.
  ◊ Verifique cuidadosamente suas configurações.
  ◊ Clique no botão New Stage e verifique se você está editando agora o Bloco 2, Trial Type A.
  ◊ Assegure-se de que o Interval Between Trials seja fixado em 5 minutos.
  ◊ Fixe em 10 vezes o Present Each Trial Type.
  ◊ Selecione o tom de intensidade média na seção First Stimulus da caixa de diálogo.
  ◊ Selecione o US choque de intensidade média na seção Second Stimulus da caixa de diálogo.
  ◊ Verifique cuidadosamente suas configurações.
  ◊ Clique no botão New Stage na seção Stage da caixa de diálogo para criar um novo Bloco 3 e verifique se você está editando agora o Bloco 3, Trial Type A.
  ◊ Assegure-se de fixar em 5 minutos o Interval Between Trials.
  ◊ Fixe em 3 vezes o Present Each Trial Type.

◊ Selecione a luz de intensidade média na seção First Stimulus da caixa de diálogo.

◊ Selecione None na seção Second Stimulus da caixa de diálogo.

◊ Verifique cuidadosamente suas configurações.

◊ Clique nos números de Stage e nas letras Trial Type para assegurar-se de que todas as suas configurações estão corretas.

◊ Clique no botão Run (Executar) na parte inferior da caixa de diálogo.

♦ Salve novamente o arquivo quando o experimento houver terminado.

Quando o experimento estiver completo, sua janela Movement Ratio e a janela da mente CS Response Strength devem ficar parecidas com as seguintes:

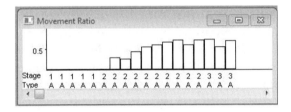

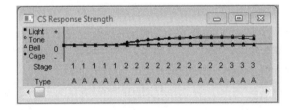

A janela Movement Ratio mostra que a luz não adquire capacidade para eliciar uma CR durante o Bloco 1, que o tom adquire a capacidade para eliciar uma CR no Bloco 2 e que a luz elicia uma CR nas tentativas de teste do Bloco 3. O fato de a luz não eliciar uma CR no Bloco 1 mas eliciar no Bloco 3 apoia a ideia de que o pré-condicionamento sensorial ocorreu. A janela CS Response Strength torna claro o processo de aprendizagem que permite à luz eliciar uma CR no Bloco 3. A janela da mente mostra que a luz não adquire uma força de resposta ao CS durante o Bloco 1. No entanto, o aspecto interessante é que a força da resposta ao CS luz aumenta durante o Bloco 2, muito embora ela não esteja sendo apresentada durante esse bloco. A força da resposta ao CS luz (sua habilidade potencial para eliciar uma CER) aumenta durante o Bloco 2 porque Sniffy aprendeu a associação S-S tom-luz durante o Bloco 1. Em virtude dessa aprendizagem no Bloco 1, a capacidade da luz para eliciar uma CR aumenta paralelamente à capacidade do tom para eliciar uma CR durante o Bloco 2.

A condição de controle sem pareamentos

Para preparar a condição de controle sem pareamentos, você deve seguir estes passos:

- Inicie com novo arquivo Sniffy.
- Use o comando Save As localizado no menu File para salvar o arquivo com um novo nome apropriado (por exemplo, Ex13-SPCUPC, que significa *sensory preconditioning unpaired control* – "controle de pré-condicionamento sensorial sem pareamentos") na pasta Sniffy Files no disco rígido de seu computador.
- **Escolha Change Nature of the Association no menu Experiment. Na caixa de diálogo que aparece, selecione a associação S-S para o CS usado como um US e clique no botão OK na parte inferior da caixa de diálogo.**
- Escolha Design Classical Conditioning Experiment no menu Experiment.
- Faça as seguintes configurações na caixa de diálogo Classical Conditioning Experimental Design:
  ◊ Assegure-se de fixar em 5 minutos o Interval Between Trials.
  ◊ Fixe em 5 vezes o Present Each Trial Type.
  ◊ Selecione o CS luz de intensidade média na seção First Stimulus da caixa de diálogo.
  ◊ Selecione None na seção Second Stimulus da caixa de diálogo.
  ◊ Verifique cuidadosamente suas configurações.
  ◊ Clique no botão New Type e verifique se você está editando agora o Bloco 1, Trial Type B.
  ◊ Selecione o CS tom de intensidade média na seção First Stimulus da caixa de diálogo.

◊ Selecione None na seção Second Stimulus da caixa de diálogo.
◊ Verifique cuidadosamente suas configurações.
◊ Na seção Stage da caixa de diálogo, clique no botão New Stage para criar um novo Bloco 2 e verifique se você está editando agora o Bloco 2, Trial Type A.
◊ Assegure-se de fixar em 5 minutos o Interval Between Trials.
◊ Fixe em 10 vezes o Present Each Trial Type.
◊ Selecione o tom de intensidade média na seção First Stimulus da caixa de diálogo.
◊ Selecione o US choque de intensidade média na seção Second Stimulus da caixa de diálogo.
◊ Verifique cuidadosamente suas configurações.
◊ Clique no botão New Stage na seção Stage da caixa de diálogo e verifique se você está editando agora o Bloco 3, Trial Type A.
◊ Assegure-se de fixar em 5 minutos o Interval Between Trials.
◊ Fixe em 3 vezes o Present Trial Type.
◊ Selecione o CS luz de intensidade média na seção First Stimulus da caixa de diálogo.
◊ Selecione None na seção Second Stimulus da caixa de diálogo.
◊ Verifique cuidadosamente suas configurações.
◊ Clique nos números Stage e nas letras Type para assegurar-se de que suas configurações estão corretas.
◊ Clique no botão Run (Executar) na parte inferior da caixa de diálogo.
♦ Salve novamente o arquivo após o término do experimento.

Ao final do experimento, suas janelas Movement Ratio e CS Response Strength devem ficar parecidas com as seguintes:

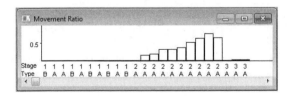

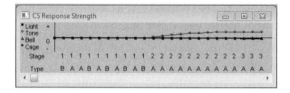

Durante o Bloco 1, quando o tom e a luz são apresentados separadamente sem um segundo estímulo, nenhum estímulo adquire qualquer capacidade para suprimir o comportamento em andamento. Quando o tom é pareado ao choque durante o Bloco 2, ele adquire a capacidade de produzir uma CER. Durante as tentativas de teste de Bloco 3, a luz não elicia uma resposta. A janela CS Response Strength mostra que a luz não conseguiu eliciar uma CER durante o Bloco 3 porque ela não adquiriu força de resposta ao CS em nenhum bloco do experimento. Esse é o resultado que esperamos porque a luz e o tom nunca foram pareados.

Quando os resultados da condição experimental de pré-condicionamento sensorial são pareados com os resultados da condição de controle, constatamos que a definição operacional de pré-condicionamento sensorial foi levada em conta. Na condição experimental, a sequência de eventos luz--tom faz com que a luz adquira a capacidade To Whom It May Concern (A Quem Possa Interessar): "prever" o tom. Nesse caso, quando o tom for subsequentemente pareado ao choque, a luz e o tom adquirem a capacidade de eliciar uma CR. A condição de controle demonstra que os pareamentos luz-tom durante o Bloco 1 são fundamentais. Se os dois estímulos não forem pareados durante o Bloco 1, a luz não adquire a capacidade para "prever" o tom. A não ser que a luz "preveja" o tom, por meio do pareamento do tom ao choque, não se consegue fazer com que a luz tenha alguma capacidade para eliciar uma CR.

▄▄▄ Exercício 13: condicionamento de ordem superior

O quadro a seguir detalha um experimento que demonstra o condicionamento de ordem superior:

Bloco 1	Bloco 2	Bloco 3	Resultado esperado do Bloco 3
10: CS_{MT}–US_M	5: CS_{ML}–CS_{MT}	3: CS_{ML}–Nenhum	CS_{ML} produz uma CR

O tom de intensidade média (CS_2) é pareado 10 vezes no Bloco 1 ao choque de intensidade média. Então, a sequência de estímulo da luz de intensidade média (CS$_1$) seguida por um tom de intensidade média (CS$_2$) é apresentada durante 5 tentativas no Bloco 2. Finalmente, no Bloco 3, testamos apresentando a luz de intensidade média (CS$_1$) durante 3 tentativas de extinção. Em virtude de o tom (CS$_2$) ter sido pareado ao choque no Bloco 1 e, então, a luz (CS$_1$) ter sido pareada ao tom (CS$_2$) no Bloco 2, esperamos que Sniffy tenha uma CR à luz (CS$_1$) no Bloco 3.

Bloco 1 do condicionamento de ordem superior

O arquivo que sugerimos fosse denominado Ex1-ClassAcq pode ser usado para o Bloco 1.

- Se você possui seu arquivo Ex1-ClassAcq, abra-o.
- Escolha Design Classical Conditioning Experiment no menu Experiment.
- Verifique se as seguintes condições estavam em vigor para o Bloco 1:
    ◊ O Average Interval Between Trials foi fixado em 5 minutos.
    ◊ O número após Present Each Trial Type era 10.
    ◊ O First Stimulus foi o tom de intensidade média.
    ◊ O Second Stimulus foi o US de intensidade média.
    ◊ O Bloco 1 é o único bloco que ocorreu.
- Se você tiver o arquivo correto, use o comando Save As para salvar o arquivo com um novo nome apropriado (por exemplo, Ex13-HOC) na pasta Sniffy Files no disco rígido de seu computador e passe para o próximo item.
- Se você não tiver seu arquivo original de condicionamento, retorne ao Exercício 1 e siga as instruções que lá se encontram para poder recriá-lo.

Blocos 2 e 3 do condicionamento de ordem superior

Tenha você localizado ou não seu arquivo de condicionamento original, supomos que agora esteja operando com um arquivo Sniffy denominado Ex13-HOC no qual, durante o Bloco 1, Sniffy recebeu 10 pareamentos do tom de intensidade média com o US choque de intensidade média, sendo de 5 minutos o intervalo médio entre as tentativas.

Siga estes passos para preparar os Blocos 2 e 3 da condição experimental:

- Clique no botão New Stage e verifique se você está editando agora o Bloco 2, Trial Type A.
- Assegure-se de fixar em 5 minutos o Interval Between Trials.
- Fixe em 5 vezes o Present Each Trial Type.
- Selecione a luz de intensidade média na seção First Stimulus da caixa de diálogo.
- Selecione o tom de intensidade média para um CS usado como US na seção Second Stimulus da caixa de diálogo.
- Verifique cuidadosamente suas configurações.
- Clique no botão New Stage e verifique se você está editando agora o Bloco 3, Trial Type A.
- Assegure-se de fixar em 5 minutos o Interval Between Trials.
- Fixe em 3 vezes o Present Each Trial Type.
- Selecione a luz de intensidade média na seção First Stimulus da caixa de diálogo.
- Selecione None na seção Second Stimulus da caixa de diálogo.
- Verifique cuidadosamente suas configurações.
- Clique nos números Stage e Type letras para assegurar-se de que suas configurações estão corretas.
- Clique no botão Run (Executar) na parte inferior da caixa de diálogo.
- Salve o arquivo quando o experimento terminar.

No final do experimento, sua janela Movement Ratio e a janela da mente CS Response Strength devem ficar parecidas com as seguintes:

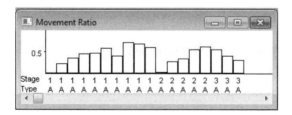

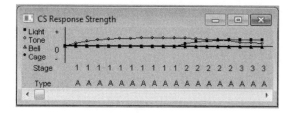

A janela Movement Ratio mostra que Sniffy adquiriu uma CR ao tom no Bloco 1. Durante o Bloco 2, quando a sequência luz-tom foi apresentada 5 vezes, a luz adquiriu a capacidade para eliciar uma CR, e essa capacidade passou a valer para as tentativas de teste somente com luz durante o Bloco 3. A janela CS Response Strength mostra que o tom adquiriu força de resposta ao CS durante o Bloco 1 quando foi pareada ao choque. Durante o Bloco 2, os pareamentos luz-tom fizeram com que a luz adquirisse força de resposta ao CS, mas o tom perdeu força de resposta ao CS porque o choque deixou de ser aplicado após o tom. No Bloco 3, a força de resposta ao CS luz diminuiu porque o tom deixou de ser seguido à luz.

Tarefas para realizar

♦ Compare o efeito da manipulação do número de pareamentos luz-tom nos exercícios de pré-condicionamento sensorial e condicionamento de ordem superior. Por que existe um número ótimo de pareamentos luz-tom que elicia o condicionamento de ordem superior mais intenso? Por que um efeito similar não ocorre no pré-condicionamento sensorial?

♦ No pré-condicionamento sensorial, a luz aparece e permanece sozinha durante um tempo antes de o tom ser ouvido. Tente uma variação do pré-condicionamento sensorial na qual, durante o Bloco 1, a luz e o tom sejam apresentados como um estímulo composto (os dois estímulos iniciam e terminam simultaneamente), sendo None selecionado como US. Por que você considera que o resultado é diferente do obtido com o procedimento usual de pré-condicionamento sensorial?

7

A natureza da associação no condicionamento clássico

Elementos básicos

Historicamente, os psicólogos propuseram duas teorias principais para explicar a natureza da associação aprendida durante o condicionamento clássico. A **teoria estímulo-resposta** ou **S-R** afirma que o primeiro estímulo (CS) torna-se associado à resposta ao segundo estímulo (isto é, com UR se o segundo estímulo for um US ou com a OR ou a CR eliciada por um CS usado como um US). Em oposição, a **teoria estímulo-estímulo** ou **S-S** propõe que o CS se torne associado ao segundo estímulo. Quando a diferença entre as associações S-S e S-R é colocada deste modo cientificamente correto, porém abstrato, muitas pessoas têm dificuldade para compreender a importância e as implicações da diferença. Como auxílio para essa compreensão, vamos imaginar a diferença entre o estado psicológico de um animal que aprendeu uma associação S-S ou S-R no condicionamento CER excitatório em que o primeiro estímulo é um tom e o segundo, um US choque. Como ninguém pode observar efetivamente a mente de um animal, as especulações que estamos por fazer não possuem base científica. No entanto, são especulações inofensivas enquanto nos lembrarmos de que não passam de simples especulações. Com essa condição em mente, imagine que você é Sniffy (ou um rato real) em uma situação de condicionamento CER.

Levar um choque o perturba e o impede de dar continuidade àquilo que estava fazendo até você conseguir recuperar o domínio de si. Quando o tom for pareado ao choque, você aprende o medo como resposta ao CS tom, e esse medo também pode suprimir o comportamento atual. Vamos agora imaginar a diferença entre uma associação S-S e uma S-R.

Se você estiver aprendendo uma associação S-S, apresentações repetidas do choque após o tom fazem com que você aprenda a esperar o choque sempre que ocorrer o tom. O tom adquire a capacidade de eliciar medo porque você espera que o choque ocorra após o tom e você tem medo do choque. Uma implicação desse estado de coisas é que, se você aprendeu uma associação S-S, o tom eliciará uma resposta de medo enquanto você tiver medo do choque. Se você não tivesse medo do choque, o tom não eliciaria medo, muito embora você tivesse a expectativa de que o choque viria após o tom.

Em oposição, se você estiver aprendendo uma associação S-R como resultado dos pareamentos tom-choque, o tom passa a eliciar medo diretamente sem nenhum tipo de expectativa quanto ao choque. O tom elicia medo, porém, como você não aprendeu a esperar que o choque ocorresse após o tom, não conhece o motivo pelo qual o tom o faz sentir medo. Por essa razão, se você aprendeu uma associação S-R, o tom continuaria a eliciar medo apesar de você deixar de sentir medo do choque. Abordando o tema de um modo ligeiramente diferente, quando você aprende uma associação S-S, conhece o que lhe causa medo. No entanto, quando aprende uma associação S-R, você simplesmente tem medo.

Iniciamos essa especulação a respeito da diferença entre as associações S-S e S-R afirmando que não era científica, e a encerramos relembrando por que não é científica. Isso ocorre por nunca podermos observar o que se passa na mente de um animal. Tudo que podemos afirmar com respeitabilidade científica é que uma associação S-S é uma associação entre o primeiro e o segundo estímulos, enquanto uma associação S-R é uma associação entre o primeiro estímulo e a resposta ao segundo estímulo.

As teorias S-S e S-R parecem igualmente plausíveis. Durante centenas de anos, filósofos e posteriormente psicólogos acreditavam que um dos principais fatores envolvidos em associações de aprendizagem de associação é a proximidade temporal. Quando dois eventos ocorrem muito próximos no tempo, e especialmente se um evento precede confiantemente o outro, as pessoas e os animais aprendem a associar os eventos. No condicionamento clássico, o CS é apresentado um pouco antes do US, e o US elicia de modo confiável e rápido a UR. Esse procedimento significa que o CS precede de modo confiável o US e a UR. Portanto, poderíamos supor que as pessoas e os animais aprenderiam a associar o CS ao US ou à UR (ou talvez a ambos).

Além disso, a maior parte dos fatos básicos sobre condicionamento clássico não nos ajuda a distinguir entre as duas teorias. Por exemplo, na maioria das formas de condicionamento clássico, a CR parece-se com a UR no sentido de que alguns dos mesmos elementos ocorrem em ambas as respostas. De acordo com a teoria S-R, a razão para essa semelhança é óbvia. Se a CR é o produto de uma associação aprendida entre o CS e a UR, a CR certamente deve conter elementos da UR. No entanto, a teoria S-S também pode explicar a similaridade entre as duas respostas. Se o animal aprende a associar o CS e o US de modo que espera que o US ocorra após o CS, então também parece natural que a resposta ao CS deve ser parecida com a resposta ao US. Em alguns tipos excepcionais de condicionamento clássico, a CR não se parece com a UR. No entanto, pelo fato de as duas teorias afirmarem que a CR deve ser parecida com a UR, ambas encontram dificuldades para explicar essas exceções. Além disso, ambas as teorias são igualmente capazes de explicar fenômenos como aquisição, extinção, condicionamento com estímulos compostos, bloqueio, sombreamento e condicionamento de ordem superior. Portanto, esses fenômenos não proporcionam informações sobre a natureza da associação. Por essas razões, não tem sido fácil, para os psicólogos, descobrir que tipo de associação as pessoas e os animais realmente aprendem. Apesar disso, algum progresso tem sido feito em anos recentes (por exemplo, veja Rescorla, 1973).

O programa Sniffy Pro simula as associações S-S e S-R. Neste capítulo mostraremos três configurações experimentais nas quais as teorias S-S e S-R preveem resultados diferentes. Em virtude de você poder determinar como Sniffy aprende as associações, obterá resultados diferentes quando realizar esses experimentos com o programa configurado para aprender associações de maneiras diferentes.

No programa Sniffy Pro, você determina a natureza das associações que Sniffy aprende no condicionamento clássico fazendo configurações na caixa de diálogo que aparece quando você seleciona o comando Change Nature of Association no menu Experiment. O comando Change Nature of Association encontra-se sempre disponível, de modo que você pode verificar que modelo de associação está em vigor em qualquer arquivo Sniffy Pro, porém é sempre permitido mudar as configurações somente até você escolher o comando Run Classical Conditioning Experiment pela primeira vez. Após ter iniciado um experimento de condicionamento clássico, você não pode mudar a natureza das associações. A restrição é necessária a fim de que o programa Sniffy Pro forneça resultados coerentes com as configurações específicas. Eis como a caixa de diálogo aparenta ser:

A ilustração mostra as configurações-padrão. Existem quatro modelos de associação, que são indicados por dois pares de letras, sendo que o primeiro descreve como Sniffy aprende a associação quando um CS é pareado ao US choque (isto é, durante o condicionamento de primeira ordem) e o segundo indica como Sniffy aprende a associação quando um CS é pareado a outro CS usado como um US. Os quatro modelos são:

♦ O modelo-padrão (S-S e S-R), no qual Sniffy aprende uma associação S-S quando um CS for pareado ao US choque, e uma associação S-R quando um CS for pareado a outro CS usado como um US. Escolhemos esse modelo para a configuração original do Sniffy Pro (isto é, o modelo que está sendo usado a não ser que você mude a configuração) porque os dados indicam que os ratos reais geralmente aprendem associações S-S quando um CS for pareado a um US e associações S-R no condicionamento de ordem superior (Domjan, 1998; 2003; Mazur, 1998; Rizley e Rescorla, 1972; Tarpy, 1997).

♦ O modelo S-S e S-S, no qual Sniffy sempre aprende associações S-S.

♦ O modelo S-R e S-S, no qual Sniffy aprende uma associação S-R quando um CS é pareado ao US choque, e uma associação S-S quando um CS é pareado a outro CS usado como US.

♦ O modelo S-R e S-R, no qual Sniffy sempre aprende associações S-R.

▬▬ Exercício 14: aquisição básica nos quatro modelos

O primeiro exercício demonstra que os quatro modelos produzem resultados de aquisição comparáveis. A configuração experimental encontra-se indicada no quadro a seguir:

Condição	Bloco 1
S-S e S-R	10: CS_{MT}–US_M
S-S e S-S	10: CS_{MT}–US_M
S-R e S-S	10: CS_{MT}–US_M
S-R e S-R	10: CS_{MT}–US_M

As quatro condições experimentais são os quatro modelos de condicionamento clássico diferentes que o programa Sniffy Pro simula. Em cada caso, Sniffy recebe 10 tentativas nas quais o tom de intensidade média é pareado ao choque de intensidade média. Como S-S e S-R é o modelo original do Sniffy Pro, se você ainda possuir o arquivo que lhe recomendamos fosse designado Ex1-ClassAcq quando resolveu o Exercício 1, pode usar esse arquivo para o modelo-padrão (S-S e S-R). Se você não o tiver, pode recriá-lo com as instruções a seguir para configurar o experimento. Eis os passos que você precisa seguir para cada um dos quatro modelos de condicionamento clássico:

♦ Inicie um novo arquivo Sniffy.
♦ Atribua imediatamente um novo nome apropriado ao arquivo. Sugerimos que você inclua o nome do modelo de condicionamento clássico na designação do arquivo. Por exemplo, se você estiver criando um arquivo para o modelo S-R e S-S, sugerimos que o denomine Ex14-acqSRSS.
♦ Escolha o comando Change Nature of Association no menu Experiment. Na caixa de diálogo que aparece, escolha as configurações apropriadas para o modelo que você está planejando. Por exemplo, se você estiver planejando o modelo S-R e S-S, escolha S-R para o US e S-S para o CS usado como US.
♦ Escolha o comando Design Classical Conditioning Experiment no menu Experiment e faça as seguintes configurações na caixa de diálogo Classical Conditioning Experiment Design:
  ◊ Fixe em 5 minutos o Interval Between Trials.
  ◊ Fixe em 10 vezes o Present Each Trial Type.

◊ Escolha o tom de intensidade média na seção First Stimulus da caixa de diálogo.

◊ Escolha o choque de intensidade média na seção Second Stimulus da caixa de diálogo.

◊ Verifique cuidadosamente suas escolhas.

◊ Clique no botão Run (Executar) na parte inferior da caixa de diálogo.

♦ Salve o arquivo quando o experimento tiver terminado.

Para todos os quatro modelos de associação de condicionamento clássico, seus resultados devem ficar parecidos com os seguintes:

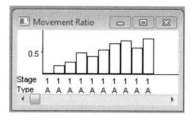

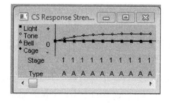

Por causa dos fatores aleatórios que determinam parcialmente o comportamento de Sniffy, os resultados de seu índice de movimento serão um tanto variáveis; porém todos os quatro modelos devem produzir resultados do índice de movimento parecidos com aqueles mostrados. Os resultados da força de resposta ao CS serão idênticos para todos os quatro modelos.

Exercício 15: efeito na habituação da UR sobre o condicionamento de primeira ordem

Consideremos agora a primeira configuração experimental na qual modelos diferentes produzem resultados diferentes. Eis o quadro da configuração experimental:

Condição	Bloco 1	Bloco 2	Bloco 3	Resultados esperados do Bloco 3
S-S e S-R	10: CS_{MT}–US_M	30: US_L	3: CS_{MT}–Nenhum	CS_{MT} não produz CR
S-S e S-S	10: CS_{MT}–US_M	30: US_L	3: CS_{MT}– Nenhum	CS_{MT} não produz CR
S-R e S-S	10: CS_{MT}–US_M	30: US_L	3: CS_{MT}–Nenhum	CS_{MT} produz CR
S-R e S-R	10: CS_{MT}–US_M	30: US_L	3: CS_{MT}–Nenhum	CS_{MT} produz CR

No quadro, US_L significa o US choque de baixa intensidade. Nesse experimento, o Bloco 1 é o experimento de aquisição que você realizou no Exercício 14. Para planejar esse experimento, você terá de agregar mais dois blocos àquele experimento. No Bloco 2, Sniffy receberá 30 tentativas durante as quais ocorre o choque de baixa intensidade isoladamente, isto é, sem um primeiro estímulo precedente. Então, no Bloco 3, você fará três tentativas do teste de extinção durante as quais o tom de intensidade média é apresentado pareado ao None Second Stimulus.

Nesse experimento, os resultados da força da resposta ao CS no Bloco 2 e os resultados do índice de movimento no Bloco 3 que você obtiver dependerão de Sniffy ter aprendido uma associação S-S ou S-R durante o Bloco 1 quando o tom foi pareado ao choque. Pelo fato de ambos os modelos – S-S e S-R e S-S e S-S – fazerem com que Sniffy aprenda uma associação S-S quando um CS for pareado ao US choque, eles devem produzir resultados similares que diferem daqueles produzidos pelo modelo S-R e S-S e pelo modelo S-R e S-R, ambos fazendo com que Sniffy aprenda uma associação S-R quando o tom for pareado ao choque.

Para constatar como os dois pares de modelos produzem resultados diferentes, lembre-se de que as apresentações repetidas do choque de baixa intensidade durante o Bloco 2 produzirão habituação da UR de Sniffy ao choque. No final do Bloco 2, Sniffy não estará mais respondendo ao choque. Quando o choque ocorrer, ele simplesmente continuará movimentando-se como se nada houvesse acontecido. O que esse experimento nos mostra é que diminuir a UR ao choque acarretará efeitos diferentes dependendo de Sniffy ter aprendido uma associação S-R ou S-S quando o tom foi pareado ao choque. Diminuir a UR ao US deveria eliminar a CR ao tom se Sniffy tivesse aprendido uma associação S-S, mas não se houvesse aprendido uma associação S-R. Para saber por que isso ocorre, precisamos relembrar aquilo que dissemos anteriormente a respeito da diferença entre as associações S-S e S-R.

Quando Sniffy aprende uma associação S-R, ele aprende uma conexão direta entre o tom e uma parte de sua UR ao choque (sua capacidade para interromper sua sequência de comportamentos). No entanto, quando Sniffy aprende uma associação S-S, ele aprende a associar o tom ao choque como um estímulo. Essa diferença é fundamental para determinar se Sniffy responderá ao tom após sua resposta ao choque haver diminuído. Quando Sniffy tiver aprendido uma associação S-R, ele ainda responderá ao tom porque o tom elicia diretamente elementos da resposta original de Sniffy ao choque. Em oposição, aprender uma associação S-S significa aprender uma expectativa. Após aprender uma associação S-S, Sniffy responderá ao tom somente se o próprio choque produzir uma resposta. Portanto, diminuir a resposta de Sniffy ao choque elimina sua resposta ao tom caso ele tenha aprendido uma associação S-S,[1] mas não se ele tiver aprendido uma associação S-R.

Eis aqui os passos que você deve seguir a fim de realizar o experimento para cada um dos quatro modelos de condicionamento clássico de Sniffy:

- Abra o arquivo de aquisição do experimento anterior para o modelo de associação que você deseja estudar presentemente. Por exemplo, se você quer realizar o experimento para o modelo S-R e S-S, abra o arquivo que lhe recomendamos fosse denominado Ex14-acqSRSS.
- Use imediatamente o comando Save As para salvar o arquivo com um novo nome apropriado (por exemplo, Ex15-HabSRSS para "efeitos da diminuição") na pasta Sniffy Files no disco rígido de seu computador.
- Se você deseja verificar as configurações do modelo de associação, pode selecionar o comando Change Nature of Associations no menu Experiment. As configurações ficam obscurecidas porque você não consegue mudá-las após o comando Run Classical Conditioning Experiment ter sido executado pela primeira vez em um arquivo Sniffy Pro específico.
- Escolha o comando Design Classical Conditioning Experiment no menu Experiment.
- Na caixa de diálogo Classical Conditioning Experiment Design:
  ◊ Clique no botão denominado New Stage para produzir o Bloco 2 do experimento.
  ◊ Verifique se você está agora editando o Bloco 2, Trial Type A.

---

[1] Nos termos de nossa discussão não científica anterior a respeito da diferença entre as associações S-S e S-R, supomos que, quando Sniffy para de responder ao choque, ele deixa de receá-lo.

◊ Assegure-se de fixar em 5 minutos o Interval Between Trials.
◊ Fixe em 30 vezes o Present Each Trial Type.
◊ Na seção First Stimulus na caixa de diálogo, clique na marca de verificação (✓) existente à esquerda da palavra "Tone" a fim de *eliminá-la*. Assegure-se de que *nenhum* primeiro estímulo seja selecionado.
◊ Selecione o US choque de *baixa intensidade* na seção Second Stimulus da caixa de diálogo.
◊ Verifique cuidadosamente as seleções feitas no Bloco 2.
◊ Clique no botão New Stage para criar um novo Bloco 3.
◊ Observe que você está editando agora o Bloco 3, Trial Type A.
◊ Assegure-se de fixar em 5 minutos o Interval Between Trials.
◊ Fixe em 3 vezes o Present Each Trial Type.
◊ Escolha o CS tom de intensidade média na seção First Stimulus da caixa de diálogo.
◊ Escolha None na seção Second Stimulus da caixa de diálogo.
◊ Verifique cuidadosamente as seleções feitas no Bloco 3.
◊ Use os botões para ver todas as suas configurações e assegurar-se de que estão corretas.
◊ Clique no botão Run (Executar) na parte inferior da caixa de diálogo.
◆ Salve o arquivo quando o experimento tiver terminado.

Se você prestar atenção à janela da mente Sensitivity & Fear durante o Bloco 2, você observará que, em todos os quatro modelos, a sensibilidade de Sniffy à dor diminui até alcançar zero durante as 30 apresentações do US choque de baixa intensidade. A redução da sensibilidade à dor indica que a UR de Sniffy ao choque de baixa intensidade está sendo habituada. No final do experimento, suas janelas CS Response Strength e Movement Ratio para o modelo S-R e S-S e para o modelo S-R e S-R ficarão parecidas com as seguintes:

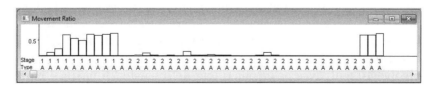

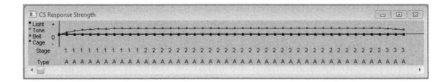

Os resultados da janela da mente CS Response Strength no Bloco 2 mostram que a força de resposta ao CS tom não se alterou. Os resultados do índice de movimento no Bloco 2 não são importantes porque nenhum CS foi apresentado durante o Bloco 2. No entanto, os resultados do índice de movimento mostram que Sniffy responde ao tom durante o Bloco 3. Esse resultado está de acordo com a previsão da janela CS Response Strength a respeito de como deveriam ser os resultados do índice de movimento.

Em oposição, seus resultados para o modelo-padrão (S-S e S-R) e para o modelo S-S e S-S devem ficar parecidos com os seguintes:

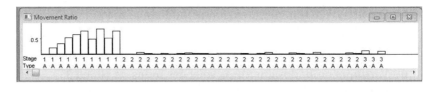

Nesse caso, durante o Bloco 2, a força da resposta ao CS tom se reduz quase até atingir zero à medida que diminui a resposta de Sniffy ao choque de baixa intensidade e ele não responde ao tom durante as tentativas de teste no Bloco 3.

▬▬ Exercício 16: condicionamento básico de ordem superior nos quatro modelos

Os Exercícios 17 e 18 demonstram que a natureza da associação aprendida durante o condicionamento de ordem superior afeta os resultados dos experimentos que testam os efeitos da extinção da CR de primeira ordem e da habituação da UR. Em ambos os exercícios, o primeiro bloco do experimento envolve 10 tentativas nas quais o tom de intensidade média é pareado ao choque de intensidade média. Portanto, você pode usar os arquivos que obteve no Exercício 14 para o Bloco 1 em ambos os exercícios. Além disso, o segundo bloco para ambos os exercícios consiste em 5 tentativas nas quais a luz de intensidade média é pareada ao tom de intensidade média a fim de estabelecer um condicionamento de ordem superior básico. Assim, o modo mais eficiente para resolver os Exercícios 17 e 18 consiste em iniciar com seus arquivos do Exercício 14, agregar o Bloco 2 comum, salvar o resultado e depois agregar os blocos posteriores, que são diferentes para os dois exercícios subsequentes. Em outras palavras, para economizar tempo, recomendamos que você resolva um exercício preparatório antes de passar para os dois exercícios diferentes sobre condicionamento de ordem superior. A configuração do exercício preparatório consta do quadro a seguir:

Condição	Bloco 1	Bloco 2	Resultado esperado do Bloco 2
S-S e S-R	10: CS_{MT}–US_M	5: CS_{ML}–CS_{MT}	CS_{ML} produz uma CR
S-S e S-S	10: CS_{MT}–US_M	5: CS_{ML}–CS_{MT}	CS_{ML} produz uma CR
S-R e S-S	10: CS_{MT}–US_M	5: CS_{ML}–CS_{MT}	CS_{ML} produz uma CR
S-R e S-R	10: CS_{MT}–US_M	5: CS_{ML}–CS_{MT}	CS_{ML} produz uma CR

As quatro condições experimentais equivalem aos quatro modelos de condicionamento clássico diferentes. Em todas as condições, Sniffy recebe 10 tentativas no Bloco 1 nas quais o tom de intensidade média é pareado ao choque de intensidade média. Então, no Bloco 2, Sniffy recebe 5 tentativas nas quais a luz de intensidade média é pareada ao tom de intensidade média. Para realizar o experimento preparatório para cada um dos quatro modelos, você deve seguir estes passos:

♦ Abra o arquivo de aquisição no Exercício 14 para obter o modelo de associação que você quer estudar presentemente. Por exemplo, se você deseja preparar o experimento para o modelo S-R e S-S, abra o arquivo que lhe recomendamos fosse denominado Ex14-acqSRSS.

♦ Use imediatamente o comando Save As para salvar o arquivo com um novo nome apropriado (por exemplo, Ex16-HOCSRSS, para "condicionamento de ordem superior com o modelo S-R e S-S") na pasta Sniffy Files no disco rígido de seu computador.

- ◆ Escolha o comando Design Classical Conditioning Experiment no menu Experiment.
- ◆ Faça as seguintes configurações na caixa de diálogo Classical Conditioning Experiment Design:
    - ◊ Observe que a caixa de diálogo abre no Bloco 1, Trial Type A. A maioria das configurações está obscurecida porque o Bloco 1 já terminou.
    - ◊ Clique no botão denominado New Stage para criar o Bloco 2 do experimento.
    - ◊ Observe que você está editando agora o Bloco 2, Trial Type A.
    - ◊ Assegure-se de fixar em 5 minutos o Interval Between Trials.
    - ◊ Fixe em 5 vezes o Present Each Trial Type.
    - ◊ Selecione a luz de intensidade média na seção First Stimulus da caixa de diálogo.
    - ◊ Selecione o tom de intensidade média para o CS usado como um US na seção Second Stimulus da caixa de diálogo.
    - ◊ Verifique cuidadosamente suas seleções no Bloco 2.
    - ◊ Clique no botão Run (Executar) na parte inferior da caixa de diálogo.
- ◆ Salve o arquivo quando o experimento terminar.

Seus resultados para todos os quatro modelos de condicionamento serão similares e devem ficar parecidos com os seguintes:

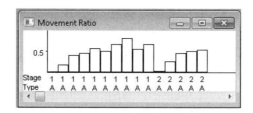

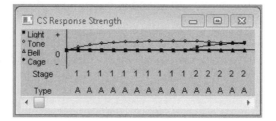

Durante o Bloco 2, a força da resposta ao CS luz aumentou porque a luz estava sendo pareada ao tom, e a força da resposta ao CS tom diminuiu porque o tom estava sendo apresentado sem o choque. Os resultados do índice de movimento mostram que Sniffy adquiriu uma CR à luz.

▬ Exercício 17: efeito da extinção do CR de primeira ordem sobre o condicionamento de ordem superior

Esse exercício examina o efeito, no condicionamento de ordem superior, da extinção da associação de primeira ordem. A configuração experimental é a seguinte:

Condição	Bloco 1	Bloco 2	Bloco 3	Bloco 4 e resultado previsto
S-S e S-R	10: CS_{MT}–US_M	5: CS_{ML}–CS_{MT}	20: CS_{MT}–Nenhum	2: CS_{ML}–Nenhum CS_{ML} produz uma CR
S-S e S-S	10: CS_{MT}–US_M	5: CS_{ML}–CS_{MT}	20: CS_{MT}–Nenhum	2: CS_{ML}–Nenhum CS_{ML} não produz uma CR
S-R e S-S	10: CS_{MT}–US_M	5: CS_{ML}–CS_{MT}	20: CS_{MT}–Nenhum	2: CS_{ML}–Nenhum CS_{ML} não produz uma CR
S-R e S-R	10: CS_{MT}–US_M	5: CS_{ML}–CS_{MT}	20: CS_{MT}–Nenhum	2: CS_{ML}–Nenhum CS_{ML} produz uma CR

As condições experimentais são os quatro modelos associativos para o condicionamento clássico. No Bloco 1, Sniffy recebe 10 tentativas nas quais o tom de intensidade média é pareado ao choque de intensidade média. Desse modo, o Bloco 1 estabelece o condicionamento de primeira ordem. No Bloco 2, Sniffy recebe 5 tentativas nas quais a luz de intensidade média é pareada ao tom de intensidade média a fim de estabelecer um condicionamento de ordem superior. No bloco 3, a CR de primeira ordem é extinta mediante a apresentação do tom 30 vezes sem um segundo estímulo. Finalmente, no Bloco 4, apresentamos duas vezes o CS luz durante as tentativas de teste de extinção para observar que efeito a extinção da CR de primeira ordem exerce na CR de ordem superior.

O modelo S-S de condicionamento de ordem superior prevê que a extinção da CR de primeira ordem deve eliminar a CR de ordem superior. O modelo S-R de condicionamento de ordem superior prevê que a extinção da CR de primeira ordem não deve exercer um efeito na CR de ordem superior. Portanto, durante o Bloco 4, esperamos que Sniffy responda à luz se ele tiver aprendido o condicionamento de ordem superior de acordo com o modelo S-S e S-R ou o modelo S-R e S-R, porém não responderá se tiver aprendido o condicionamento de ordem superior de acordo com o modelo S-S e S-S ou o modelo S-R e S-S.

Para entender a lógica por trás dessas expectativas, precisamos considerar novamente a diferença entre as associações S-S e S-R. Quando Sniffy aprende o condicionamento de ordem superior de acordo com o modelo S-S, ele está aprendendo uma associação entre a luz e o tom como um estímulo. Ele aprende a ter a expectativa de que o tom virá após a luz. Por essa razão, ele teria uma CR à luz somente se tivesse uma CR ao tom. Portanto, quando eliminamos a resposta de Sniffy ao tom, também extinguimos sua resposta à luz se a associação de ordem superior de Sniffy for uma associação S-S. Em oposição, quando Sniffy aprende uma associação S-R durante o condicionamento de ordem superior, ele aprende uma conexão direta entre a luz e a CR ao tom. No modelo S-R, o único papel do tom no processo de aquisição é como um meio para fazer com que a CR ocorra logo após as apresentações da luz. Pelo fato de o tom, como estímulo, não desempenhar um papel na associação S-R à luz, extinguir a resposta ao tom não exerce um efeito na associação de segunda ordem.

Para realizar o experimento, siga estes passos para cada um dos quatro modelos de condicionamento clássico:

- ♦ Abra um arquivo de aquisição do condicionamento de ordem superior do Exercício 16. Por exemplo, para realizar o experimento para o modelo S-R e S-S, abra o arquivo que lhe recomendamos fosse denominado Ex16-HOCSRSS.
- ♦ Use imediatamente o comando Save As para salvar o arquivo com um novo nome apropriado (por exemplo, Ex17-HOCExtSRSS) na pasta Sniffy Files no disco rígido de seu computador.
- ♦ Escolha Change Nature of the Association no menu Experiment e verifique se a configuração está correta para o modelo que você estiver estudando atualmente.
- ♦ Escolha o comando Design Classical Conditioning Experiment no menu Experiment.
- ♦ Faça as seguintes configurações na caixa de diálogo Classical Conditioning Experiment Design:
    ◊ Quando você abre pela primeira vez a caixa de diálogo, ela mostra configurações para o Bloco 1. Todas as configurações do Bloco 1 estão obscurecidas porque o Bloco 1 já chegou ao término.

◊ Clique no número 2 destacado à direita da palavra para passar ao Bloco 2 do experimento. As configurações do Bloco 2 também ficam obscurecidas porque o Bloco 2 já chegou ao término.
◊ Clique no botão New Stage para criar um novo Bloco 3. Observe que você está editando agora o Bloco 3, Trial Type A. As configurações do Bloco 3 estão ativas porque ele ainda não teve início.
◊ Assegure-se de fixar em 5 minutos o Average Interval Between Trials.
◊ Fixe em 30 vezes o Present Each Trial Type.
◊ Selecione o tom de intensidade média na seção First Stimulus da caixa de diálogo.
◊ Selecione None na seção Second Stimulus da caixa de diálogo.
◊ Verifique cuidadosamente as configurações do Bloco 3.
◊ Clique no botão New Stage para criar um novo Bloco 4. Verifique se você está editando agora o Bloco 4, Trial Type A.
◊ Assegure-se de fixar em 5 minutos o Average Interval Between Trials.
◊ Fixe em 2 vezes o Present Each Trial Type.
◊ Selecione a luz de intensidade média na seção First Stimulus da caixa de diálogo.
◊ Selecione None na seção Second Stimulus da caixa de diálogo.
◊ Verifique cuidadosamente as configurações de seu Bloco 4.
◊ Clique nos números Stage para assegurar-se de que as configurações para todos os quatro blocos tenham correspondência com aquelas mostradas no quadro de configuração experimental do início deste exercício.
◊ Clique no botão Run (Executar) na parte inferior da caixa de diálogo.
♦ Salve o arquivo quando o experimento chegar ao término.

Suas janelas CS Response Strength e Movement Ratio para o modelo S-R e S-S e para o modelo S-S e S-S devem ficar parecidas com as mostradas a seguir:

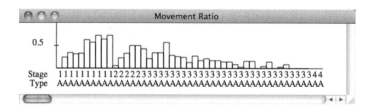

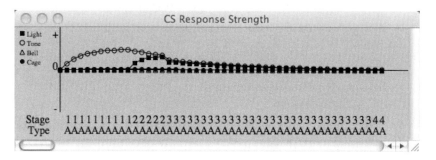

Durante o Bloco 3, como a CR ao tom foi extinta, a força da resposta ao CS tom e a luz diminuiu, muito embora somente o tom tivesse sido apresentado. A diminuição da força da resposta da CR à luz prevê que Sniffy não responderá à luz durante as tentativas de teste no Bloco 4. Os resultados do índice de movimento para o Bloco 4 confirmam essa previsão.

Em contraste, suas janelas CS Response Strength e Movement Ratio para o modelo S-R e S-R e para o modelo S-S e S-R devem parecer-se com as seguintes:

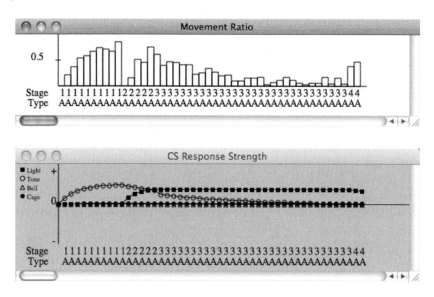

Durante o Bloco 3, como a CR ao tom é extinta, somente a força da resposta ao tom diminuiu; a força da resposta à luz não é afetada. Essa observação prevê que Sniffy ainda responderá à luz durante as tentativas de teste no Bloco 4. Os resultados do índice de movimento para o Bloco 4 confirmam essa previsão.

Exercício 18: efeito na habituação da UR sobre o condicionamento de ordem superior

A configuração experimental para o exercício final deste capítulo encontra-se apresentada no quadro a seguir:

Condição	Bloco 1	Bloco 2	Bloco 3	Bloco 4	Resultado previsto do Bloco 4
S-S e S-R	10: CS_{MT}–US_M	5: CS_{ML}–CS_{MT}	30: US_L	2: CS_{ML}–Nenhum 2: CS_{MT}–Nenhum	CS_{ML}–CR CS_{MT}–Nenhuma CR
S-S e S-S	10: CS_{MT}–US_M	5: CS_{ML}–CS_{MT}	30: US_L	2: CS_{ML}–Nenhum 2: CS_{MT}–Nenhum	CS_{ML}–Nenhuma CR CS_{MT}–Nenhuma CR
S-R e S-S	10: CS_{MT}–US_M	5: CS_{ML}–CS_{MT}	30: US_L	2: CS_{ML}–Nenhum 2: CS_{MT}–Nenhum	CS_{ML}–CR CS_{MT}–CR
S-R e S-R	10: CS_{MT}–US_M	5: CS_{ML}–CS_{MT}	30: US_L	2: CS_{ML}–Nenhum 2: CS_{MT}–Nenhum	CS_{ML}–CR CS_{MT}–CR

Após o estabelecimento do condicionamento de ordem superior no Bloco 2, diminuímos a UR ao choque de Sniffy no Bloco 3 e então apresentamos a luz e o tom durante as tentativas do teste de extinção no Bloco 4. Um aspecto muito interessante a respeito desse exercício é que o modelo S-S e S-R – o modelo que muitos psicólogos consideram ser aplicável a ratos reais na situação de condicionamento CER – gera uma previsão um tanto única e contraintuitiva a respeito dos resultados do Bloco 4. O modelo S-S e S-R afirma que, após a UR ao choque de Sniffy ter sofrido habituação, ele responderá ao CS luz de ordem superior, porém não ao CS tom de primeira

ordem. Para entender como esse e os demais resultados previstos no quadro experimental atuam, temos de recordar diversos aspectos que já observamos a respeito das associações S-S e S-R.

Lembre-se, inicialmente, do que dissemos sobre associações de primeira ordem. Quando Sniffy aprende uma associação S-R como resultado do pareamento tom-choque, ele aprende uma conexão direta entre o tom e a resposta de medo ao choque. Essa conexão direta entre o tom e sua CR significa que Sniffy responderá ao tom mesmo que deixe de responder ao choque. Desse modo, o modelo S-R e S-R e o modelo S-R e S-S preveem que a habituação da resposta ao choque não exercerá efeito na resposta de Sniffy ao tom. Entretanto, quando Sniffy aprende uma associação S-S como resultado de pareamento tom-choque, ele aprende a ter a expectativa de que o choque venha após o tom e sua resposta ao tom depende de qual seria sua resposta ao choque. Se fosse responder ao choque, responderia ao tom. Se não fosse responder ao choque, não responderia ao tom. Portanto, habituar a UR ao choque elimina a CR ao tom no modelo S-S e S-S e no modelo S-S e S-R.

Argumentos similares podem ser usados com relação ao condicionamento de ordem superior. Quando Sniffy aprende uma associação S-R como resultado do pareamento luz-tom, ele adquire uma conexão direta entre a luz e a CR tom, de modo que continuará a responder à luz mesmo se não ocorrer mais a CR ao tom. No entanto, quando Sniffy aprende uma associação S-S como resultado do pareamento luz-tom, ele aprende a esperar que o tom surja após a luz e responderá à luz somente se tiver respondido ao tom.

Vamos agora juntar os dois blocos de condicionamento e observar o efeito da habituação da UR ao choque na resposta de Sniffy ao CS tom de primeira ordem e ao CS luz de ordem superior. Examinaremos cada um dos modelos:

♦ O modelo S-S e S-R estabelece que a habituação da UR ao choque eliminará a resposta de primeira ordem ao tom porque Sniffy aprendeu uma associação S-S entre o tom e o choque e, portanto, não responderá ao tom a não ser que responda ao choque. Entretanto, eliminar a resposta de Sniffy ao tom não deveria exercer um efeito em sua resposta à luz porque Sniffy aprendeu uma conexão direta S-R entre a luz e a CR tom. Portanto, Sniffy deve responder à luz mesmo que não responda ao tom.

♦ O modelo S-S e S-S estabelece que a habituação da UR ao choque eliminará a resposta ao tom e à luz porque ambas as respostas dependem de associações S-S. Sniffy não responderá ao tom a não ser que responda ao choque; não responderá à luz a não ser que venha a responder ao tom. Assim, quando a habituação elimina a resposta ao choque, ela elimina a CR ao tom e isso também elimina a CR à luz.

A natureza da associação no condicionamento clássico 117

♦ Finalmente, o modelo S-R e S-S e o modelo S-R e S-R preveem que a habituação da resposta ao choque não afetará a CR ao tom nem a CR à luz. Ambos os modelos afirmam que o pareamento tom-choque produz uma associação S-R para o tom. Portanto, a diminuição da resposta ao choque não exercerá um efeito na CR ao tom. Enquanto a CR ao tom permanecer intacta, a CR à luz permanecerá intacta, seja qual for o tipo de associação que o pareamento luz-tom produza.

Para realizar o experimento, você deve seguir estes passos para cada um dos quatro modelos de condicionamento clássico:

♦ Abra um arquivo de aquisição de condicionamento de ordem superior do Exercício 16. Por exemplo, para realizar o experimento para o modelo S-R e S-S, abra o arquivo que lhe recomendamos fosse designado Ex16-HOCSRSS.

♦ Use imediatamente o comando Save As para salvar o arquivo com um novo nome apropriado (por exemplo, Ex18-HOCHabUSSRSS significando "condicionamento de ordem superior após a diminuição do US") na pasta Sniffy Files no disco rígido de seu computador.

♦ Escolha o comando Change Nature of the Association no menu Experiment e verifique se (neste exemplo) o modelo S-R e S-S já foi escolhido. As opções na caixa de diálogo estão obscurecidas porque uma parte do experimento já foi realizada.

♦ Escolha o comando Design Classical Conditioning Experiment no menu Experiment.

♦ Faça as seguintes configurações na caixa de diálogo Classical Conditioning Experiment Design:

◊ Ao ser aberta, a caixa de diálogo mostra inicialmente as configurações para o Bloco 1. Todas as configurações para o Bloco 1 estão obscurecidas porque esse bloco já terminou.

◊ Clique no botão denominado Next Stage para passar ao Bloco 2 do experimento. Todas as configurações do Bloco 2 também estão obscurecidas porque esse bloco também já terminou.

◊ Clique no botão New Stage para criar um novo Estágio 3. Observe que você está editando agora o Bloco 3, Trial Type A. Todas as configurações do Bloco 3 estão ativas porque esse bloco ainda não foi realizado.

◊ Assegure-se de fixar em 5 minutos o Average Interval Between Trials. Fixe em 30 vezes o Present Each Trial Type.

◊ Na seção First Stimulus da caixa de diálogo, clique na caixa de verificação ao lado da palavra "Tone" para desmarcar o tom; assegure-se de que nenhum outro primeiro estímulo seja selecionado.

◊ Selecione o US choque de *baixa intensidade* na seção Second Stimulus da caixa de diálogo.

◊ Verifique cuidadosamente suas configurações do Bloco 3.

◊ Clique no botão New Stage para criar um novo Bloco 4. Observe que você está editando agora o Bloco 4, Trial Type A.

◊ Assegure-se de fixar em 5 minutos o Average Interval Between Trials.

◊ Fixe em 2 vezes o Present Each Trial Type.

◊ Selecione a luz de intensidade média na seção First Stimulus da caixa de diálogo.

◊ Selecione None na seção Second Stimulus da caixa de diálogo.

◊ Clique no botão New Type para criar um novo tipo de tentativa. Observe que você está agora operando no Bloco 4, Trial Type B.

◊ Selecione o tom de intensidade média na seção First Stimulus da caixa de diálogo.

◊ Selecione None na seção Second Stimulus da caixa de diálogo.

◊ Use os botões de Stage Number e Trial-Letter para assegurar-se de que suas configurações para todos os quatro blocos correspondem àquelas mostradas no diagrama de configuração experimental do início desta seção.

◊ Clique no botão Run (Executar) na parte inferior da caixa de diálogo.

♦ Salve o arquivo quando o experimento chegar ao término.

Seus resultados para o modelo S-S e S-R devem ficar parecidos com os seguintes:

A natureza da associação no condicionamento clássico 119

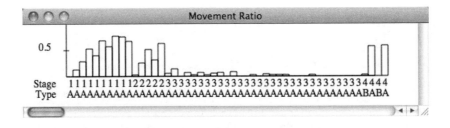

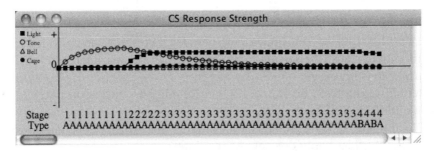

À medida que a habituação ao choque de baixa intensidade prosseguir durante o Bloco 3, a força de resposta ao CS tom de primeira ordem diminui, porém a força da resposta ao CS luz de ordem superior permanece inalterada.[2] Esses resultados da força da resposta ao CS preveem que Sniffy responderá à luz mas não ao tom durante as tentativas de teste no Bloco 4. Os resultados do índice de movimento para o Bloco 4 confirmam essa previsão.

Seus resultados para o modelo S-S e S-S devem ficar parecidos com os seguintes:

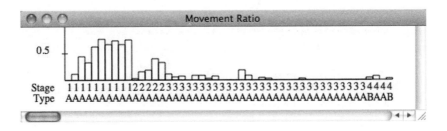

---

[2] Se você estiver usando o índice de supressão como sua medida de resposta, os resultados do índice de supressão durante o Estágio 3 não possuem significado porque nenhum CS está sendo apresentado.

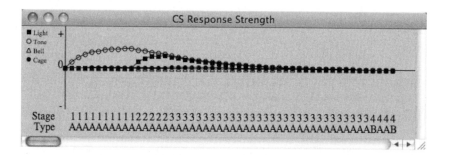

Durante o Bloco 3, diminuirá a intensidade da resposta ao CS tom de primeira ordem e aos CSs luz de ordem superior. Esses resultados da força da resposta ao CS preveem que Sniffy não responderá a ambos os CSs durante as tentativas de teste no Bloco 4. Os resultados do índice de movimento para o Bloco 4 confirmam essa previsão.

Finalmente, seus resultados para o modelo S-R e S-S e para o modelo S-R e S-R devem ficar parecidos com os seguintes:

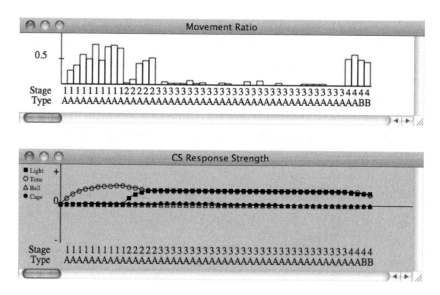

Durante o Bloco 3, a força da resposta ao CS tom de primeira ordem e ao CS luz de ordem superior permanece inalterada. Os resultados da força da resposta ao CS preveem que Sniffy responderá a ambos os CSs durante as tentativas de teste no Bloco 4. Os resultados do índice de movimento para o Bloco 4 confirmam essa previsão.

▬ Questões

♦ Qual é a diferença entre uma associação S-S e uma S-R?

♦ Os exercícios e as explicações teóricas deste capítulo são complexos. Reveja cuidadosamente os Exercícios 17 e 18 e exponha com suas próprias palavras as explicações teóricas dos resultados.

♦ Resultados indicam que os animais reais aprendem as associações de primeira ordem de acordo com os modelos S-S e as associações de ordem superior de acordo com o modelo S-R. Que relevância essa diferença poderia apresentar para a compreensão das fobias (medo irracional de certas coisas ou situações)?

8

Habituação, sensibilização, condicionamento contextual e os efeitos de pré-exposição ao CS e ao US

Elementos básicos

Quando Sniffy recebe um choque sem um CS precedente, podem acontecer dois resultados diferentes. A primeira possibilidade é a resposta de Sniffy ao choque se alterar. Conforme vimos em exercícios anteriores, com o choque de baixa intensidade ocorre a habituação da UR ao US choque. Quanto mais choques lhe forem aplicados, menos ele responderá. Após cerca de 25 choques de baixa intensidade, a UR de Sniffy deixa de existir. O rato simplesmente continua fazendo aquilo que estiver fazendo como se nada tivesse acontecido. A UR de Sniffy nunca se altera com o choque de intensidade média. Cada choque interrompe o comportamento atual de Sniffy por cerca de 2 minutos. Com o choque de alta intensidade, ocorre a sensibilização da UR de Sniffy. Até certo ponto, cada choque sucessivo suprime o comportamento presente normal de Sniffy por períodos cada vez mais longos. O primeiro choque de alta intensidade suprimirá o comportamento atual de Sniffy por cerca de 2 minutos, mas o vigésimo choque suprimirá seu comportamento atual por cerca de 4 minutos. Esses efeitos de apresentações repetidas do US ocorrem independentemente de um CS preceder ou não o US.

Quando ocorrem choques de intensidade média ou de alta intensidade sem um CS precedente, surge um novo fenômeno que denominamos **condicionamento contextual**. Estímulos ambientais ou contextuais (as paredes e o piso da caixa operante, a barra e assim por diante) passam a atuar como o CS. Por esses estímulos estarem sempre presentes e jamais mudarem, eles nunca são muito evidentes, e, portanto, o processo de condicionamento é bastante lento. No entanto, se Sniffy for sujeito a um número suficiente de choques de intensidade média e de alta intensidade sem um tom, uma luz ou uma campainha precedentes, os estímulos ambientais finalmente chegam a eliciar uma resposta de medo mais ou menos ininterrupta. Se receber um número suficiente de choques não sinalizados por aqueles estímulos, Sniffy demonstrará congelamento durante grande parte do tempo por estar manifestando continuamente uma CR aos estímulos contextuais. Em outras palavras, após um número suficiente de choques não sinalizados de intensidade média ou de alta intensidade, Sniffy se tornará "paralisado pelo medo". Se tiver sido condicionado operantemente para pressionar a barra ou demonstrar algum outro comportamento, ele raramente se comportará desse modo, pois passa grande parte de seu tempo imobilizado. Quando você se recorda de que o condicionamento clássico usual no qual um CS precede um US nunca deixa Sniffy em um estado de "paralisia pelo medo", é fácil entender o fato de que o choque sinalizado é muito menos estressante para um rato real do que um choque não sinalizado. Ratos reais sujeitos ao choque não sinalizado algumas vezes acabam sendo vítimas do estresse, um efeito que o choque sinalizado quase nunca produz (Seligman, 1968; Seligman, Maier e Solomon, 1971).

O fenômeno do condicionamento contextual origina duas perguntas interessantes:

◆ *Por que o condicionamento contextual não ocorre com o choque de baixa intensidade?* Na realidade, ele começa a ocorrer com os primeiros choques de baixa intensidade. No entanto, como a diminuição da UR ao US de baixa intensidade está acontecendo simultaneamente, os estímulos contextuais nunca adquirem força de evocar resposta suficiente para produzir muito congelamento.

◆ *Por que o condicionamento contextual não ocorre quando um CS explícito (tom, luz ou campainha) precede o choque?* Ocorre um pequeno condicionamento ambiental.[1] No entanto, em parte porque os CSs tom,

---

[1] O modo mais simples para convencer-se de que um pequeno condicionamento contextual sempre ocorre consiste em retornar e abrir alguns de seus antigos arquivos de condicionamento clássico nos quais o experimento de condicionamento foi realizado. Quase todo experimento de condicionamento clássico completo mostrará o efeito. Examine a janela da mente Sensitivity & Fear para ver o condicionamento contextual. Muito embora nenhum CS esteja sendo apresentado atualmente, a barra Fear ficará ligeiramente acima do nível zero. Esse pequeno resíduo de medo é o resultado do condicionamento contextual. No entanto, não é suficiente para produzir muito congelamento. Um modo ligeiramente mais complicado para constatar que um ligeiro condicionamento contextual sempre ocorre consiste em fazer o seguinte:

◆ Abra um de seus arquivos anteriores de condicionamento clássico.
◆ Torne a janela da mente CS Response Strength visível selecionando-a no menu Windows.

luz e campainha não se encontram continuamente presentes, eles são muito mais evidentes do que os estímulos ambientais. Como consequência, um CS explícito sombreia quase completamente os estímulos contextuais. (Se você precisar revisar o fenômeno do sombreamento, releia o Capítulo 4.)

Exercício 19: habituação, sensibilização e condicionamento contextual

O primeiro exercício deste capítulo demonstra simultaneamente a habituação da resposta, a sensibilização e o condicionamento contextual. O exercício pode ser detalhado pelo seguinte quadro:

Condição	Bloco 1	Resultado
US de baixa intensidade	50: US_L	A UR diminui Nenhum condicionamento contextual significativo
US de intensidade média	50: US_M	A UR não se altera Condicionamento contextual moderado
US de alta intensidade	50: US_H	A UR apresenta sensibilidade Condicionamento contextual forte

As três condições diferem na intensidade do US que Sniffy recebe. Em todas as condições, Sniffy recebe um choque 50 vezes sem nenhum CS explícito precedente.

Para preparar o experimento, você deve seguir estes passos:

♦ Inicie com um novo arquivo Sniffy.
♦ Atribua imediatamente ao arquivo um novo nome e o salve na pasta Sniffy Files no disco rígido de seu computador. Sugerimos que

---

♦ Assegure-se de selecionar a janela CS Response Strength clicando nela.
♦ Selecione o comando Export Data no Menu File, atribua um nome apropriado ao arquivo de dados exportados e salve-o em seu disco rígido.
♦ Examine em uma planilha o arquivo de dados exportados.
♦ Na planilha, a coluna denominada "Cage" indica a CS Response Strength para os estímulos contextuais. Durante qualquer experimento de condicionamento clássico no qual um US é apresentado, a "Caixa" (*Cage*) sempre adquire uma pequena força de evocar respostas.

você denomine os arquivos US de alta e de baixa intensidade e o de intensidade média, respectivamente, Ex19-BkgrL, Ex19-BkgrN e Ex19-BkgrH.

◆ Escolha o comando Design Classical Conditioning Experiment no menu Experiment.

◆ Faça as seguintes configurações na caixa de diálogo Design Classical Conditioning Experiment:

◊ Fixe em 10 minutos[2] o Averaged Interval Between Trials (Intervalo Médio Entre Tentativas).

◊ Fixe em 50 vezes o Present Each Trial Type.

◊ Na seção First Stimulus da caixa de diálogo, clique na marca de verificação (✓) que aparece à esquerda da palavra "Tone" para eliminar o estímulo e assegure-se de que nenhum outro First Stimulus seja selecionado.

◊ Na seção Second Stimulus da caixa de diálogo, clique no US choque de baixa ou de alta intensidade ou de intensidade média.

◊ Verifique cuidadosamente suas seleções.

◊ Examine a janela da mente Sensitivity & Fear antes de realizar o experimento. Em todos os casos, ela deve ficar parecida com a seguinte:

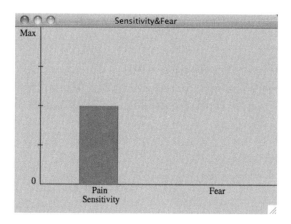

---

[2] Em razão de Sniffy vir a exigir um tempo maior do que o usual para se recuperar do choque de alta intensidade, sugerimos que você fixe em 10 minutos o intervalo médio entre as tentativas em vez dos 5 minutos usuais. Fixar esse parâmetro em 10 minutos para todas as três intensidades de choque assegura que a única diferença entre as três condições experimentais seja a intensidade do choque.

- A sensibilidade à dor de Sniffy é uma medida de sua sensibilidade ao US choque. Por não ter ainda recebido nenhum choque, sua sensibilidade à dor está em seu ponto médio e seu nível de medo é zero.
- Clique no botão de comando Run (Executar) na parte inferior da caixa de diálogo Design Classical Conditioning Experiment.
- Salve o arquivo.

Examinaremos as janelas da mente Sensitivity & Fear para as três condições experimentais a fim de avaliar os efeitos da habituação e da sensibilização. As três janelas da mente são parecidas com as que são mostradas a seguir.

Choque de baixa intensidade

A sensibilidade à dor de nível zero indica que a resposta de Sniffy ao choque foi completamente habituada.

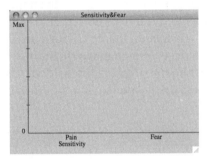

Choque de intensidade média

A sensibilidade à dor de nível médio indica que a resposta de Sniffy ao choque permaneceu inalterada.

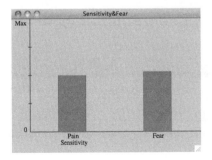

Choque de alta intensidade

A sensibilidade à dor de nível máximo indica que a resposta de Sniffy ao choque se tornou muito mais intensa do que era no início do experimento.

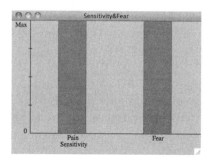

Podemos examinar os resultados do índice de movimento para as três condições experimentais a fim de avaliar os efeitos do condicionamento contextual. Muito embora nenhum CS esteja sendo apresentado antes de cada choque, o índice de movimento proporciona uma medida útil do condicionamento porque registra a porcentagem de tempo durante a qual Sniffy apresentava congelamento durante os 30 segundos antes de cada choque ter ocorrido. Finalmente, a janela da mente CS Response Strength proporciona uma visão da alteração do estado de medo de Sniffy.

Para a condição de choque de baixa intensidade, os resultados do índice de movimento e a janela CS Response Strength devem ficar parecidos com os seguintes:

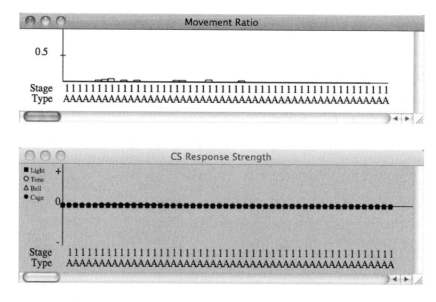

Movement Ratio mostra que a única vez em que Sniffy manifestou nenhum indício de medo durante os períodos de 30 segundos antes da apresentação do choque foi durante a parte inicial do experimento antes de a resposta ao choque ter sido habituada completamente. A janela da mente CS Response Strength não mostra um condicionamento substancial em nenhum bloco do experimento.

Para a condição de choque de intensidade média, seu monitor de movimento, seus resultados do índice de movimento e da intensidade da resposta ao CS devem ficar parecidos com as seguintes janelas:

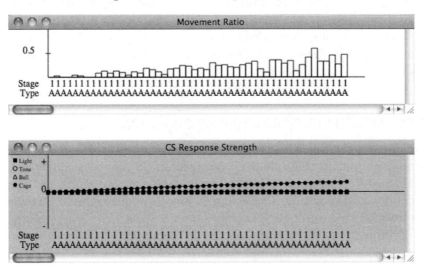

Os resultados do índice de movimento mostram que, durante o experimento, a proporção de tempo em que Sniffy ficou imóvel em intervalos de 30 segundos antes da apresentação do choque aumentou gradualmente para níveis moderados. A janela CS Response Strength mostra que um medo moderado ao CS "Caixa" foi obtido muito gradualmente no decorrer do experimento.

Para a condição de choque de alta intensidade, seu monitor de movimento, seus resultados do índice de movimento e da força da resposta ao CS devem ficar parecidos com os mostrados a seguir.

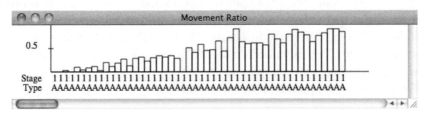

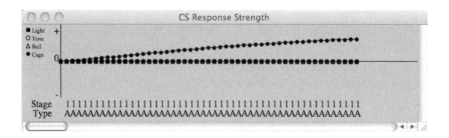

O índice de movimento mostra que a proporção de tempo durante a qual Sniffy ficou imóvel nos intervalos de 30 segundos antes da apresentação do choque aumentou para níveis elevados durante a realização do experimento, e a janela da mente CS Response Strength mostra que o CS "Caixa" desenvolveu a capacidade para eliciar um nível elevado de medo.

▬▬ Exercício 20: efeito de pré-exposição ao CS

Pelo menos em termos dos procedimentos empregados para gerá-lo, o fenômeno denominado **efeito de pré-exposição ao CS** (também conhecido, algumas vezes, como **inibição latente**) está relacionado aos outros fenômenos discutidos neste capítulo. A essência do fenômeno é a seguinte: se um animal tiver sido exposto repetidamente a um CS antes de o CS ser pareado ao US, o condicionamento diminui seu ritmo. Demonstrar o fenômeno envolve fazer um experimento com duas condições:

Condição	Bloco 1	Bloco 2	Resultado esperado do Bloco 2
Experimental	10: CS_{MT}–Nenhum	10: CS_{MT}–US_M	Condicionamento mais lento que o usual
Controle	Repouso	10: CS_{MT}–US_M	Condicionamento em ritmo normal

Na condição experimental, Sniffy recebe 10 apresentações do tom de intensidade média sem um segundo estímulo durante o Bloco 1 e 10 pareamentos do tom com choque, ambos de intensidade média, durante o Bloco 2. A condição de controle recebe somente os 10 pareamentos do tom com choque, ambos de intensidade média. O efeito de pré-exposição ao CS é produzido de modo bem-sucedido se a CR ao tom for adquirida mais lentamente na condição experimental do que na condição de controle.

Siga estes passos para realizar o experimento:

- Inicie com um novo arquivo Sniffy.
- Use o comando Save As para salvar o arquivo com um novo nome apropriado (por exemplo, Ex20-CSPE) na pasta Sniffy Files no disco rígido de seu computador.
- Escolha o comando Design Classical Conditioning Experiment no menu Experiment e faça as seguintes configurações na caixa de diálogo:
  ◊ Assegure-se de fixar em 5 minutos o Interval Between Trials.
  ◊ Fixe em 10 vezes o Present Each Trial Type.
  ◊ Selecione o tom de intensidade média na seção First Stimulus da caixa de diálogo.
  ◊ Selecione None na seção Second Stimulus da caixa de diálogo.
  ◊ Verifique cuidadosamente suas configurações do Bloco 1.
  ◊ Clique no botão New Stage e verifique se você está editando agora o Bloco 2, Trial Type A.
  ◊ Fixe em 5 minutos o Interval Between Trials.
  ◊ Fixe em 10 vezes o Present Each Trial Type.
  ◊ Selecione o tom de intensidade média na seção First Stimulus da caixa de diálogo.
  ◊ Selecione o US choque de intensidade média na seção Second Stimulus da caixa de diálogo.
  ◊ Verifique cuidadosamente suas configurações do Bloco 2.
  ◊ Clique no botão Run (Executar) na parte inferior da caixa de diálogo.
- Salve o arquivo quando o experimento terminar.

No final do experimento, suas janelas Movement Ratio e CS Response Strength devem ficar parecidas com as seguintes.

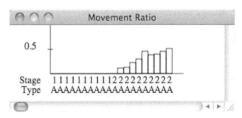

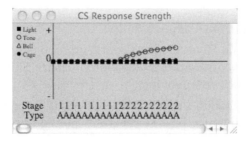

A janela Movement Ratio mostra que Sniffy adquire gradualmente uma CR ao tom durante o Bloco 2 do experimento, e a janela da mente CS Response Strength mostra que a força da resposta ao CS tom aumenta durante o Bloco 2.

A questão consiste em saber se a aquisição que ocorre durante o Bloco 2 da condição experimental é mais lenta do que teria sido se Sniffy não houvesse sido exposto às 10 apresentações de tom isoladamente no Bloco 1. A condição de controle para esse experimento é a mesma do experimento de aquisição de condicionamento clássico no Exercício 1. Se você ainda tiver o arquivo que lhe sugerimos denominar Ex1-ClassAcq, abra-o e compare os resultados desse exercício com os da condição experimental do Exercício 20. Essa comparação revelará que, na realidade, as tentativas de 10 tons isolados durante o Bloco 1 da condição experimental do efeito de pré-exposição ao CS retardam substancialmente a rapidez subsequente da aquisição.

▬▬ Exercício 21: efeito de pré-exposição ao US

O **efeito de pré-exposição ao US** é similar ao efeito de pré-exposição ao CS, exceto que, durante o Bloco 1, Sniffy recebe uma série de tentativas apenas com o US. A demonstração do efeito envolve a configuração experimental com as duas condições mostradas a seguir:

Condição	Bloco 1	Bloco 2	Resultado esperado do Bloco 2
Experimental	10: US_M	10: CS_{MT}–US_M	Condicionamento menos eficiente
Controle	Repouso	10: CS_{MT}–US_M	Condicionamento normal

Na condição experimental, Sniffy recebe 10 apresentações do choque de intensidade média sem um CS precedente durante o Bloco 1 e 10 pareamentos formados pelo tom e pelo choque, ambos de intensidade média, durante o Bloco 2. A condição de controle recebe somente os 10 pareamentos formados pelo tom e pelo choque, ambos de intensidade média. O efeito de pré-exposição ao US é produzido com sucesso se a CR ao tom for adquirida mais eficientemente na condição de controle do que na experimental.

Para efetivar a condição experimental, siga estes passos:

- Inicie com um novo arquivo Sniffy.
- Use o comando Save As para salvar o arquivo com um novo nome apropriado (por exemplo, Ex21-USPE) na pasta Sniffy Files no disco rígido de seu computador.
- Escolha o comando Design Classical Conditioning Experiment no menu Experiment e faça as seguintes configurações na caixa de diálogo:
    ◊ Assegure-se de fixar em 5 minutos o Interval Between Trials.
    ◊ Fixe em 10 vezes o Present Each Trial Type.
    ◊ Assegure-se de que *nenhum* CS seja selecionado na seção First Stimulus da caixa de diálogo.
    ◊ Selecione o choque de intensidade média na seção Second Stimulus da caixa de diálogo.
    ◊ Verifique cuidadosamente suas configurações no Bloco 1.
    ◊ Clique no botão New Stage e verifique se você está editando agora o Bloco 2, Trial Type A.
    ◊ Assegure-se de fixar em 5 minutos o Interval Between Trials.
    ◊ Fixe em 10 vezes o Present Each Trial Type.
    ◊ Selecione o tom de intensidade média na seção First Stimulus da caixa de diálogo.
    ◊ Selecione o US choque de intensidade média na seção Second Stimulus da caixa de diálogo.
    ◊ Verifique cuidadosamente suas configurações.
    ◊ Clique no botão Run (Executar) na parte inferior da caixa de diálogo.
- Salve o arquivo quando o experimento terminar.

No final do experimento suas janelas Movement Ratio e CS Response Strength devem ficar parecidas com as seguintes:

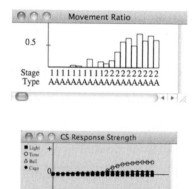

A janela Movement Ratio mostra que, durante o primeiro bloco do experimento, o condicionamento contextual começa a se formar. No entanto, a janela da mente CS Response Strength mostra que 10 tentativas apenas com o US produzem um nível muito reduzido de condicionamento ao CS "Caixa". Durante o Bloco 2, as janelas Movement Ratio e CS Response Strength mostram que Sniffy adquire uma CR ao tom. A comparação desses resultados com aqueles da condição de controle, que novamente é a mesma de seu experimento de condicionamento original no Exercício 1, revela que, na realidade, a CR foi adquirida um tanto menos eficientemente na condição experimental do que na condição de controle.

▬▬ Comparação da pré-exposição ao CS e ao US com o controle

O gráfico a seguir compara a aquisição da força da resposta ao CS nas condições de pré-exposição ao CS e ao US entre si e com o controle:

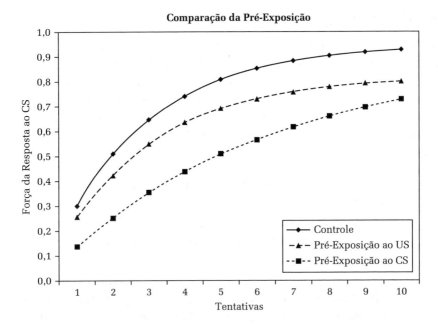

Comparação da Pré-Exposição

Esse gráfico indica que a pré-exposição ao CS e ao US reduz a assíntota na qual o condicionamento se processa. Além disso, a pré-exposição ao CS diminui o ritmo do condicionamento, mas a pré-exposição ao US parece exercer pouco efeito na rapidez do condicionamento. Embora essas diferenças sutis entre os efeitos da pré-exposição ao CS e ao US não sejam imediatamente visíveis nos resultados do índice de movimento em nenhuma etapa dos experimentos, resultados similares das medidas do índice de movimento do comportamento do Sniffy podem ser obtidos se você repetir diversas vezes cada condição experimental e calcular a média dos índices de movimento. Esses resultados baseiam-se no modelo de condicionamento clássico de Sniffy. Não sabemos se esses detalhes quantitativos também seriam os mesmos com ratos reais.

Questão

O gráfico anterior mostra os efeitos comparativos da pré-exposição ao CS e ao US de acordo com o algoritmo do condicionamento clássico de Sniffy. A pré-exposição ao CS diminui o ritmo do condicionamento clássico subsequente, enquanto a pré-exposição ao US reduz o nível de condicionamento. Você considera que esse resultado seria obtido efetivamente com animais vivos? Por quê?

▬▬ Tarefa para realizar

No Exercício 19, você examinou o efeito dos choques repetidos e não sinalizados (choques que não são precedidos por um CS que sinaliza sua ocorrência). Apresentações repetidas do choque de intensidade média ou de alta intensidade fizeram que Sniffy manifestasse um medo mais ou menos contínuo. Você poderia indagar se um número equivalente de choques sinalizados produziria um efeito similar. Para descobrir, realize o seguinte experimento:

* Inicie com um novo arquivo Sniffy e lhe atribua um nome apropriado, como SignaledShock.
* Na caixa de diálogo Design Classical Conditioning Experiment:
  ◊ No Bloco 1, indique 50 tentativas com o tom de intensidade média seguido pelo choque de alta intensidade.
  ◊ No Bloco 2, indique 5 tentativas sem CS (desmarque todas as opções de First Stimulus), seguido pelo None US. Isso proporcionará 5 tentativas com duração de 30 segundos do comportamento de Sniffy para determinar o quanto do comportamento de medo ele está manifestando quando nenhum CS estiver presente.
* Realize o experimento e examine os resultados, prestando especial atenção ao Bloco 2. Compare os resultados com as últimas tentativas da condição de choque intenso no Exercício 19. Se você deseja ter uma situação completamente comparável, agregue um segundo bloco com 5 tentativas igual àquele que você adotou para o experimento do choque sinalizado na condição de choque de alta intensidade no Exercício 19.
* Que relevância o resultado possui para o fenômeno de sombreamento?
* Você considera que os efeitos diferentes do choque sinalizado e do choque não sinalizado poderiam ter alguma relevância para a psicologia humana? Justifique sua resposta.

9

Introdução ao condicionamento operante

Edward Thorndike

As pesquisas que conduziram ao estudo do que hoje denominamos condicionamento operante começaram há mais de um século com o trabalho de Edward Thorndike. Impressionado pelo livro clássico de William James, *Principles of Psychology* (James, 1890), Thorndike matriculou-se na Harvard University e foi aluno de James. Em Harvard, Thorndike iniciou o primeiro estudo experimental da aprendizagem em animais. Naquela ocasião, não existia um laboratório de psicologia formal em Harvard, e havia poucos recursos financeiros para apoiar o trabalho de Thorndike. Seu primeiro laboratório foi instalado em casa.

Thorndike (1898) descreveu seus primeiros experimentos com aprendizagem de animais em uma monografia clássica. Nesses experimentos, Thorndike estudou a maneira como os gatos aprendiam a escapar de um aparato que ele denominou de **caixa-problema**. Os gatos eram fechados dentro da caixa e tinham de manipular um dispositivo mecânico para abri-la e escapar. Inicialmente, os gatos comportavam-se de muitas maneiras diferentes, a maior parte das quais não conduzia à fuga. No entanto, gradualmente, por tentativa e erro, os animais encontravam os comportamentos que os levavam a fugir. Thorndike registrou o tempo que cada gato levava para fugir em cada tentativa e constatou que a duração média diminuía gradualmente de diversos minutos para alguns segundos. Conforme a velocidade da fuga aumentava, os gatos aprendiam a eliminar comportamentos inúteis, conservando, ao mesmo tempo, um número muito menor de comportamentos bem-sucedidos. A forma de aprendizagem que Thorndike estudou é denominada frequentemente **condicionamento instrumental**. Ele resumiu o mecanismo que fortalece e seleciona os comportamentos bem-sucedidos criando aquilo que denominou a **Lei do Efeito**:

Das várias respostas à mesma situação, aquelas que são acompanhadas ou seguidas imediatamente pela satisfação da vontade do animal, mantidas as demais condições, estarão vinculadas mais firmemente à situação, de modo que, quando a situação acontecer novamente, terão maior probabilidade de repetir-se; aquelas respostas que são acompanhadas ou seguidas imediatamente por desconforto para o animal, mantidas as demais condições, terão enfraquecida sua vinculação com a situação, de modo que, quando esta acontecer novamente, tais respostas terão menor probabilidade de se repetir. Quanto maiores a satisfação ou o desconforto, maiores o fortalecimento ou enfraquecimento da relação. (citado em Kimble, 1961, p. 10)

Os experimentos de Thorndike mostraram que o efeito – a consequência – de um comportamento determina se o comportamento será fortalecido ou enfraquecido. Acertar a combinação das alavancas na caixa-problema de Thorndike teve o efeito positivo de abrir a porta e permitir que o gato saísse da caixa. Conforme acontece com a maioria dos pioneiros, os modelos de condicionamento instrumental de Thorndike e sua criação da lei do efeito têm sido sujeitos a muitas modificações. No entanto, permanecem como uma importante pedra angular da nossa compreensão do processo de aprendizagem.

▬▬ B. F. Skinner

B. F. Skinner formulou os métodos e procedimentos que descrevem uma variação do condicionamento instrumental de Thorndike, o qual Skinner denominou **condicionamento operante**. No trabalho de Thorndike com caixas-problema e, subsequentemente, em seus estudos de animais aprendendo a percorrer labirintos, as tarefas de aprendizagem envolveram aparatos e procedimentos nos quais os animais tiveram a oportunidade de dar uma resposta correta somente em determinadas ocasiões bem definidas denominadas **tentativas**. Skinner desenvolveu uma situação de aprendizagem em que um animal é confinado durante o treinamento em um compartimento denominado **caixa operante**, a qual contém um dispositivo em que as respostas podem ser dadas, bem como um mecanismo, denominado **alimentador**, para distribuição de alimentos. Em uma caixa operante, os animais são treinados em uma situação experimental na qual a oportunidade para apresentar alguma resposta existe continuamente. De modo idêntico a Thorndike, Skinner estava interessado na maneira como as consequências dos comportamentos influenciam a frequência com que esses comportamentos se repetem. O trabalho de Skinner com o condicionamento operante é, portanto, uma extensão do trabalho de Thorndike com o condicionamento instrumental. Além disso, os mesmos princípios de aprendizagem parecem aplicar-se a ambos quando o animal tem oportunidade de dar uma resposta correta somente em determinadas ocasiões (conforme ocorre nas caixas-problema e nos labirintos de Thorndike) e quando o animal é capaz de responder em qualquer ocasião (conforme acontece na caixa operante de Skinner).

Skinner (1938) fez três suposições fundamentais sobre o comportamento:

♦ Os animais são frequentemente ativos, um fato que significa que os organismos **emitem** continuamente vários comportamentos.
♦ Esses comportamentos emitidos frequentemente possuem consequências que influenciam a frequência com a qual os comportamentos são repetidos no futuro.
♦ Os efeitos das consequências são influenciados pelo estado motivacional do animal, bem como pelo ambiente físico e social. Por exemplo, o efeito de apresentar alimento como consequência de demonstrar algum comportamento depende de o animal ter sido privado de alimento.

Skinner estudou a aprendizagem animal, mas acreditava que seria possível aplicar suas constatações para criar instituições humanas mais eficazes nas quais a aplicação planejada e sistemática do reforço tornaria as pessoas mais felizes e mais produtivas (Skinner, 1953). Ele não apenas propugnou o estudo objetivo do comportamento, mas também afirmou que o comportamento frequentemente é causado por eventos no ambiente que podem ser descobertos e manipulados para alterar o comportamento. Em outras palavras, ele tentou criar uma estrutura filosófica com base em suas descobertas; essas iniciativas geraram muita repercussão e controvérsia (Skinner, 1971).

Tradicionalmente, as pessoas têm acreditado que os eventos mentais são responsáveis por muitos aspectos do comportamento humano. Em oposição, Skinner (1953, 1971) asseverou ser mais útil considerar o sentimento, os pensamentos, as emoções e a maior parte dos outros eventos mentais como comportamentos encobertos. Na sua visão, os comportamentos abertos e os eventos mentais que os acompanham ocorrem por causa de condições de reforço atuais e passadas, e ambos estão sujeitos às mesmas leis comportamentais.

Embora reconhecesse que o comportamento é produzido pela interação de fatores genéticos e ambientais, Skinner e seus seguidores preocuparam-se quase exclusivamente com os efeitos ambientais. As razões históricas para essa ênfase no ambiente são complexas, porém um motivo importante é que os fatores ambientais são mais fáceis de manipular que os fatores genéticos, especialmente nos seres humanos, nos quais a manipulação genética usualmente é considerada desprovida de ética. Desse modo, por exemplo, os genes de uma criança e o ambiente no qual ela cresce determinam conjuntamente a sua altura. Embora nada possa ser feito a respeito dos genes que determinam a altura após o embrião ter sido concebido, a alimentação feita pela criança – um fator ambiental – pode afetar significativamente sua altura ao atingir a fase adulta.

Skinner (1938, 1953) afirmou que os psicólogos deveriam preocupar-se em descobrir as leis do comportamento e enfatizou a importância de relacionar causas ambientais a efeitos comportamentais. Além disso, ele acreditava ser frequentemente possível descobrir leis comportamentais sem compreender o que estivesse ocorrendo dentro do organismo. Muitos psicólogos têm usado a metáfora de uma caixa preta para caracterizar esse aspecto da abordagem que Skinner fez da psicologia. A caixa, que representa o organismo, é opaca. O interior é invisível e não precisamos conhecer aquilo que acontece dentro da caixa. Compreender as regras que governam o comportamento da caixa e controlar suas ações não exigem sua abertura. Na realidade, tentar compreender aquilo que ocorre dentro da caixa pode levar à confusão e ao engano.

Essa visão do indivíduo como uma "caixa preta" pode ser compreendida examinando-se o comportamento de um aparelho de televisão. Poucos entre nós podem produzir ou compreender o diagrama de um circuito que explique como um televisor funciona, mas ainda assim podemos fazê-lo funcionar. Sabemos que precisamos ligar o fio em uma tomada elétrica. Sabemos que, quando manipulamos o seletor de canais, as estações mudam, e que um segundo controle ajusta o volume e outros controles regulam as cores. A imagem e o som são os comportamentos que desejamos prever e mudar, e podemos prevê-los e mudá-los. Se o televisor não estiver operando adequadamente, também sabemos que, algumas vezes, uma pancada rápida no lado do gabinete melhorará a imagem. Nenhum aspecto desse conhecimento a respeito de como mudar o comportamento de um televisor exige a compreensão de seu funcionamento interno. Skinner acreditava que podemos prever e mudar o comportamento dos organismos, incluindo nós mesmos, de um modo similar sem precisar compreender o funcionamento interno do corpo.

Skinner (1938) propôs que os psicólogos deveriam tentar descobrir relações entre o ambiente e o comportamento sem especular a respeito daquilo que ocorre no interior do organismo. Esse método de estudo "agnóstico" do funcionamento do organismo foi um dos aspectos mais controvertidos do estudo que Skinner fez da psicologia. Um grande número de psicólogos na época de Skinner (por exemplo, Guthrie, 1960; Hull, 1943, 1952; Tolman, 1932) acreditava, e uma maioria dos atuais psicólogos ainda acredita, que entender o comportamento requer a compreensão dos processos psicológicos e/ou fisiológicos que se desenvolvem no interior do organismo. Um manual de um programa de computador não é adequado para discutir esses temas profundos da filosofia da ciência. É suficiente dizer que, ao criar um animal virtual que simula o comportamento de um rato real em uma caixa operante, tivemos de atribuir a Sniffy certos processos psicológicos a fim de reproduzir os resultados que Skinner e outros obtiveram. Os processos psicológicos de Sniffy têm como modelo aqueles discutidos em muitos livros didáticos contemporâneos sobre psicologia da aprendizagem (por exemplo, Domjan, 1998, 2003, 2010; Mazur, 1998; Tarpy, 1997). No entanto, não há como conhecer o grau em que os processos psicológicos de Sniffy assemelham-se aos de ratos reais. Tudo o que podemos dizer é que os processos psicológicos de Sniffy, que mostramos nas diversas janelas da mente, ilustram os tipos de processos que muitos psicólogos acreditam ser característicos de ratos reais.

Skinner (1935, 1938, 1953) distinguiu comportamentos eliciados de comportamentos emitidos. Um comportamento eliciado é o resultado específico da apresentação de determinado estímulo. Você estudou como a aprendizagem pode afetar os comportamentos eliciados nos experimentos precedentes sobre condicionamento clássico. Em oposição, comportamentos emitidos são respostas que ocorrem sem um estímulo gerador prontamente identificável. Por exemplo, não existe um estímulo que provocará confiavelmente movimentos no próprio corpo ou latidos de todos os cães normais do mesmo modo que colocar alimento na língua de um cão eliciará salivação.

Muitos dos comportamentos que os psicólogos têm interesse em conhecer são emitidos, e não eliciados. Considere o comportamento dos alunos durante a aula. Eles não apenas ouvem o instrutor e tomam notas, mas também se agitam, bocejam, mexem-se em suas carteiras e exibem muitos outros comportamentos. Quase todos esses comportamentos são emitidos no sentido de que não existe um estímulo cuja apresentação produzirá confiavelmente qualquer um deles em uma pessoa.

A pergunta científica para a qual Skinner buscou respostas experimentais era: o que controla a frequência dos comportamentos emitidos? Para respondê-la, Skinner desenvolveu a caixa operante, um ambiente muito simples no qual ele considerava que seria possível descobrir como o ambiente determina a frequência com a qual animais e pessoas produzem comportamentos emitidos.

A caixa operante

A caixa operante do Sniffy é parecida com aquela existente em laboratórios onde os psicólogos fazem pesquisa sobre condicionamento operante. Uma análise da caixa operante do Sniffy revela três objetos importantes na parede traseira: uma alavanca, denominada **barra**, que você treinará Sniffy para pressionar; um bico de água; e uma vasilha com alimento. Conforme ocorre em todas as situações de condicionamento operante, a barra encontra-se continuamente disponível para Sniffy pressionar. O dispensador de alimento é o dispositivo que você usará a fim de proporcionar uma consequência positiva, ou **reforço**, quando Sniffy fizer algo que você deseja que ele faça com mais frequência. Você pode programar a caixa operante para oferecer automaticamente pelotas de alimento quando o Sniffy pressionar a barra, ou você pode colocar pelotas manualmente acionando a barra de espaço no teclado de seu computador ou clicando no botão esquerdo de seu mouse enquanto aponta para a barra. Outros dispositivos na caixa operante do Sniffy permitem que você apresente outros tipos de estímulos. Esses dispositivos incluem um alto-falante pelo qual os sons podem ser apresentados, uma luz que pode ser ligada e desligada, e as barras metálicas paralelas que formam o piso por meio das quais os choques podem ser aplicados.

Nesse ambiente restrito, um rato real apresenta um subconjunto limitado de comportamentos típicos da espécie. Conforme ocorre com um rato real, você pode ter a expectativa de ver o Sniffy erguendo-se, cuidando de si e explorando a caixa. Você pode observar e registrar diversos comportamentos do Sniffy. No entanto, a resposta que os psicólogos geralmente estudam em uma caixa operante é a pressão na barra. Nos laboratórios de pesquisa, os psicólogos usam computadores para controlar a apresentação de alimentos e outros estímulos e para registrar as pressões na barra; o programa Sniffy Pro simula essas funções.

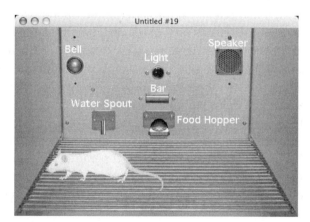

Reforço e punição

Skinner (1938) definiu **reforço** como um procedimento que torna um padrão de comportamento, ou **resposta**, mais provável de ser repetido sob circunstâncias similares no futuro. No condicionamento operante, o termo *reforço* refere-se ao procedimento de apresentar ou eliminar um estímulo (denominado um **reforçador**) como consequência de exibir uma resposta. Um **reforçador positivo** é um estímulo cuja apresentação como consequência de um comportamento faz com que esse comportamento ocorra mais frequentemente no futuro sob circunstâncias similares. O termo **reforço positivo** refere-se ao procedimento de apresentação de um reforçador positivo como consequência de um padrão de comportamento (Powell, Symbaluk e Honey, 2009). Você utilizará o alimento como um reforçador positivo a fim de treinar Sniffy para pressionar a barra ou fazer certas outras coisas específicas na caixa operante. Um **reforçador negativo** é um estímulo cuja eliminação ou término, como consequência de um comportamento, torna esse comportamento mais provável de acontecer em circunstâncias similares no futuro. A expressão **reforço negativo** refere-se ao procedimento de eliminação de um reforçador negativo como consequência de um comportamento (Powell, Symbaluk e Honey, 2009). Condições ambientais desconfortáveis (temperaturas extremas, chuva) são exemplos de reforçadores negativos – estímulos cuja eliminação pode reforçar comportamentos. Como se costuma dizer, a maioria das pessoas é suficientemente inteligente para aprender a evitar tomar chuva. Tanto o reforço positivo como negativo têm o efeito de aumentar a taxa (o número de vezes por minuto ou por hora) com a qual a resposta reforçada irá aparecer no futuro em circunstâncias similares.

Skinner (1953, 1971) criticou o fato de grande parte de nossa sociedade ser controlada pelo reforço negativo. Se tivermos um vizinho barulhento em um prédio de apartamentos, podemos bater na parede para fazer o barulho parar. O término do transtorno é um reforço negativo para bater na parede e aumentará a probabilidade de bater na parede novamente no futuro em circunstâncias similares. As crianças fazem lição de casa para evitar ser importunadas pelos pais, uma mulher visita sua mãe para escapar do comportamento abusivo de seu marido, um trabalhador aparece para trabalhar no horário a fim de evitar o desemprego. Skinner acreditava que essa enorme dependência do reforço negativo era um sinal de uma sociedade mal planejada. Ele escreveu diversos livros e artigos descrevendo como a sociedade poderia ser mais bem organizada considerando como base o conhecimento de princípios operantes e o uso extensivo do reforço positivo.

O condicionamento operante também define dois procedimentos para a punição de comportamentos. **Punição** é a imagem especular do reforço. Esse reforço faz os comportamentos se repetirem mais vezes, enquanto a punição faz com que os comportamentos ocorram menos vezes. Um **punidor positivo** é um estímulo cuja apresentação após a ocorrência de uma resposta faz essa resposta ocorrer com menos frequência no futuro. **Punição positiva** é o nome do procedimento envolvido na apresentação de um punidor positivo como consequência comportamental (Powell, Symbaluk e Honey, 2009). Se você bater em seu cachorrinho com um jornal dobrado quando ele fizer suas necessidades dentro de casa, você estará empregando a punição positiva. Um **punidor negativo** é um estímulo cuja eliminação após uma resposta faz com que esta ocorra com menos frequência no futuro. A **punição negativa** é o procedimento envolvido na eliminação de um punidor negativo para fazer um comportamento ocorrer menos vezes (Powell, Symbaluk e Honey, 2009). Se a sua filha não se comportar bem enquanto assiste a seu programa de televisão favorito e você a mandar ir para o quarto (impedindo, desse modo, o acesso ao programa de televisão), você estará utilizando a punição negativa.

Observe que os termos *negativo* e *positivo* possuem o mesmo significado quando aplicados à punição e quando aplicados ao reforço. Os reforçadores positivos e os punidores positivos exercem seus efeitos, respectivamente, no fortalecimento ou no enfraquecimento de comportamentos quando você *aplica* ou *apresenta* estímulos após um padrão de comportamento. Portanto, o termo *positivo,* nesse contexto, refere-se à apresentação ou aplicação de um estímulo. Os reforçadores negativos e os punidores negativos exercem seus respectivos efeitos quando os estímulos são *eliminados* ou *encerrados*. Assim, o termo *negativo*, nesse contexto, refere-se à eliminação de um estímulo. Lembre-se, contudo, de que o reforço positivo e o negativo fazem com que os comportamentos ocorram mais frequentemente; a punição positiva e a negativa fazem os comportamentos ocorrerem com menos frequência.

Um outro aspecto que se aplica a reforçadores e punidores diz respeito a se o poder de reforço ou de punição do estímulo é intrínseco ou aprendido (Chance, 2008; Domjan, 1998, 2003, 2010; Powell, Symbaluk e Honey, 2009). O alimento é um bom exemplo de um estímulo cujo poder de reforço é intrínseco; os animais não requerem um treinamento especial para que o alimento adquira a capacidade de atuar como um reforçador positivo. De modo similar, aplicar choques elétricos constitui um punidor positivo intrínseco, e encerrar o choque constitui um reforçador negativo intrínseco. Os estímulos cuja eficácia como reforçadores ou punidores não exige um treinamento especial são denominados **reforçadores primários** ou **punidores primários**. Outros estímulos que não possuem um poder intrínseco de reforço ou de punição podem adquirir a capacidade para atuar como reforçadores ou punidores caso sejam pareados com reforçadores ou punidores primários. O dinheiro é um bom exemplo de um estímulo cujo poder reforçador foi adquirido desse modo. Não existe nada intrinsecamente reforçador com relação ao dinheiro; trata-se apenas de pedaços de papel e discos metálicos. Mas as pessoas aprendem a tratar o dinheiro como um reforçador positivo poderoso por causa de seu pareamento a reforçadores primários como alimento e bebida. Os estímulos que adquirem poder reforçador ou punidor como resultado do pareamento com reforçadores ou punidores primários são denominados **reforçadores** ou **punidores secundários** (ou **condicionados**).

No condicionamento operante, os organismos aprendem que comportamentos específicos produzem consequências específicas em situações particulares. Em termos mais técnicos, muitos psicólogos acreditam que o condicionamento operante envolve a associação em três partes envolvendo a situação antecedente, a resposta e a consequência punitiva ou reforçadora (Domjan, 1998; Mazur, 1998; Schwartz e Reisberg, 1991; Tarpy, 1997). O efeito do reforço consiste em selecionar o comportamento reforçado à custa de outros comportamentos não reforçados. Em outras palavras, o efeito do reforço consiste em fazer o comportamento reforçado ocorrer com mais frequência; um efeito colateral do reforço é que muitos comportamentos não reforçados ocorrem menos vezes porque o animal ou a pessoa passa a apresentar o comportamento reforçado com tanta frequência a ponto de existir menos tempo disponível para fazer outras coisas. O efeito da punição é simplesmente o oposto daquele do reforço. A punição seleciona "contra" comportamento punido, fazendo com que ele ocorra menos frequentemente, e, como efeito colateral, fazendo outros comportamentos não punidos ocorrerem com mais frequência. O **repertório comportamental** de um animal é uma lista de todos os comportamentos que ele pode ter. O efeito do condicionamento operante consiste sempre em modificar as frequências relativas com as quais ocorrem os diferentes comportamentos que formam o repertório comportamental.

Skinner argumentou que a punição, em qualquer de suas formas, é indesejável por diversas razões. Além das considerações éticas, talvez a mais importante dessas razões é que a punição é uma ferramenta de treinamento menos eficaz do que o reforço porque a punição transmite menos informação. Quando você pune um animal ou uma criança por fazer algo, você está na realidade ensinando o animal ou a criança a não demonstrar um item específico de seu repertório comportamental na situação em que a punição ocorreu, porém a punição não proporciona informação a respeito de quais outros comportamentos são apropriados. O reforço é uma ferramenta de treinamento mais poderosa porque ensina especificamente ao organismo aquilo que ele deve fazer.

10

Fenômenos operantes básicos: treinamento para uso do alimentador, modelagem, extinção, recuperação espontânea e reforço secundário

Técnica do condicionamento operante

De modo idêntico a um rato real, Sniffy ocasionalmente pressionará a barra na caixa operante mesmo antes de você treiná-lo para agir desse modo. Portanto, quando condiciona Sniffy para pressionar a barra, você não o está ensinando a fazer algo que ele era incapaz de fazer anteriormente. O reforço simplesmente aumenta a frequência com a qual ocorre a pressão na barra. Para treinar Sniffy a pressionar a barra, você lhe dará uma pelota de alimento cada vez que a barra for pressionada. Portanto, estará empregando o reforço positivo para treinar Sniffy.

Levando em conta o que já dissemos até agora, você poderia pensar que tudo aquilo de que precisa para treinar Sniffy a pressionar a barra é preparar a caixa operante para que o alimentador libere o alimento cada vez que a barra for pressionada. Na realidade, se isso for tudo o que você fizer, no final Sniffy aprenderá a pressionar a barra, porém levará muito tempo para fazê-lo. A razão para essa lentidão ilustra um dos princípios mais básicos do condicionamento operante: o reforço, para ser eficaz, precisa ocorrer *imediatamente* após a resposta. Um reforço atrasado é muito menos eficaz. O problema do alimento como reforçador nessa situação é que, muito embora uma pelota de alimento caia no comedouro logo que Sniffy pressionar a barra, ele pode não exercer um efeito até Sniffy encontrá-lo, e Sniffy pode não localizar o alimento imediatamente. Quando for localizado, o alimento reforçará qualquer comportamento que Sniffy estivesse exibindo um pouco antes de localizá-lo, e é mais provável que o rato estivesse farejando em torno da vasilha do que pressionando a barra.

O alimento é um reforçador bastante eficaz que pode ser usado a fim de treinar animais para fazer muitas coisas, porém, muitas vezes, é difícil oferecer alimento com rapidez suficiente para reforçar eficazmente a resposta que o treinador quer reforçar. Para suplantar essa dificuldade, frequentemente os treinadores de animais transformam em um reforçador secundário um estímulo cuja ocorrência podem controlar precisamente, associando o estímulo com alimento. O treinador usa, então, o reforçador secundário para aumentar a frequência da resposta que ele deseja que o animal aprenda. Felizmente, o alimentador, em uma caixa operante, produz um som mecânico distinto quando solta uma pelota de alimento no comedouro, e é fácil transformar esse som, que não possui poder intrínseco como reforçador, em um reforçador secundário, ao combinar o som com a apresentação do alimento de um modo que leve Sniffy a associar o som com a apresentação do alimento. O procedimento que transforma o som do alimentador em um reforçador secundário é denominado **treinamento para uso do comedouro**.

▄▄▄ A janela da mente Operant Associations (Associações Operantes)

A janela da mente Operant Associations exibe a força de três associações que Sniffy aprenderá quando você treiná-lo a pressionar a barra. Para mostrar essa janela, clique no menu Windows e selecione Operant Associations no submenu Mind Windows. Em um Sniffy não treinado, a janela Operant Associations ficará parecida com a apresentada a seguir.

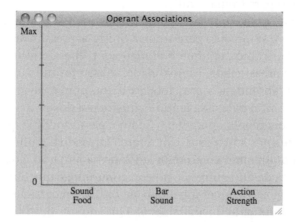

Associação som-alimento

A **associação som-alimento** é a associação entre o som do mecanismo que apresenta o alimento e o fato de uma pelota de alimento encontrar-se disponível no comedouro. Você ensinará essa associação a Sniffy durante o próximo exercício sobre treinamento para o uso do comedouro. A **associação barra-som** é a associação entre a barra e o som produzido pelo mecanismo alimentador. Quando Sniffy é treinado para pressionar a barra, ele aprende que a barra é o dispositivo cuja manipulação causa o som que sinaliza a presença de uma pelota de alimento no comedouro. **Força da ação** é a associação de Sniffy entre um padrão de comportamento específico e a obtenção de alimento. Uma associação forte som-alimento constitui um pré-requisito para treinar Sniffy a ter qualquer comportamento operante. O fortalecimento da ação também ocorrerá sempre que Sniffy for treinado para exibir qualquer comportamento condicionado operantemente.[1] No entanto, a associação barra-som ocorre somente quando Sniffy é treinado para pressionar a barra. A associação barra-som não ocorre quando Sniffy é treinado para fazer algo distinto de pressionar a barra porque nenhum dos outros comportamentos que Sniffy pode ser operantemente condicionado a exibir envolve fazer algo com a barra.

▬▬ O registro cumulativo

Quando você seleciona Cumulative Record (Registro Cumulativo): 1 no menu Windows de um novo arquivo Sniffy, aparece a janela a seguir.

Registros cumulativos fornecem informações sobre a sincronia de diferentes tipos de eventos que podem ocorrer durante experimentos de condicionamento operante. No registro cumulativo, os espaços entre as linhas verticais sólidas e pontilhadas representam períodos de 5 minutos de tempo de programa. Explicaremos detalhes sobre os recursos do registro cumulativo do programa Sniffy em exercícios futuros. Aqui, simplesmente observamos que o registro cumulativo é capaz de fornecer informações sobre quantas vezes ocorrem os seguintes tipos de eventos:

---

[1] No Capítulo 14, mostraremos como treinar Sniffy para exibir diversos outros comportamentos.

- Quantas vezes você reforça manualmente Sniffy dando a ele uma pelota de alimento.
- Quantas vezes Sniffy pressiona a barra ou desempenha algum outro comportamento que o programa definiu para ser registrado.
- Quantas vezes o programa reforça Sniffy automaticamente apresentando uma pelota de alimento depois que ele pressionou a barra ou desempenhou algum outro comportamento.

Exercício 22: treinamento para uso do alimentador

O treinamento para uso do alimentador é uma técnica que envolve utilizar um procedimento de condicionamento clássico para transformar um estímulo originalmente neutro em um *reforçador secundário*.[2] O processo de treinamento envolve uma interação entre você e Sniffy. O que você fizer depende daquilo que Sniffy faz, e as respostas futuras de Sniffy ao som do alimentador dependerão daquilo que você fizer. A ideia consiste em operar o alimentador a fim de apresentar pelotas de alimento de tal modo que Sniffy aprenda a associar o som do alimentador com a disponibilidade de alimento no comedouro. Uma das associações que a janela da mente Operant Associations mostra é a associação som-alimento. Ao se concentrar na janela Operant Associations, você pode observar Sniffy desenvolvendo uma associação entre o som do alimentador e o alimento.

Eis os passos que você precisa seguir para treinar Sniffy a usar o alimentador:

- Inicie com um novo arquivo Sniffy.
- Use o comando Save As no menu File para salvar o arquivo com um nome apropriado (por exemplo, Ex22-MagTrain) no local de seu disco rígido onde você mantém seus arquivos Sniffy.
- Mostre a janela da mente Operant Associations selecionando-a na seção Mind Windows do menu Windows.
- Exiba a janela da mente Operant Associations (Associações Operantes) selecionando-a na seção Mind Windows (Janelas da mente) do menu Windows.
- A mensagem apresentada em inglês na janela Lab Assistant é a seguinte: "Para realizar um experimento, escolha Design Classical Conditioning Experiment ou Design Operant Conditioning

---

[2] O conceito de reforço secundário foi definido e discutido no Capítulo 9.

Experiment no menu Experiments. Sniffy não está sendo reforçado automaticamente. Se você deseja apresentar um reforço, pressione a barra de espaço ou clique na barra". A última sentença da mensagem do Lab Assistant é a instrução relevante para esse experimento.

- **Espere até Sniffy aproximar-se bem do comedouro. Apresente então uma pelota de alimento *pressionando a barra de espaço no teclado de seu computador* ou *apontando o cursor na barra e clicando o botão (esquerdo) de seu mouse.***
- Para economizar tempo no início, você pode oferecer a Sniffy várias pelotas de alimento em sucessão rápida antes de ele se afastar do comedouro.
- Observe que, cada vez que você dá uma pelota de alimento para Sniffy, aparece uma pequena linha vertical no Cumulative Record (Registro Cumulativo).
- Após Sniffy ter recebido diversas pelotas de alimento, você pode deixar que ele se locomova a uma distância curta antes de lhe dar a próxima pelota.
- Mantenha-se atento à janela da mente Operant Associations. Quando a altura da barra Sound-Food atingir cerca de 1/4 da altura da escala, a mensagem na janela Lab Assistant passará a ser a seguinte: "Sniffy está adquirindo uma associação entre o som do comedouro e a apresentação do alimento. No entanto, essa associação não é suficientemente intensa para treinar Sniffy adequadamente. Continue a apresentar alimento quando Sniffy estiver perto do comedouro". Siga a indicação do Lab Assistant. Continue a reforçar Sniffy quando ele estiver perto da vasilha.
- **Como você vai querer ser capaz de usar esse arquivo como base para treinar Sniffy a apresentar diversos comportamentos diferentes, durante o treinamento para uso do alimentador não ofereça constantemente a Sniffy uma pelota de alimento após ele demonstrar qualquer comportamento ou categoria de comportamento específico.**
- Quando a altura da barra Sound-Food na janela da mente Operant Associations alcançar cerca de 3/4 da altura da escala, o Lab Assistant indicará a seguinte mensagem: "Sniffy parece ter adquirido uma associação entre o som da vasilha e o alimento. Você pode utilizar agora o som como reforçador para modelar o comportamento de Sniffy".
- O treinamento para Sniffy usar o alimentador está completo.
- Salve o arquivo.

Exercício 23: modelando Sniffy para pressionar a barra

Após o treinamento para uso do alimentador, se a caixa operante estiver programada para depositar uma pelota de alimento no comedouro toda vez que Sniffy pressionar a barra, as pressões espontâneas e ocasionais de Sniffy na barra serão efetivamente reforçadas e Sniffy aprenderá sozinho a pressionar a barra se você simplesmente deixá-lo agir sozinho. Além disso, ele fará isso muito mais rapidamente do que seria o caso sem treinamento para uso do alimentador. No entanto, se você prestar atenção e tiver um bom senso de oportunidade, pode acelerar esse processo de aprendizagem usando uma técnica denominada **modelagem**.

Modelagem é o nome técnico para um procedimento usado a fim de treinar um animal para fazer algo reforçando aproximações sucessivas do **comportamento-alvo**. Nesse procedimento, o treinador (instrutor) conduz o participante (aprendiz) a progredir por meio de pequenos passos. O reforço é apresentado para que haja progresso e, então, suspenso até que ocorra mais progresso.

Para fazer a modelagem de modo bem-sucedido, você precisa ser um observador cuidadoso e paciente. A modelagem funciona porque o comportamento varia. A ideia consiste em escolher um comportamento que o animal apresenta com frequência razoável e que de algum modo seja similar ao comportamento que você deseja que ele tenha no final. Reforçar essa primeira aproximação do comportamento fará com que Sniffy demonstre esse comportamento mais frequentemente. Em razão de o comportamento de Sniffy ser composto por movimentos que ocorrem com probabilidades diferentes, você observará algumas variações diferentes. Finalmente, Sniffy exibirá uma variante do comportamento que se parece mais de perto com o comportamento-alvo. Essa variação torna-se, então, sua segunda aproximação e você faz com que Sniffy repita a variação para obter reforço. À medida que a segunda aproximação ocorrer mais frequentemente, no final Sniffy demonstrará uma outra variação que se parecerá ainda mais com o comportamento-alvo e assim por diante.

Modelar um animal requer paciência, observação cuidadosa e um bom senso de oportunidade. Trata-se de uma aptidão que você aprende com a prática. Sniffy é mais fácil de modelar que um rato real, em parte porque ele nunca fica saciado pela comida e em parte porque seu repertório comportamental é menor do que aquele de um rato real. Ainda assim, modelar Sniffy é suficientemente desafiador para você ter alguma ideia das frustrações e da sensação de triunfo final que a modelagem de um animal proporciona.

No programa Sniffy Pro, a pressão na barra é parte de uma **classe de resposta** (um grupo de movimentos similares) na qual Sniffy levanta suas patas dianteiras do piso enquanto se posiciona perante a parede de trás da caixa. Programamos Sniffy desse modo porque, com o intuito de pressionar a barra, ele precisa se dirigir inicialmente à barra e então se levantar na frente dela. Portanto, como sua primeira aproximação para o ato de pressionar a barra, tente reforçar Sniffy para levantar-se todas as vezes que estiver defronte à parede de trás da caixa na qual a barra e o comedouro de alimento estão instalados. Após o ato de levantar ter-se tornado mais frequente, faça com que Sniffy se levante com suas patas apoiando-se na parede de trás. Se a sua paciência, aptidão para observação e senso de oportunidade forem bons, você fará com que Sniffy pressione a barra mais frequentemente em menos de 30 minutos. Se você tiver muita habilidade, pode modelar Sniffy em menos de 15 minutos. No entanto, se não se concentrar ou não tiver um bom senso de oportunidade, obterá melhores resultados permitindo que Sniffy aprenda sozinho a pressionar a barra após o treinamento para uso do alimentador.[3]

A modelagem é uma tarefa que requer muita atenção e você deve concentrar-se apenas no comportamento de Sniffy enquanto estiver modelando. Entretanto, após Sniffy ter pressionado a barra 4 ou 5 vezes em um minuto, você pode interromper a modelagem e observar o efeito progressivo de reforço à medida que Sniffy pressionar a barra com uma frequência cada vez maior. Nesse ponto, você deve principiar a olhar a janela da mente Operant Associations a fim de observar a ocorrência da associação barra-som e da força da ação. A associação barra-som informa a Sniffy que a barra é o dispositivo que ele usa para produzir o som que sinaliza a disponibilidade de uma pelota de alimento. A força da ação é o grau em que Sniffy aprende que pressionar é aquilo que ele faz com a barra para obter o som que sinaliza a disponibilidade de uma pelota de alimento.

Eis a descrição detalhada dos passos que você deve seguir para fazer com que Sniffy pressione a barra.

♦ Abra o arquivo do Exercício 22 que sugerimos fosse denominado Ex22-MagTrain.
♦ Selecione o comando Save As no menu File para dar ao arquivo um novo nome apropriado (por exemplo, Ex23-ShapeBP) e salve-o na pasta Sniffy Files no disco rígido de seu computador. *Salvar o arquivo com um novo nome antes de você iniciar a modelagem de Sniffy preserva para uso futuro seu arquivo original de treinamento*

---

[3] Os psicólogos que estudam o condicionamento operante em ratos vivos realizam a modelagem de várias maneiras. Algumas pessoas iniciam o processo de modelagem reforçando o rato sempre que ele se dirige à barra. Outras iniciam reforçando o rato sempre que ele se volta para a barra. Alguns desses métodos alternativos também dão certo com Sniffy.

para uso do alimentador. Você precisará dele para alguns exercícios subsequentes.

♦ Se a janela da mente Operant Associations ainda não se encontrar visível, mostre-a na tela selecionando-a na seção Mind Windows do menu Windows.

♦ Se o Cumulative Record 1 não estiver visível, torne-o visível selecionando-o na seção Cumulative Record do menu Windows.

♦ Selecione o comando Design Operant Conditioning Experiment no menu Experiment.

♦ Na caixa de diálogo que aparece, selecione Press Bar na seção Shaping Behavior do menu sob Recorded Behavior. Após fazer a seleção, clique em Apply.

♦ Clique no botão Close (Fechar) para descartar a caixa de diálogo.

♦ Observe que os termos CRF e Bar Pressing aparecem no registro cumulativo. CRF significa reforço contínuo, indicando que o programa reforçará automaticamente toda pressão na barra. A notação Bar Press indica que o registro cumulativo está registrando as pressões na barra.

♦ Como sua primeira aproximação para a pressão na barra, dê a Sniffy uma pelota de alimento quando ele se levantar de frente para a parede de trás em qualquer lugar da caixa operante.

♦ Exija gradualmente que Sniffy levante-se cada vez mais próximo da parede.

♦ Sempre que Sniffy se levantar diretamente na frente da barra, existe uma possibilidade de que ele possa pressioná-la. Caso efetivamente a pressione, ouvirá o som do alimentador, receberá uma pelota de alimento e a associação barra-som começará a se formar. Após diversas pressões na barra com reforço, aparecerá uma coluna vermelha acima das palavras "Bar-Sound" e "Action Strength" na janela da mente Operant Associations.

♦ Quando a coluna acima de Bar-Sound na janela Operant Associations alcançar cerca de 1/4 da altura máxima, a mensagem na janela Lab Assistant mudará para "Sniffy está desenvolvendo uma associação entre a barra e o som. Continue e logo Sniffy deverá estar treinado".

♦ Cada vez que Sniffy pressionar a barra, observe cuidadosamente aquilo que ele faz após ingerir a pelota de alimento. Ele pode pressionar a barra uma segunda vez imediatamente ou após se levantar perto da barra 1 ou 2 vezes. Se ele pressionar a barra novamente, você sabe que está avançando. Permita-lhe continuar pressionando a barra enquanto ele tiver esse comportamento. No entanto, se ele se levantar mais de 2 vezes sem pressionar a barra novamente, continue a reforçar o comportamento de se levantar.

- Se você for paciente, chegará a ocasião em que Sniffy pressionará a barra de 8 a 10 vezes em sucessão rápida. Nesse ponto, você pode interromper a modelagem, esperar e observar o efeito progressivo do reforço enquanto Sniffy continua a pressionar a barra com frequência cada vez maior.
- Observe os níveis crescentes das colunas Bar-Sound e Action Strength na janela da mente Operant Associations. O treinamento de Sniffy estará completo quando a mensagem transmitida pelo Lab Assistant mudar para "Sniffy parece estar treinado adequadamente. Você pode realizar experimentos com diferentes efeitos de programação".
- Quando Sniffy estiver plenamente treinado, selecione o comando Save no menu File a fim de preservar seu Sniffy treinado para uso futuro.

Após 30 a 45 minutos de tentativas para modelar Sniffy de acordo com essas instruções, Sniffy deverá pressionar a barra *pelo menos* 20 vezes durante cada intervalo de 5 minutos indicado pelas linhas verticais contínuas e pontilhadas alternadas no registro cumulativo. Se sua tentativa de modelagem não conduzir ao resultado mínimo, algo está errado.

Uma possibilidade é que Sniffy não tenha sido treinado apropriadamente para usar o alimentador. Observe a janela da mente Operant Associations. O nível da coluna Sound-Food deve corresponder a *mais de* 3/4 da altura da escala. Se esse não for o caso, volte e repita o Exercício 22 para criar um Sniffy treinado apropriadamente para uso do alimentador ou utilize o arquivo intitulado MagTrain na pasta Sample Files.

Uma segunda possibilidade é que você pode não estar reforçando as ocasiões em que Sniffy se levanta em direção à parede de trás conforme anteriormente descrito ou não estar reforçando esses comportamentos com a rapidez necessária.

Para os usuários que encontram dificuldade com a modelagem, proporcionamos uma seção no menu Reinforcement Action na caixa de diálogo Design Operant Conditioning Experiment denominada **Shaping Tutor (Tutorial para Modelagem)**. Se você tiver problema para reforçar o comportamento de Sniffy de levantar as patas:

- Escolha o comando Design Operant Conditioning Experiment no menu Experiment.
- Escolha Rear-Back e clique no botão Apply na subseção Shaping Tutor do menu Recorded Behavior.
- O programa Sniffy Pro reforçará agora automaticamente todos os comportamentos de levantar-se de frente para a parede de trás, incluindo todas as pressões na barra. Observe que ações o programa reforça automaticamente.
- Quando você considerar estar preparado para reforçar de modo efetivo esses comportamentos manualmente, reabra a caixa de diálogo Design Operant Conditioning Experiment, escolha Bar Press na seção Shaping Behavior do menu Recorded Behavior e clique no botão Apply.
- Se você não for capaz de reforçar Sniffy de modo efetivo manualmente, observe o que está ocorrendo à medida que o programa reforça automaticamente o rato levantando-se de frente para a parede de trás. Após Sniffy pressionar a barra 8 a 10 vezes em um período de 1 a 2 minutos, reabra a caixa de diálogo Design Operant Conditioning Experiment e escolha Bar Press na seção Target Behavior do menu Reinforcement Action. O programa completará automaticamente o treinamento de Sniffy.
- Quando o treinamento de Sniffy estiver completo, o Lab Assistant indicará que "Sniffy parece estar treinado adequadamente. Você pode experimentar com diferentes efeitos de programação. Configure a barra para ativar o dispensador de comida". Salve o arquivo.

Exercício 24: registros cumulativos – visualização das respostas de Sniffy

Neste exercício, você aprenderá como interpretar os **registros cumulativos**, o meio para registrar e mostrar o comportamento de um rato pressionando a barra que B. F. Skinner (1930) inventou. Embora não exista algo específico para você fazer com Sniffy, neste exercício, sugerimos que você leia os parágrafos a seguir enquanto permanece sentado de frente para seu computador com o programa executando para que possa observar de tempos em tempos o registro cumulativo de Sniffy a fim de verificar as várias características que iremos descrever.

- Se o programa Sniffy Pro não estiver sendo executado, inicie-o.
- Use o comando Open no menu File para abrir o arquivo que sugerimos você denominasse Ex23-ShapeBP no Exercício 23.
- Se o último registro cumulativo não estiver visível, mostre-o selecionando-o no submenu Cumulative Responses do menu Windows.
- Observe que, à medida que o tempo decorre, a parte visível do registro cumulativo passa automaticamente a ser o conteúdo mais recente para acompanhar o comportamento atual de Sniffy. Se você desejar observar algo que ocorreu anteriormente, pode usar a barra de rolagem na parte inferior da janela para verificar as informações à esquerda. Se você quiser impedir que o registro cumulativo se mova, escolha o comando Pause (Pausar) no menu Experiment.

Como sabemos que um rato aprendeu algo como resultado do treinamento na caixa operante? Com Sniffy, você pode observar o processo de aprendizagem diretamente na janela da mente Operant Associations. No entanto, ao lidar com animais reais cujos processos psicológicos são invisíveis, os psicólogos tratam a aprendizagem como um processo cuja operação precisam inferir somente com base nas mudanças de comportamento.

Pelo fato de a pressão na barra se tornar mais frequente como resultado do treinamento, Skinner optou por avaliar a aprendizagem na caixa operante como um aumento na frequência com que a barra é pressionada. Ele inventou o **registro cumulativo** para fazer as medições necessárias. O registro cumulativo de Skinner era um dispositivo mecânico que acionava uma longa bobina de papel a uma velocidade constante debaixo de um marcador que se apoiava no papel em movimento. No início, o marcador era posicionado na parte inferior do registro; caso o rato não pressionasse a barra, o marcador simplesmente traçaria uma linha horizontal longa e contínua. Mas, cada vez que o rato pressionasse a barra, o marcador faria um sinal na direção da parte superior do papel. Quando o rato estivesse pressionando a barra, o registro resultante era uma linha inclinada que ia do limiar inferior para o topo do registro. Quanto mais rapidamente o rato respondia, mais elevada a inclinação da linha. Em outras palavras, o registrador cumulativo de Skinner traçava um registro no qual a inclinação da linha era diretamente proporcional à frequência com que a barra era pressionada.

A bobina de papel que Skinner usou em seu registro cumulativo não era muito longa. Após registrar um certo número de respostas, a linha inclinada atingiria o limiar superior do papel. Quando isso acontecesse, o marcador se posicionaria muito rapidamente no limiar inferior do papel, fazendo com

que fosse traçada uma linha vertical de cima para baixo. Esse padrão de uma linha inclinada que se dirige à parte superior do papel seguida por uma linha reta perfeita direcionada à parte inferior do papel proporciona ao registro cumulativo a aparência de picos de montanhas ou de ondas.

Atualmente, os registros cumulativos mecânicos do tipo que Skinner inventou são obsoletos. Os cientistas que estudam o condicionamento operante usam computadores para traçar registros cumulativos do número de pressões na barra de um modo similar a como o programa Sniffy Pro os produz. Descrevemos a operação do dispositivo mecânico original de Skinner porque consideramos que sua operação é mais fácil de compreender do que a de um programa de computador que simule o dispositivo.

Há diversos aspectos importantes a serem lembrados a respeito dos registros cumulativos que o programa Sniffy Pro gera e a respeito de registros cumulativos em geral:

♦ A inclinação das linhas ascendentes no gráfico representa a velocidade com a qual Sniffy está respondendo. Quanto maior a inclinação, mais rapidamente Sniffy estava pressionando quando o registro foi feito. Se Sniffy estiver pressionando a barra lentamente, a linha inclinada levará muito tempo para alcançar a parte superior do papel, a partir de onde o marcador se orienta para a parte inferior. Isso resultará em um registro parecido com ondas suaves e ondulantes. Se Sniffy estiver pressionando com rapidez, a linha inclinada alcançará a parte superior com mais rapidez, o marcador assumirá a posição original com maior frequência, e o registro resultante ficará parecido com um número de ondas maior e mais inclinadas.

♦ Respostas reforçadas são marcadas por linhas curtas e oblíquas traçadas durante todo o registro.

♦ Caso você permita que ele execute por um tempo suficiente, o programa Sniffy Pro produzirá uma série de 10 janelas Cumulative Record. As janelas Cumulative Record, denominadas Cumulative Record 1, Cumulative Record 2 e assim por diante, podem ser acessadas na seção Cumulative Records do menu Windows.

♦ Cada janela Cumulative Record mostra o desempenho de Sniffy quando estiver pressionando a barra durante 2 horas do tempo de programa do Sniffy Pro. *Tempo de programa e tempo cronológico não são o mesmo conceito.* A relação entre tempo de programa e tempo cronológico depende da velocidade de seu computador e da configuração da velocidade de animação. Você pode ajustar a velocidade de animação na caixa de diálogo que aparece quando você executa o comando Preferences no menu File no Windows ou no menu Sniffy no Mac OS X. Quando a velocidade de animação tiver sido ajustada de modo que Sniffy esteja se movimentando a um ritmo que pareça realista, o tempo do programa e o tempo cronológico devem ser aproximadamente idênticos.

♦ O fato de existir um máximo de 10 janelas Cumulative Record significa que nenhum experimento com Sniffy pode levar mais de 20 horas em termos de tempo de programa. Após esse limite de tempo de programa ter sido atingido, você pode examinar e salvar seus resultados, mas não pode agregar nenhum bloco adicional àquele arquivo Sniffy específico.

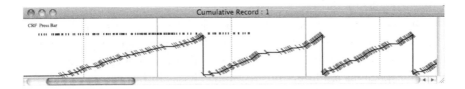

O registro cumulativo ilustrado aqui mostra a aquisição do comportamento de pressionar a barra como consequência da modelagem em um experimento "típico". Não existem dois registros cumulativos que sejam exatamente iguais porque Sniffy nunca se comporta exatamente da mesma maneira em dois experimentos. No entanto, caso você fosse um modelador bem-sucedido, a parte de seu registro cumulativo do Exercício 23 que registra a aquisição por Sniffy da resposta de pressionar a barra deveria ficar parecida com a mostrada. Eis alguns aspectos característicos a respeito do registro ilustrado pela figura anterior que você pode ter expectativas de ver em seu próprio registro cumulativo:

♦ A notação CRF Bar Press denota o momento no qual o programa foi configurado para reforçar pressões à barra. CRF quer dizer "reforço contínuo", o que significa que o programa reforça cada pressão à barra.

♦ As linhas verticais curtas próximas do topo do registro denotam quantas vezes o experimentador reforçou Sniffy manualmente.

♦ As partes horizontais da linha mostram os períodos em que Sniffy não estava pressionando a barra.

♦ Sniffy começa a pressionar a barra inicialmente de modo lento e intermitente e depois cada vez mais frequente e estavelmente.

♦ Observe que a inclinação do registro cumulativo aumenta um tanto rapidamente de início e depois de um modo mais lento. Um aumento similar do número de vezes em que a barra é pressionada deveria ficar visível em seu registro. Entretanto, sua relação com o reposicionamento do marcador provavelmente será diferente.

Eis duas características importantes específicas dos registros cumulativos que o programa Sniffy Pro gera:

♦ A "altura" do registro cumulativo de Sniffy é sempre de 75 respostas. Existem sempre 75 respostas entre dois reposicionamentos consecutivos do marcador. Quando o marcador se reposiciona pela primeira vez, Sniffy exibe 75 respostas. Quando se reposicionar pela segunda vez, Sniffy terá exibido 150 respostas e assim por diante. Ter esse conhecimento ajudará posteriormente quando você precisar calcular o número de respostas de Sniffy.

♦ Além das linhas verticais escuras que o registro cumulativo produz quando o marcador se reposiciona da parte superior do registro para a inferior, existem linhas verticais, mais finas, pontilhadas e contínuas que se alternam, espaçadas em intervalos regulares. Essas linhas verticais mais finas marcam 5 minutos de tempo. O tempo entre uma linha vertical fina e a próxima (entre uma linha contínua e a próxima linha pontilhada ou uma linha pontilhada e a próxima linha contínua) é de 5 minutos no tempo do programa Sniffy Pro; o tempo entre duas linhas contínuas sucessivas ou duas linhas verticais pontilhadas sucessivas é de 10 minutos em tempo de programa.

▬▬ Exercício 25: extinção

Após treinar Sniffy para pressionar a barra, você poderia indagar o que aconteceria se parasse de reforçar a pressão na barra. Essa parece uma questão simples, porém reflete uma parte da complexidade da vida em um mundo no qual as fontes de alimento existem e desaparecem. Os animais precisam ser flexíveis. Precisam ser capazes de aprender o que fazer para obter todo o alimento que esteja disponível no momento e ser capazes de parar de fazer aquilo que não produz mais alimento. **Extinção** é o nome técnico para as mudanças de comportamento que ocorrem quando um comportamento previamente reforçado deixa de produzir reforço.

Eis o que você precisa fazer para planejar e realizar um experimento de extinção:

♦ Se o programa Sniffy Pro não estiver sendo executado, inicie-o.
♦ Use o comando Open no menu File para abrir o arquivo contendo seu Sniffy treinado no Exercício 23.

Fenômenos operantes básicos: treinamento para uso do alimentador... 161

♦ Use o comando Save As para salvar o arquivo com um novo nome apropriado (por exemplo, Ex25-Ext, para "extinção") na pasta onde você salva os arquivos Sniffy no disco rígido de seu computador. *Esse passo é importante porque preserva seu arquivo original do Sniffy treinado para uso futuro.* Você precisará de seu arquivo do Sniffy treinado para o próximo exercício e para outros.

♦ Escolha o comando Design Operant Conditioning Experiment no menu Experiment. Executar esse comando abre a seguinte caixa de diálogo:

♦ Quando a caixa de diálogo abrir, o botão denominado Continuous e a ação de reforço Bar Press são selecionados porque você tem reforçado todas as respostas (pressões na barra) de Sniffy. O reforço de toda resposta é um procedimento denominado **reforço contínuo**.

♦ Para selecionar a extinção, aponte o cursor no botão denominado Extinction e clique seu botão (esquerdo) do mouse.

♦ Assegure-se de que haja uma marca de verificação (✓) na caixa ao lado de Mute Pellet Dispenser. (Se o sinal de verificação não estiver presente, posicione o cursor na caixa e clique o botão (esquerdo) de seu mouse para colocar uma marca de verificação.) Configurar a extinção selecionando Mute Pellet Dispenser significa que as pressões na barra feitas por Sniffy não produzem mais pelotas de alimento e que ele deixará de ouvir o som do alimentador como consequência de pressionar a barra. Em outras palavras, o reforçador primário (alimento) e o reforçador secundário (o som do alimentador) deixam de ocorrer. Esse é o procedimento-padrão de extinção.

- Após verificar para assegurar-se de que você fez as configurações corretas, clique no botão Apply. O programa continua rodando, porém as pressões na barra de Sniffy não serão mais reforçadas.
- Se você deseja acelerar o experimento, selecione o comando Isolate Sniffy (Accelerate Time) no menu Experiment.

Imediatamente após você clicar OK, seu registro cumulativo ficará parecido com o que mostramos a seguir. Observe que o programa Sniffy Pro faz com que o registro cumulativo mostre o ponto no qual a extinção inicia e lhe informa que o som do alimentador está inativo.

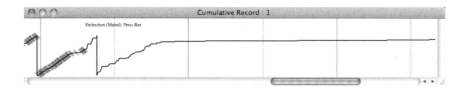

Como consequência da interrupção do reforço, o número de vezes que Sniffy pressiona a barra diminuirá no final até ele não pressionar a barra com mais frequência do que fazia antes de ser treinado. No entanto, o primeiro efeito da extinção consiste em um *aumento* do número de vezes que Sniffy pressiona a barra. Esse aumento do número de vezes é denominado um **jorro de respostas da extinção** e ocorre comumente quando um animal passa da condição de reforço contínuo para a de extinção.

Seu critério de extinção é um período de 5 minutos durante o qual Sniffy pressiona a barra no máximo 2 vezes. Quando se atinge esse ponto:

- Assinale o registro cumulativo executando o comando Mark Record no menu Experiment.
- Salve seu arquivo de extinção selecionando o comando Save no menu File.

Quando o critério de extinção for alcançado, você deve estimar o número de respostas que Sniffy deu entre o início da extinção e o instante em que o critério foi alcançado. Você também deve estimar o tempo exigido para alcançar o critério de extinção.

Ao estimar o número de respostas e o tempo decorrido durante a extinção, lembre-se de que:

♦ As linhas verticais finas pontilhadas e contínuas que se alternam no registro cumulativo delimitam períodos de 5 minutos do tempo de programa.
♦ Sniffy sempre dá 75 respostas entre dois posicionamentos sucessivos do marcador.

Determinar quantas respostas Sniffy deu durante a extinção e a duração exigida pela extinção normalmente requererá que você estime frações dos traçados verticais do marcador relativos às 75 respostas e frações dos intervalos de tempo de 5 minutos. Você pode escolher fazer medições precisas ou realizar estimativas puramente visuais.

Se você deseja fazer medições precisas, deve imprimir seu registro cumulativo e fazer as medidas apropriadas com uma régua. Para imprimir seu registro cumulativo:

♦ Selecione a janela Cumulative Record apontando o cursor nela e clicando uma vez seu botão esquerdo do mouse.
♦ Selecione o comando Print no menu File.

Para realizar uma estimativa visual, observe o registro cumulativo e estime o movimento apropriado horizontal (tempo) e o vertical (resposta) como proporção de intervalos de 5 minutos e de traçados verticais correspondentes às 75 respostas. Por exemplo, observe mais uma vez o registro cumulativo exibido anteriormente que mostra o ponto no qual ocorreu a mudança de reforço contínuo para extinção. A mudança aconteceu no decorrer de um intervalo de 5 minutos entre duas linhas verticais e acima da parte inferior do registro cumulativo.

♦ Com relação ao tempo, a mudança ocorreu em cerca de 2/3 do percurso ao longo do intervalo de 5 minutos. Dois terços de 5 é 3,35. Então, nossa estimativa é que a mudança ocorreu decorridos 3 minutos e 20 segundos do intervalo de 5 minutos, de tal modo que restou 1 minuto e 40 segundos antes de o registro cumulativo ter alcançado o marcador de tempo.
♦ No que se relaciona ao número de respostas que Sniffy deu após o marcador de tempo anterior e antes da mudança para extinção, parece que o registro cumulativo avançou cerca de 3/4 do percurso a partir do início. Sabemos que existem 75 respostas entre os reposicionamentos do

marcador, significando que Sniffy teve 18 a 20 respostas ainda a dar antes de o marcador se reposicionar novamente.

Dois aspectos a respeito do experimento de extinção padrão justificam algumas explicações. Um deles é o *jorro de respostas da extinção* – o aumento do número de respostas que ocorre imediatamente após Sniffy (ou um rato real) passar do reforço contínuo para a extinção. Com animais reais, o conceito de *frustração* é evocado algumas vezes como explicação. Um animal que tenha se acostumado ao reforço contínuo espera ser reforçado a cada resposta. Quando o reforço esperado deixa de ocorrer, resulta a frustração, um estado emocional hipotético. Essa emoção supostamente energiza o animal para que tenha o jorro de respostas.

Com Sniffy, a explicação é muito mais simples. Sniffy não manifesta frustração. Temos esse conhecimento por não havermos incluído a frustração no programa Sniffy Pro. Quando Sniffy está sendo mantido em reforço contínuo, ele ouve o som do alimentador após cada pressão na barra e se afasta da barra para ingerir a pelota de alimento cuja disponibilidade é indicada pelo som do alimentador. Quando Sniffy passa à condição de extinção usual, não ocorre mais o som do alimentador. Sem o som do alimentador para "avisá-lo" a deixar a barra, Sniffy pode fazer várias coisas. *Pode* afastar-se da barra e farejar o comedouro. Também *pode* afastar-se da barra e fazer algo como cuidar de si ou andar pela caixa operante. No entanto, nos primeiros blocos da extinção, a resposta de pressionar a barra ainda é muito forte. Portanto, aquilo que Sniffy tem mais probabilidade de fazer é permanecer sobre a barra e continuar a pressioná-la repetidamente. Como Sniffy pode pressionar a barra com mais rapidez caso não se desloque para examinar o comedouro após cada pressão na barra, seu número de respostas aumenta.

Um segundo aspecto a ser notado a respeito do procedimento de extinção usual é que a janela da mente Operant Associations mostra que a extinção resulta da eliminação da associação barra-som e da intensidade da ação. Mas a associação som-alimento permanece intacta. A associação barra-som e a força da ação desaparecem porque as pressões na barra deixam de produzir o som. A associação som-alimento permanece intacta porque Sniffy nunca ouve o som sem receber uma pelota de alimento.

▬▬ Exercício 26: reforço secundário

Você realizou duas ações para que Sniffy pressionasse inicialmente a barra. Durante o treinamento para uso do alimentador, você transformou o som do alimentador em um reforçador secundário ao pareá-lo ao alimento. Depois, durante a modelagem, você fortaleceu uma associação entre a barra e o som. Finalmente, durante a extinção-padrão, você desligou o som e deixou de oferecer o alimento. Neste exercício, você demonstrará o poder de reforço do som do alimentador mantendo-o ligado durante a extinção. Em outras palavras, você preparará um experimento de extinção no qual Sniffy não recebe mais alimento quando pressiona a barra. Entretanto, as pressões na barra continuarão a produzir o som do alimentador (como se o alimentador continuasse a operar quando não contivesse pelotas de alimento). Ouvir o som do alimentador como consequência das pressões na barra durante a extinção terá dois efeitos. Primeiro, apresentar o som após cada pressão na barra durante a extinção continuará a reforçar durante um certo tempo as pressões na barra, tendo como resultado a diminuição do ritmo do processo de extinção. Segundo, em virtude de o som ocorrer mas não haver liberações de pelotas de alimento, a associação som-alimento irá extinguir-se no final.

Siga estes passos para realizar o experimento:

- Se o programa Sniffy Pro não estiver sendo executado, inicie-o.
- Use o comando Open no menu File para abrir o arquivo contendo o Sniffy que você treinou para pressionar a barra em reforço contínuo no Exercício 23. (Esse é o arquivo denominado Ex23-ShapeBP caso você tenha aceitado nossa sugestão de um nome para o arquivo.)
- Use o comando Save As para salvar o arquivo com um novo nome apropriado (por exemplo, Ex26-SecRef) na pasta Sniffy Files no disco rígido de seu computador. *Esse passo é importante porque preserva seu arquivo original com Sniffy treinado para uso futuro.* Você precisará de seu Sniffy treinado para exercícios futuros.
- Escolha o comando Design Operant Conditioning Experiment no menu Experiment.
- Quando a caixa de diálogo abrir, aponte o cursor no botão denominado Extinction e clique no botão (esquerdo) do seu mouse para selecionar essa opção.
- Aponte então o cursor para a caixa ao lado de Mute Pellet Dispenser e clique nele para eliminar essa opção. Configurar a extinção com o Mute Pellet Dispenser desligado significa que as pressões na barra feitas por Sniffy deixarão de produzir pelotas de alimento, porém ele continuará a ouvir o som do alimentador como consequência da pressão na barra. O reforçador primário (alimento) deixa de existir, mas o reforçador secundário (o som do alimentador) permanece ativo.

- Após se assegurar de que você fez as configurações corretas, clique no botão Apply.
- Clique no botão Close (Fechar) para descartar a caixa de diálogo.
- Se você deseja acelerar o experimento, selecione o comando Isolate Sniffy (Accelerate Time) no menu Experiment.

Imediatamente após clicar OK, seu registro cumulativo ficará parecido com o mostrado a seguir. Observe que o programa Sniffy Pro sinaliza o registro cumulativo para mostrar o ponto no qual a extinção inicia e lhe informa que o alimentador não está silencioso.

Em virtude de Sniffy ouvir o som do alimentador após cada pressão na barra, deixamos de ver o *jorro de respostas da extinção*, o aumento inicial do número de pressões na barra, que vimos durante a extinção-padrão sem o som do alimentador. Cada vez que ouve o som do alimentador, Sniffy se afasta da barra e fareja o comedouro.

Seu critério de extinção é um período de 5 minutos durante o qual Sniffy pressiona a barra no máximo 2 vezes. Quando esse ponto ocorrer:

- Salve seu arquivo de reforço secundário.

Quando o critério de extinção for atingido, você deve estimar o número de respostas que Sniffy deu entre o início da extinção e o momento em que o critério foi atingido e o tempo necessário para atingir o critério de extinção.

Compare a extinção de Sniffy com o som do alimentador ligado com a extinção que você observou no exercício anterior. Essa comparação revelará que Sniffy dá mais respostas e que o processo de extinção leva mais tempo quando o som do alimentador permanece ligado do que quando está silencioso. A diferença é causada pelo poder do reforço secundário inicial do som do alimentador quando ele ocorre durante a extinção.

Finalmente, observe que, após a extinção com o som do alimentador ligado, a associação som-alimento extinguiu-se, o que não ocorreu com a associação barra-som. A associação som-alimento termina porque o som ocorre, porém não são apresentadas pelotas de alimento. A associação barra-som permanece intacta porque Sniffy continua a ouvir o som após cada pressão na barra.

Exercício 27: recuperação espontânea

Uma única sessão de extinção não é suficiente para reduzir permanentemente a frequência de uma resposta operante à sua frequência pré-treinamento. Se um animal que aparentemente sofreu uma extinção completa for removido da caixa operante, for-lhe permitido descansar no compartimento onde vive durante 24 horas e então for devolvido à caixa operante para uma segunda sessão de extinção, seu número de respostas no início da segunda sessão será maior do que foi no final da primeira sessão de extinção. Esse reaparecimento produzido por um descanso de uma resposta operante extinta é denominado **recuperação espontânea.**

Para simular o fenômeno com Sniffy:

- Abra um arquivo no qual Sniffy tenha sido treinado para pressionar a barra e, então, passado pelo processo de extinção. Qualquer um de seus arquivos Ex25-Ext ou Ex26-SecRef servirá para essa finalidade.
- Use o comando Save As para salvar o arquivo com um novo nome apropriado (por exemplo, Ex27-SponRec) na pasta Sniffy Files no disco rígido de seu computador.
- Escolha Remove Sniffy for Time-Out no menu Experiment. Para simular um descanso, Sniffy desaparecerá momentaneamente e depois reaparecerá.
- Se você desejar acelerar o experimento, selecione o comando Isolate Sniffy (Accelerate Time) no menu Experiment.

Quando Sniffy reaparecer, seu número de pressões na barra será maior do que foi no final da extinção, porém menor do que antes da extinção. Imediatamente após o intervalo, seu registro cumulativo deve ficar parecido com o seguinte:

Verifique a janela da mente Operant Associations logo após iniciar seu experimento de recuperação espontânea. Você recordará que a extinção-padrão (com o som do alimentador silenciado) produz a extinção da associação barra-som e da intensidade da ação, enquanto a extinção com o som do alimentador ligado causa a extinção da associação som-alimento. No início do experimento de recuperação espontânea, os itens extintos são parcialmente recuperados. Esse reaparecimento parcial dos itens extintos é a razão "psicológica" por que Sniffy pressiona a barra com mais frequência no início da segunda sessão de extinção do que no final da primeira sessão de extinção.

Permita que o programa Sniffy Pro execute até Sniffy atingir novamente o critério de extinção. Compare o número de respostas dadas e o tempo necessário para atingir o critério de extinção com o número de respostas e o tempo necessário durante a primeira sessão de extinção. Essa comparação revelará que na segunda vez Sniffy efetua menos respostas e leva menos tempo para atingir o critério.

Repertório comportamental do Sniffy

O repertório de comportamento de um animal em determinada situação é uma lista dos diferentes comportamentos que o animal já desempenhou naquela situação. O programa Sniffy é capaz de registrar com que frequência Sniffy desempenha cada uma das 22 diferentes categorias de comportamento. Alguns desses comportamentos são coisas que Sniffy faz somente depois de um treinamento especial para realizar "truques" que são descritos no Capítulo 14.

Para ver uma lista das categorias de comportamentos:

- Selecione o item Behavior Repertoire (Repertório Comportamental) em Lab Assistant (Assistente de Laboratório) no menu Windows.
- Em seguida, clique na seta no canto superior direito da janela Behavior Repertoire (Repertório Comportamental).
- Clicar na seta faz aparecer uma janela intitulada Behaviors to Track (Comportamentos a serem Controlados), que contém uma lista numerada de todas as categorias de comportamento do Sniffy. Os números na lista

correspondem aos números que aparecem ao longo do eixo horizontal do gráfico na janela Behavior Repertoire. Como padrão, uma marca de verificação aparece na caixa ao lado de cada uma das categorias de comportamento enumeradas na janela Behaviors to Track (Comportamentos a Serem Controlados).

- Se você não quiser que o programa registre algum dos comportamentos de Sniffy, remova as marcas de verificação próximas dos itens que você não quer registrar.
- Quando você tiver decidido quais comportamentos quer que o programa registre, clique no botão Apply (Aplicar) na janela Behaviors to Track (Comportamentos a Serem Controlados).
- Você pode fechar a janela clicando no botão Close (Fechar).

Quando você registra os comportamentos que Sniffy está produzindo, o gráfico que a janela Behavior Repertoire mostra as frequências relativas das diferentes categorias de comportamentos (isto é, a proporção de comportamentos de Sniffy que cada categoria representa). Clicar no botão Record (Registrar) no canto inferior direito da janela Behavior Repertoire faz com que o programa comece a registrar os comportamentos de Sniffy e o rótulo no botão mude para Stop (Parar). Clicar no botão Stop (Parar) interrompe o registro.

O gráfico na janela Behavior Repertoire fornece um resumo visual daquilo que Sniffy está fazendo. Contudo, para examinar as frequências do comportamento de Sniffy em detalhes, é preciso exportar os dados numéricos que o programa registra.

- Para exportar os dados referentes ao comportamento-frequência que você registrou, certifique-se de que a janela Behavior Repertoire está selecionada clicando nela.
- Em seguida, selecione o comando Export Data (Exportar Dados) sob o menu File.
- Dê um nome ao seu arquivo de dados exportados e salve-o.

O arquivo de dados exportados pode ser aberto utilizando-se o Microsoft Excel, o Apple Numbers e a maioria das outras planilhas ou dos outros programas de análise de dados. Quando você abre um repertório de comportamentos exportados com um programa de planilha, os dados se parecerão, de algum modo, com o que é mostrado a seguir.

- A Linha 2 na planilha contém o Start Time (Tempo Inicial) e o End Time (Tempo Final) do registro medido, em segundos de tempo de jogo desde o início do experimento, e a Duration (Duração) do registro em segundos de tempo de jogo.
- Abaixo desses tempos estão os registros de comportamentos.
  - ◊ A coluna A na planilha contém uma lista numerada de comportamentos do Sniffy. Esses nomes e números correspondem aos nomes e números nas janelas Behavior Repertoire e Behaviors to Track (Comportamentos a Serem Controlados).
  - ◊ A coluna B contém o número total de *Times* (*Vezes*) em que Sniffy desempenhou cada comportamento enquanto o registro estava sendo feito.
  - ◊ A coluna C contém a *Rate* (*Taxa*) com que Sniffy estava desempenhando cada comportamento (o número total de vezes que um comportamento foi desempenhado dividido pelo número de segundos no registro).
  - ◊ A coluna D contém a *Relative Frequency* (*Frequência Relativa*) de cada comportamento (o número de vezes que um comportamento foi desempenhado dividido pelo número total de comportamentos registrados durante a sessão). Observe que a medição da frequência relativa pode, teoricamente, variar de zero (Sniffy nunca desempenhou o comportamento em questão) a 1 (Sniffy nunca desempenhou qualquer outro comportamento).

Exercício 28: os efeitos da aquisição e extinção nas frequências relativas de comportamentos do Sniffy

Os itens que compõem o repertório comportamental do Sniffy não treinado podem ser classificados em oito componentes básicos:[4]

- *Levantar as patas*: Sniffy levanta do piso suas patas dianteiras em qualquer lugar da caixa operante. Esta ampla categoria inclui os itens 1, 2 e 3 no gráfico de Behavior Repertoire, que são chamados Traseira – Frente, Traseira – Costas e Traseira – Lado na lista de comportamentos.

- *Tocar a face*: Sniffy toca sua face com uma das patas dianteiras. Este comportamento é o item 4 no gráfico de Behavior Repertoire e é chamado Groom Face (Tocar a Focinho) na lista de comportamentos.

- *Tocar a genitália*: Sniffy abaixa a cabeça posicionando-a entre as patas traseiras como se estivesse lambendo seus genitais. Este comportamento é o item 5 no gráfico de Behavior Repertoire e é chamado Groom Genitals (Tocar Genitália) na lista de comportamentos.

- *Farejar*: Sniffy se apoia no piso com as quatro patas e contrai o bigode. Você pode ver seu bigode contraído quando ele está de frente para você ou de frente para a parede esquerda ou direita da caixa operante. Quando ele estiver olhando para a parede de trás, você não pode ver o bigode, porém pode vê-lo agitando-se um pouco. Este comportamento é o item 12 no gráfico de Behavior Repertoire e é chamado Sniff (Cheirar) na lista de comportamentos.

- *Locomoção*: Sniffy anda ou gira o corpo. Esta ampla categoria inclui os itens 7 e 8 no gráfico de Behavior Repertoire, que são chamados Turn and Walk (Virar e Andar) na lista de comportamentos.

- *Pressão na barra*: Sniffy pressiona a barra algumas vezes, depois solta. Esta ampla categoria abrange os itens 15 e 20 no gráfico de Behavior Repertoire, que são chamados Press Bar (Pressionar Barra) e Dismount Bar (Desmontar Barra) na lista de comportamentos. Sniffy pressiona a barra ocasionalmente, mesmo sem nunca ter sido treinado para fazer isso.[5]

- *Farejar o comedouro e comer*: Sniffy coloca o focinho no comedouro. Se houver uma pelota de alimento, ele a ingere. Esta ampla categoria inclui os itens 9 e 10 no gráfico de Behavior Repertoire. Esses itens são chamados, respectivamente, Sniff Hopper (Cheirar o Funil) e Eat Pellet (Comer a Pelota) na lista de comportamentos.

---

[4] Estas categorias de comportamento de um Sniffy ingênuo não incluem coisas que ele pode ser treinado para fazer, mas nunca faz sem treinamento especial.
[5] O número de vezes que Sniffy desmonta da barra pode ser menor que o número de vezes que ele pressiona a barra, caso pressione a barra mais de uma vez antes de sair dela.

♦ *Beber*: Sniffy posiciona a boca perto do lado ou no orifício do bico de líquido e faz movimentos de lamber. Este é o item 11 no gráfico Behavior Repertoire, que é chamado Drink (Beber) na lista de comportamentos.

Neste exercício, você irá comparar as frequências relativas com que Sniffy desempenha seus comportamentos depois de quatro condições experimentais:

♦ Um Sniffy totalmente sem treino (um novo arquivo Sniffy).
♦ Um Sniffy treinado conforme a revista (o arquivo Sniffy do Exercício 22, que recomendamos que você denomine Ex22-MagTrain).
♦ Um Sniffy que foi modelado para pressionar a barra (o arquivo do Exercício 23, que recomendamos que você denomine Ex23-ShapeBP).
♦ Um Sniffy cujo pressionamento de barra foi extinto (o arquivo do Exercício 25, que recomendamos que você denomine Ex25-Ext).

Para cada uma dessas condições experimentais, realize as seguintes ações:

♦ Para Sniffy não treinado, comece com um novo arquivo Sniffy. Para as outras condições, abra o arquivo em questão.
♦ Certifique-se de que Sniffy está visível em sua caixa operante. Se necessário, selecione Show Sniffy (Mostrar Sniffy) a partir do menu Experiment.
♦ Se o Cumulative Record (Registro Cumulativo) mais recente não estiver visível, torne-o visível selecionando-o na seção Cumulative Records (Registros Cumulativos), sob o menu Windows.
♦ Selecione Behavior Repertoire na seção Lab Assistant do menu Windows.
♦ Clique no botão Record, na parte inferior direita da janela Behavior Repertoire.
♦ Selecione Isolate Sniffy (Accelerated Time) no menu Experiment.
♦ Utilizando o Cumulative Record (Registro Cumulativo) como um cronômetro, registre o comportamento de Sniffy por pelo menos 30 minutos de tempo de programa.
♦ Quando 30 ou mais minutos de tempo de programa tiverem decorrido, selecione Show Sniffy (Mostrar Sniffy) no menu Experiment.

Fenômenos operantes básicos: treinamento para uso do alimentador... 173

♦ Clique no botão Stop (Parar), no canto inferior direito da janela Behavior Repertoire.

♦ Verifique se a janela Behavior Repertoire está selecionada, clicando nela uma vez.

♦ Selecione Export Data (Exportar Dados) a partir do menu File.

♦ Salve seus dados de repertório comportamental exportados com um nome apropriado em seu disco rígido.

Depois de salvar os quatro arquivos de dados exportados, abra seu programa de planilha e crie uma planilha semelhante à mostrada a seguir.

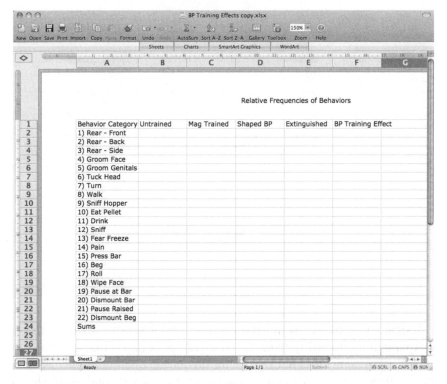

♦ Nessa planilha, a coluna rotulada Behavior Category (Categoria Comportamental) contém a lista dos comportamentos do Sniffy. Você pode copiar a lista de um de seus arquivos de dados exportados e colá-la na Coluna A.

♦ A Coluna F, que é rotulada BP Training Effect (Efeito de Treinamento BP), é onde você descreverá diferenças entre os dados na coluna denominada Shaped BP e os dados nas outras colunas.

♦ Abra todos os arquivos de dados exportados, um de cada vez, e cole os dados da coluna **Relative Frequency** (**Frequência Relativa**) na coluna apropriada, na planilha que você criou.

Quando você tiver terminado de inserir os dados, os dados em sua planilha deverão ser similares aos que são mostrados a seguir. Contudo, uma vez que o comportamento do Sniffy é variável, as frequências relativas de seus arquivos de dados não serão exatamente iguais às que são mostradas.

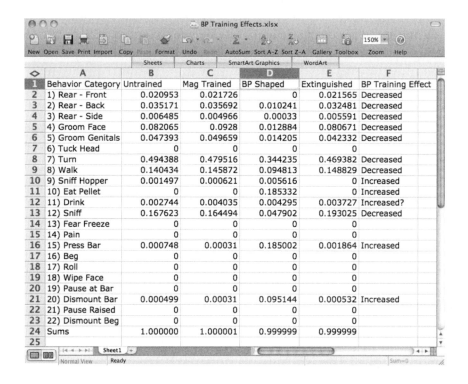

Basicamente, os dados mostram o que o bom senso previu. Como era de esperar, quando Sniffy tiver sido treinado para pressionar a barra, a frequência relativa de Press Bar será maior do que em qualquer uma das outras três condições. As frequências de Eat Pellet (Comer a Pelota), Sniff Hopper (Cheirar o Funil) e Dismount Bar (Desmontar Barra) também aumentarão porque esses comportamentos estão estreitamente associados ao pressionamento da barra. Todos os outros comportamentos, com a possível exceção de Drink (Beber), diminuem. Em resumo, quando Sniffy é treinado para pressionar a barra e recebe reforço para fazer isso, a frequência com que ele pressiona a barra e faz outras coisas associadas ao pressionamento da barra aumenta e a frequência de todas as outras coisas é reduzida.

▬▬ Tarefa para realizar
Um outro efeito do treinamento para uso do alimentador

Se tiver plena liberdade de ação em uma caixa operante que tenha sido programada para oferecer uma pelota de alimento cada vez que a barra for pressionada, Sniffy irá treinar-se para pressionar a barra. Para constatar quanto tempo leva para um Sniffy completamente sem treinamento se treinar para pressionar a barra, abra um novo arquivo, configure o programa para oferecer uma pelota de alimento a cada pressão na barra, oculte Sniffy para acelerar o tempo e observe a janela da mente Operant Associations. Quando o Lab Assistant disser que Sniffy está totalmente treinado, acione o registro cumulativo (escolhendo Mark Record no menu Experiment). Repita o processo com Sniffy treinado para uso do alimentador que você obteve no Exercício 22. Compare o tempo que o Sniffy completamente sem treinamento e o Sniffy treinado para uso do alimentador requerem para completar o autotreinamento. O Sniffy treinado para uso do alimentador deve autotreinar-se mais rapidamente. Por quê?

11

Os efeitos da punição sobre a eliminação da resposta

Conforme observado no Capítulo 9, o efeito da punição é o oposto daquele do reforço. Reforçar uma resposta torna a resposta mais provável de ocorrer sob condições similares no futuro ou aumenta o número de ocorrências de uma resposta em uma situação na qual a resposta é apropriada. Em oposição, a punição torna uma resposta menos provável de ocorrer ou diminui o número de vezes em que ela ocorre. Nos Exercícios 25 e 26, você constatou que descontinuar o reforço de uma resposta anteriormente reforçada faz com que a resposta ocorra com menos frequência até que no final a resposta não ocorra com mais frequência que originalmente. Conforme observamos, eliminar uma resposta previamente reforçada deixando de reforçá-la é denominado **extinção**. Neste capítulo, você examinará o efeito de punir Sniffy suave ou severamente na sua primeira resposta no início de uma sessão de extinção e de puni-lo suavemente a cada resposta que apresentar durante a extinção. Se o efeito da punição for o oposto do efeito da extinção, então punir Sniffy deve resultar em uma eliminação mais rápida da pressão na barra.

Exercício 29: o efeito de uma única punição suave

Neste experimento, examinaremos o efeito da administração de um único choque elétrico suave após a primeira resposta que Sniffy apresentar durante a extinção.

> ◆ Abra seu arquivo de Sniffy treinado no Exercício 23. Esse é o arquivo que lhe recomendamos fosse salvo com o nome Ex23-ShapeBP. Se você não tiver mais o arquivo, pode usar o arquivo denominado ShapeBP em sua pasta Sample Files.

- Se Sniffy estiver isolado, torne-o visível selecionando Show Sniffy (Mostrar Sniffy) no menu Experiment.
- Use o comando Save As no menu File para salvar o arquivo com um novo nome (por exemplo, Ex28-1MildPun) na pasta onde você mantém seus arquivos Sniffy. Esse passo preserva seu Sniffy treinado originalmente para uso futuro. Você precisará desse arquivo para diversos outros experimentos.
- Se o registro cumulativo mais recente não estiver visível, torne-o visível selecionando-o no menu Windows.
- Se Sniffy estiver oculto, torne-o visível selecionando Show Sniffy no menu Experiment.
- Mostre a caixa de diálogo Design Operant Conditioning Experiment selecionando-a no menu Experiment.
- Na caixa de diálogo que aparece:
  ◊ Selecione Extinction.
  ◊ Clique na caixa intitulada Punish Bar Press (Punir a Pressão à Barra).
  ◊ Assegure-se de que uma marca de verificação (✓) aparece ao lado de First Press Only (Apenas a Primeira Pressão).
  ◊ Assegure-se de que uma marca de verificação (✓) aparece ao lado de Mute Pellet Dispenser.
  ◊ Clique em Apply (Aplicar).
- Você observará que, na primeira vez em que Sniffy pressiona a barra, ele salta no ar, indicando que recebeu um choque.
- Se você deseja acelerar o experimento, pode fazê-lo selecionando Hide Sniffy (Accelerate Time) no menu Experiment.

Pouco tempo após você fechar a caixa de diálogo Design Operant Conditioning Experiment, o registro cumulativo ficará parecido com o mostrado a seguir:

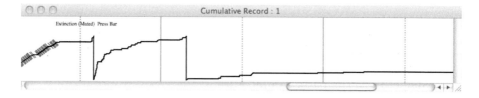

Após receber um único choque suave, Sniffy não pressiona a barra novamente durante alguns minutos, após os quais começa a pressioná-la mais ou menos como se não tivesse recebido choque. Seu critério de extinção é um período de 5 minutos durante o qual Sniffy não pressiona a barra mais de 2 vezes. Quando Sniffy atender ao critério de extinção:

> ◆ Salve o arquivo.

Compare o número de pressões na barra que Sniffy faz antes de atingir o critério de extinção com os resultados do Exercício 25, no qual a pressão de Sniffy na barra foi extinta sem aplicação de um choque na primeira pressão na barra. O número de pressões na barra antes de atingir o critério de extinção nos dois experimentos não será muito diferente.

Esse exercício mostra que uma única punição suave aplicada no início da extinção suprime brevemente as pressões na barra, mas exerce pouco efeito no número total de pressões na barra necessárias para gerar a extinção.

▬▬ Exercício 30: o efeito de uma única punição severa

Se um único choque suave exercer pouco efeito na extinção, você pode ter curiosidade para saber qual o efeito de um único choque severo.

> ◆ Abra seu arquivo de Sniffy treinado no Exercício 23. Esse é o arquivo que recomendamos fosse salvo com o nome Ex23-ShapeBP. Se você não possuir mais o arquivo, pode usar aquele denominado ShapeBP em sua pasta Sample Files.
> ◆ Se Sniffy não estiver visível, torne-o visível selecionando o comando Show Sniffy no menu Experiment.
> ◆ Use o comando Save As no menu File para salvar o arquivo com um novo nome (por exemplo, Ex30-1SeverePun) na pasta onde você mantém seus arquivos Sniffy. *Esse passo preserva seu Sniffy treinado originalmente para uso futuro.* Você precisará desse arquivo para diversos experimentos futuros.
> ◆ Se o registro cumulativo mais recente não estiver visível, torne-o visível selecionando-o no menu Windows.
> ◆ Selecione o comando Design Operant Conditioning Experiment no menu Experiment.

- Na caixa de diálogo que aparecer:
  - ◊ Selecione Extinction.
  - ◊ Clique na caixa intitulada Punish Bar Press.
  - ◊ Assegure-se de que uma marca de verificação (✓) aparece ao lado de First Press Only.
  - ◊ Clique na caixa ao lado de High Punishment (Punição Severa). Essa configuração fará com que a primeira pressão na barra de Sniffy seja seguida por um choque severo.
  - ◊ Assegure-se de que um sinal de verificação (✓) também aparece ao lado de Mute Pellet Dispenser.
  - ◊ Clique em Apply.
- Você observará que, na primeira vez em que Sniffy pressionar a barra, ele salta no ar, indicando que recebeu um choque.
- Se você deseja acelerar o experimento, pode fazê-lo selecionando Hide Sniffy (Accelerate Time) no menu Experiment.

Logo depois que você fechar a caixa de diálogo Design Operant Conditioning Experiment, o registro cumulativo ficará parecido com o seguinte:

Após receber um único choque severo, Sniffy não pressiona a barra novamente por um longo período. E, quando ele a pressiona, não a pressiona de novo muito rapidamente. Seu critério de extinção é um período de 5 minutos no qual Sniffy pressiona a barra no máximo 2 vezes. Quando Sniffy atender ao critério de extinção:

- Salve o arquivo.

Compare o número de pressões na barra que Sniffy realiza antes de atender ao critério de extinção nesse experimento com os resultados do Exercício 25, no qual as pressões na barra foram extintas sem aplicar o choque quando da primeira pressão. O número de pressões na barra antes que o critério de extinção seja atingido nos dois experimentos será muito diferente. Um único choque severo é suficiente para produzir muito rapidamente a quase total eliminação da resposta.

▰▰▰ Exercício 31: o efeito das punições suaves repetitivas

Até agora temos visto que, embora uma única punição suave exerça pouco efeito geral na extinção, uma única punição severa produz, a longo prazo, inibição substancial da resposta punida. No experimento atual, você examinará o efeito da punição suave repetitiva.

- Abra seu arquivo do Sniffy treinado no Exercício 23. Esse é o arquivo que lhe recomendamos fosse salvo com o nome Ex23-ShapeBP. Se você não possuir mais o arquivo, pode usar o arquivo denominado ShapeBP da pasta Sample Files.
- Se Sniffy estiver oculto, torne-o visível selecionando Show Sniffy no menu Experiment.
- Use o comando Save As no menu File para salvar o arquivo com um novo nome (por exemplo, Ex31-RepeatMildPun) na pasta Sniffy Files. *Esse passo preserva seu Sniffy treinado originalmente para uso futuro.* Você precisará desse arquivo em diversos experimentos futuros.
- Se o registro cumulativo mais recente não estiver visível, torne-o visível selecionando-o no menu Windows.
- Selecione o comando Design Operant Conditioning Experiment no menu Experiment.
- Na caixa de diálogo que aparece:
  ◊ Selecione Extinction.
  ◊ Clique na caixa intitulada Punish Bar Press.
  ◊ Clique na marca de verificação (✓) que aparece ao lado de First Press Only para fazê-la desaparecer. Sem a marca de verificação, cada pressão na barra será seguida por um choque.
  ◊ Assegure-se de que High Punishment *não* esteja selecionado.
  ◊ Assegure-se de que uma marca de verificação aparece ao lado de Mute Pellet Dispenser.
  ◊ Clique em Apply.

- Você observará que, cada vez que Sniffy pressiona a barra, ele salta no ar, indicando que recebeu um choque.
- Se você deseja acelerar o experimento, pode fazê-lo selecionando Isolate Sniffy no menu Experiment.

Logo após fechar a caixa de diálogo Design Operant Conditioning Experiment, o registro cumulativo ficará parecido com o seguinte:

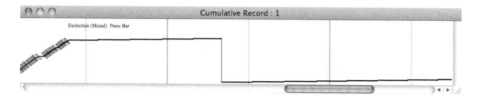

Choques suaves repetitivos fazem com que Sniffy não pressione a barra novamente durante alguns minutos após cada pressão na barra. Seu critério de extinção é um período de 5 minutos no qual Sniffy pressiona a barra no máximo duas vezes. Quando Sniffy atender ao critério de extinção:

- Salve o arquivo.

Compare o número de pressões na barra que Sniffy faz antes de atender ao critério de extinção nesse experimento com os resultados do Exercício 25, nos quais as pressões na barra feitas por Sniffy foram extintas sem que a primeira pressão na barra fosse seguida por um choque. O resultado da comparação provavelmente será que, quando Sniffy receber um choque após cada pressão na barra, ele atenderá ao critério de extinção após poucas pressões na barra.

▬▬ Questões

- Qual é a diferença entre reforço e punição?
- Qual é a diferença entre extinção e punição?

12

Esquemas de reforçamento e o efeito do reforço parcial

Elementos básicos e exemplos

Na extinção, o reforço é eliminado completamente. Esta ação simula a situação na qual uma fonte de alimento anteriormente disponível cessou de existir. Um outro cenário até mais comum no mundo real é aquele no qual a resposta algumas vezes é reforçada, e outras, não. Quando um rato selvagem procura alimento, não há garantia de que o encontrará sempre no mesmo lugar. As buscas do rato baseiam-se na probabilidade de localizar alimento. Ir a um local onde anteriormente havia alimento e não o encontrar não necessariamente desencoraja o rato de tentar novamente no mesmo lugar em uma outra ocasião na qual o alimento poderia estar disponível.

De um modo similar, considere qual seria sua reação se você ligasse um interruptor de luz e nada acontecesse. Provavelmente, o modo como você reagiria dependeria de sua experiência anterior com aquele interruptor de luz. Se ele tivesse funcionado confiavelmente no passado, é quase certo que você iria buscar uma lâmpada nova. No entanto, se o interruptor algumas vezes necessitou ser acionado diversas vezes antes de a luz acender, você provavelmente empregaria algum tempo ligando-o e desligando-o antes de decidir dessa vez que o problema poderia ser uma lâmpada queimada.

No que diz respeito a Sniffy, discutimos até agora o reforço como algo que ocorre toda vez que Sniffy pressiona a barra ou como algo que simplesmente não ocorre. No entanto, você também pode escolher reforçar somente algumas das pressões na barra feitas por Sniffy. O nome técnico para o reforço de todas as instâncias do comportamento-alvo é **reforço contínuo (CRF)**. O termo técnico para o reforço de algumas, mas não de todas, as instâncias de um comportamento é **reforço parcial (PRF)**. Uma regra que determine quais respostas reforçar é denominada **esquema de reforçamento**. Os esquemas PRF afetam o padrão temporal das respostas conforme vistas em um registro cumulativo. Além disso, as programações PRF aumentam a resistência à extinção. Com aumento da resistência à extinção queremos dizer que, se uma resposta tiver sido reforçada em um esquema PRF, o animal dará mais resposta durante a extinção do que seria o caso se a resposta tivesse sido sempre reforçada (reforço contínuo).

Os efeitos comparativos do reforço parcial e contínuo sobre a resistência à extinção podem ter implicações na vida real. Suponha que você seja o pai ou a mãe de uma criança pequena. Muitas crianças que têm cerca de dois anos desenvolvem uma tendência para exibir acessos de irritação. Na realidade, esse problema é muito comum, a ponto de as crianças desse grupo etário algumas vezes serem chamadas "as terríveis de dois anos". O modo como os pais reagem a esse acesso pode exercer uma grande influência na duração dessa fase de desenvolvimento da criança.

Quando a criança manifesta um acesso de irritação, você pode reforçar o comportamento de irritação dando-lhe o que ela deseja ou não reforçar o comportamento deixando a criança chutar e gritar até que fique cansada e pare. (Supomos que você não seja uma pessoa que espancaria uma criança por ter esse tipo de comportamento.) O melhor conselho para pais de crianças que estão apenas iniciando a manifestar tais acessos é nunca reforçar o comportamento. Se você nunca reforça um acesso de irritação, seu filho (ou sua filha) passará por essa fase rapidamente. No entanto, muitos pais acabam cedendo naquilo que a criança pede, especialmente se um acesso de raiva ocorrer em público. As constatações feitas com o condicionamento operante sugerem que, se você for reforçar o comportamento, é melhor fazê-lo consistentemente. Desse modo, quando chegar a ocasião para eliminar o comportamento, o processo se desenvolve mais rapidamente do que se você algumas vezes permitir que a criança grite e outras vezes der à criança aquilo que ela quer.

O reforço contínuo é o modo mais eficiente para modelar rapidamente um novo comportamento. Porém, após o comportamento-alvo haver sido condicionado, o reforço contínuo não é mais necessário. Imagine a tarefa da professora da escola maternal com uma nova classe de alunos. As crianças precisam aprender muitas coisas novas – não somente as lições exigidas, mas todas as aptidões sociais que lhes permitirão participar da classe. No começo, a professora reforça os comportamentos apropriados das crianças com a maior frequência possível. Ela faz elogios, distribui decalques de estrelas para serem aplicados nas mãos das crianças. A professora da escola maternal aplica reforçadores de acordo com um esquema o mais próximo possível do reforço contínuo. No entanto, esse nível de reforço é impossível de manter, e as crianças logo são expostas a um esquema de reforço parcial. Na primeira série, as crianças que sabem a resposta para uma pergunta devem levantar a mão e esperar ser chamadas, mas nem toda mão levantada é reconhecida. Desde que cada criança obtenha reconhecimento ocasional, as aptidões que tiverem aprendido não desaparecerão porque, com o reforço parcial, é difícil extinguir seus comportamentos aprendidos.

Conforme observado, um esquema de reforçamento é uma regra para determinar que respostas reforçar. Em seu livro *Schedules of Reinforcement*, C. B. Ferster e B. F. Skinner (1957) descrevem diversos esquemas diferentes possíveis. Entretanto, todos esses esquemas são formados por combinações de duas "famílias" de programação básicas: **esquemas de razão** e **esquemas de intervalo**.

Os **esquemas de razão** reforçam o sujeito para dar algum número específico de respostas. Em um **esquema de razão fixa (FR)**, o número de respostas requerido é sempre o mesmo. Em um esquema FR-5, o sujeito precisa dar cinco respostas para cada reforço. Isto é como receber pagamento por unidade de trabalho, sendo que o valor recebido depende da quantidade de trabalho realizado de acordo com uma escala de pagamento pré-acertada. Em virtude de o valor ganho ser diretamente proporcional à quantidade de trabalho executado, a unidade de trabalho é um sistema que tende a produzir uma taxa alta de produção.

Quando observamos animais em um esquema FR na caixa operante, o padrão de desempenho visto no registro cumulativo depende da dimensão da razão. Esquemas FR pequenos, que requerem somente um pequeno número de respostas para cada reforço, produzem respostas rápidas e constantes. Mas o desempenho de um animal que está sendo mantido em um esquema FR grande é caracterizado por uma pausa após o recebimento de cada reforço, seguida por uma transição abrupta para um responder rápido e constante até a ocorrência do próximo reforço. À medida que aumenta o tamanho da razão do esquema FR, a pausa após cada reforço torna-se maior. Podemos ver algo parecido com esse padrão de resposta no comportamento de um aluno que encontra dificuldade para começar a próxima tarefa após terminar um trabalho importante. O comportamento do estudante é afetado pelo fato de um esforço muito maior ser exigido antes do próximo reforço ser obtido.

Em um **esquema de razão variável (VR)**, o valor do esquema especifica um número médio de respostas exigido para obter reforço, porém o número exato de respostas varia de reforço para reforço. Em uma programação VR-5, o participante precisa dar, em média, cinco respostas para obter cada reforço. Algumas vezes, o sujeito precisa dar oito ou dez respostas antes que ocorra o reforço, porém esses valores grandes são compensados por ocasiões em que o reforço ocorre após somente uma ou duas respostas. Os esquemas VR normalmente produzem taxas altas de respostas sem pausas longas.

Esquemas VR são comuns na vida diária. As máquinas caça-níqueis no estilo daquelas de Las Vegas oferecem prêmios de acordo com um esquema VR, de modo idêntico à tentativa de conseguir um convite para sair sábado à noite ou vender algo na base de comissão. Em todas essas situações, existe alguma chance ou probabilidade de sucesso associada a cada "resposta" que você dá. Quanto mais vezes você responder, mais frequentemente será reforçado.

Os **esquemas de intervalo** reforçam o participante na primeira resposta após um intervalo de tempo específico ter decorrido desde o último reforço ter acontecido. O período de tempo durante o qual o reforço não se encontra disponível inicia quando o participante recebe um reforçador. O intervalo especifica, portanto, uma duração de tempo mínima que precisa decorrer entre as respostas reforçadas. Em um **esquema de intervalo fixo (FI)**, o intervalo que precisa decorrer antes de uma outra resposta ser reforçada é sempre o mesmo. Em uma programação FI-60 segundos, exatamente 60 segundos devem ter se passado após o recebimento do reforçador para que outra resposta possa ser reforçada.

Se a sua escola for do tipo usual, todo período de aulas termina em um horário especificado. Se você observar seus colegas, notará que o comportamento deles se altera à medida que se aproxima o horário de término das aulas. Logo no início do período de aulas, todos prestam relativa atenção e muitos alunos tomam notas apressadamente. No entanto, à medida que o fim da aula se aproxima, os alunos começam a guardar seus apontamentos e a preparar-se para sair.

Em um **esquema de intervalo variável (VI)**, o intervalo de tempo após o reforço que precisa decorrer antes de a próxima resposta ser reforçada varia de reforço para reforço. Em uma programação VI-10 segundos, o intervalo seria em média de 10 segundos. Poucas situações da vida real (ou nenhuma) são exatamente equivalentes à programação VI no laboratório. No entanto, tentar telefonar para alguém cuja linha está frequentemente ocupada é similar ao reforço em uma programação VI. Sua chamada não será completada até que a linha esteja livre, e a linha encontra-se ocupada durante períodos variáveis. A diferença é que, em um esquema VI puro, após o intervalo de tempo ter decorrido, o reforçador torna-se disponível e permanece desse modo até que o participante responda; porém, quando você estiver tentando ligar para um número de telefone ocupado frequentemente, a linha estará ocupada e livre intermitentemente. Você pode perder a oportunidade de completar a ligação se não tentar diversas vezes.

Cada um desses esquemas simples produz um desempenho característico dos participantes mantidos no esquema o tempo suficiente para que o

comportamento se estabilize. Dependendo do esquema envolvido, o animal pode pressionar a barra com uma frequência constante e previsível ou a taxa de respostas pode variar de modo previsível. Antes do aparecimento do padrão característico de resposta associada ao esquema, existe um período de aquisição durante o qual o animal se ajusta gradualmente ao esquema.

Esquemas de razão variável (VR) e de intervalo variável (VI)

Os esquemas de razão variável (VR) e de intervalo variável (VI) produzem padrões estáveis de respostas, porém com taxas diferentes. Os esquemas VR produzem respostas de maneira rápida e constante. Os esquemas VI produzem respostas de modo lento e constante.

A diferença entre os desempenhos mantidos por esquemas VR e VI é perfeitamente ilustrada por meio de um experimento descrito por Reynolds (1975) que envolve dois pombos bicando discos para conseguir reforço alimentar em caixas operantes separadas. O experimento envolveu um **delineamento experimental acoplado**, significando que o comportamento do primeiro pombo poderia afetar o esquema de reforçamento da outra ave. Na primeira caixa, o comportamento de bicar o disco do pombo A foi reforçado por um esquema VR que o experimentador havia programado. Na outra caixa, completamente isolada, o comportamento de bicar o disco do pombo B foi reforçado por uma programação VI na qual os valores dos intervalos foram determinados pelo comportamento do pombo A. Cada vez que o pombo A recebia um reforçador por ter completado uma razão, um reforçador tornava-se disponível para a próxima resposta do pombo B.

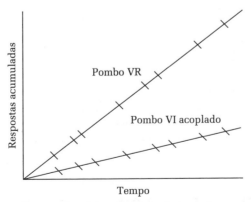

Desempenhos típicos de dois pombos em caixas operantes acopladas.
As duas aves bicam estavelmente. No entanto, embora ambas recebam o mesmo número de reforços quase simultaneamente, a ave VR dá um número muito maior de respostas.

O gráfico mostra registros cumulativos hipotéticos gerados por duas aves nesse tipo de experimento. Observe que ambas as aves respondem com taxas constantes, porém a ave no esquema VR responde mais rapidamente que a ave no esquema VI. Embora o comportamento de bicar das duas aves seja reforçado praticamente no mesmo instante, e apesar de ambas sempre receberem a mesma quantidade de reforço, existe uma distinção na taxa com que bicam. Essa distinção é causada por diferenças no modo como os esquemas interagem com o comportamento (bicar) das aves.

Esquemas de razão fixa (FR)

Conforme mostrado no gráfico a seguir, o desempenho FR típico depende do tamanho da razão, isto é, do número fixo de respostas exigido para cada reforço. Aquilo que constitui uma razão pequena depende do organismo e do esforço exigido para dar a resposta. Para Sniffy e outros ratos que pressionam uma barra, uma razão pequena é aquela que corresponde a até 20 pressões na barra. Para um pombo que bica um disco iluminado, uma razão pequena corresponde a até 50 pressões. Com índices pequenos, o desempenho é razoavelmente estável e sem pausa após cada reforço. Com razões grandes, existe uma pausa após cada reforço seguida por uma transição abrupta para um índice alto e estável até que o próximo reforçador seja recebido.

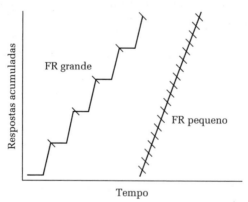

Desempenhos ideais mantidos por programações pequenas e grandes de FR.

Esquemas de intervalo fixo (FI)

Em termos gerais, as programações FI mantêm taxas de resposta um tanto lentas, mais ou menos comparáveis àquelas mantidas por esquemas VI. No entanto, o desempenho típico em FI envolve uma pausa após o recebimento de cada reforço, seguida por uma taxa de respostas que se acelera gradualmente até que o sujeito esteja respondendo moderadamente rápido antes de ocorrer o próximo reforço. Esse padrão de resposta de FI típico, cuja versão idealizada é mostrada no próximo gráfico, muitas vezes é denominado curvatura do VI, ou padrão meia-lua. Conforme é o caso com os esquemas FR, as pausas que ocorrem após o recebimento de um reforçador são muito mais pronunciadas em esquemas de FI grandes do que em esquemas de FI pequenos.

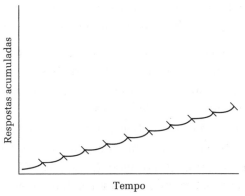

Desempenho idealizado mantido por um esquema FI.

Programando um esquema na caixa de diálogo Design Operant Conditioning Experiment (Programas Experimentos de Condicionamento Operante)

Vamos analisar como fazer experimentos com programações no Sniffy Pro. Você cria esquemas de reforçamento diferentes ao escolher o comando Design Operant Conditioning Experiment no menu Experiment. Quando você executa esse comando, aparece a caixa de diálogo semelhante a esta.

Ao estabelecer esquemas de reforçamento, você trabalha com a parte esquerda superior da caixa de diálogo sob Reinforcement Schedule. A parte direita sob Discrimination/Generalization é usada para criar experimentos sobre discriminação de estímulos e generalização de estímulos. Sua operação será explicada no próximo capítulo. Quando estiver configurando esquemas de reforçamento, você não precisa levar em consideração o lado direito da caixa de diálogo, exceto para ter certeza de que os menus suspensos sob S+ e S– se encontram ambos configurados para None ou No Tone e de que não existe a marca de verificação (✓) na caixa ao lado de Generalization Test.

Eis como opera a seção Reinforcement Schedule da caixa de diálogo:

- As alternativas Fixed e Variable no lado esquerdo determinam se os requisitos da programação serão fixos ou variáveis.
- Os botões denominados Responses e Seconds determinam se Sniffy está sob um esquema de razão ou de intervalo.
  ◊ A escolha de Responses configura um esquema de razão.
  ◊ A escolha de Seconds configura um esquema de intervalo.
- Você determina o valor do esquema (o número de respostas necessários ou o número de segundos após um reforço e antes que uma outra resposta possa ser reforçada) digitando um número na caixa de texto. Por exemplo, se você desejasse configurar uma programação de VI-20 segundos, selecionaria as alternativas Variable e Seconds e digitaria 20 na caixa de texto.
- A seleção do botão denominado Continuous configura um reforço contínuo. Todas as pressões na barra do Sniffy são reforçadas. Essa configuração é o padrão em vigor quando você selecionar inicialmente um comportamento-alvo para que o programa reforce automaticamente.
- Conforme você constatou em exercícios anteriores, a seleção do botão denominado Extinction configura uma condição de extinção. Caso exista uma marca de verificação (✓) na caixa intitulada Mute Pellet Dispenser, o som do alimentador é desligado durante a extinção. Esse é o modo-padrão como a extinção é estudada. Caso não exista uma marca de verificação (✓) na caixa denominada Mute Pellet Dispenser, Sniffy continua a ouvir o som do alimentador sempre que pressionar a barra, muito embora não receba mais uma pelota de alimento. Como vimos no Capítulo 10, essa configuração de extinção não padronizada permite estudar o poder do reforço secundário do som do alimentador.
- Quando você clica no botão Apply (Aplicar) após configurar um esquema de reforçamento, a caixa de diálogo desaparece e o programa Sniffy Pro começa a reforçar Sniffy de acordo com a programação que você estabeleceu.

- Se você clicar Close (Fechar), a caixa de diálogo desaparece e o programa continua reforçando Sniffy de acordo com o esquema que estava vigorando antes de você ter aberto a caixa de diálogo. Nenhuma das configurações que você fez enquanto a caixa de diálogo esteve aberta são implementadas.

Exercício 32: colocando Sniffy em um esquema VR pequeno

Eis aqui os passos que você deve seguir para incluir Sniffy em um esquema de reforçamento de razão variável (VR) pequeno. Com exceção das configurações na caixa de diálogo Design Operant Conditioning Experiment, você seguiria os mesmos passos para inserir Sniffy em quaisquer configurações que tiver definido.

- Antes do Sniffy poder ser incluído em um esquema, ele precisa, de início, ser totalmente treinado para pressionar a barra a fim de obter reforço contínuo. Se você ainda tiver o arquivo que criou após treinar Sniffy inicialmente a pressionar a barra no Exercício 23 (o arquivo que lhe sugerimos fosse designado Ex23-shapeBP), use o comando Open no menu File para abrir o arquivo. Caso você não possua seu Sniffy originalmente treinado, você pode usar o arquivo denominado ShapeBP localizado na pasta Sample Files.
- Observe a janela da mente Operant Associations. (Se necessário, torne visível a janela Operant Associations selecionando-a na seção Mind Windows no menu Windows.) Assegure-se de que as associações som-alimento e barra-som e a força da ação estejam em seus níveis máximos. Se você abriu seu próprio arquivo e constatou que qualquer dessas medidas é inferior ao nível máximo, você pode deixar o programa executando até que os parâmetros alcancem seu nível máximo antes de adotar o próximo passo.
- Selecione o comando Save As no menu File para atribuir ao arquivo um novo nome apropriado e salvá-lo onde você salvou seus arquivos do Sniffy no disco rígido de seu computador. Esse passo é importante porque preserva seu Sniffy treinado originalmente no CRF para utilização em outros experimentos. Tendo em vista que, nesse exemplo, você estará criando um arquivo no qual Sniffy está treinado para responder em um esquema VR-5, sugerimos que você denomine o novo arquivo Ex32-VR5.

- ◆ Escolha o comando Design Operant Conditioning Experiment no menu Experiment. Selecione, sob Reinforcement Schedule, as alternativas Variable e Responses. Digite 5 na caixa de texto. Clique em Apply.
- ◆ Se você desejar acelerar o experimento, selecione o comando Isolate Sniffy (Accelerate Time) no menu Experiment.

Pouco tempo após a caixa de diálogo Design Operant Conditioning Experiment fechar, sua janela Cumulative Record ficará parecida com a mostrada a seguir. Observe que o programa Sniffy Pro indica o ponto no qual o esquema VR-5 foi introduzido.

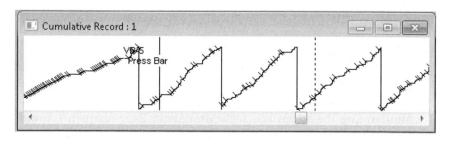

Imediatamente após ser incluído em um esquema, quando Sniffy se depara pela primeira vez com respostas não reforçadas, começará o processo de extinção do seu comportamento. A janela da mente Operant Associations mostrará esse processo como uma diminuição da força da ação e da associação barra-som. Se Sniffy estiver totalmente treinado para receber o reforço contínuo antes de você incluí-lo em um esquema VR-5, a extinção não será integral. No entanto, se o seu treinamento de reforço contínuo fosse incompleto ou você tentasse incluí-lo em um esquema com um valor inicial muito grande (tal como um VR-25), ocorreria a extinção.

Se Sniffy for se ajustar de modo bem-sucedido à programação na qual você o incluir, a associação barra-som e a força da ação começarão a aumentar novamente após Sniffy ter recebido diversos reforços de acordo com o esquema. Sniffy está totalmente treinado no esquema quando a associação barra-som e a intensidade da ação se aproximam de seus valores máximos. Nesse ponto, o registro cumulativo do Sniffy estará indicando o padrão de resposta típico do esquema no qual Sniffy estiver sendo mantido. Quando você chegar à conclusão de que o treinamento do Sniffy é suficiente:

- ◆ Escolha o comando Save no menu File para salvar seu arquivo.

Exercício 33: aumento do valor do esquema de VR do Sniffy

Sniffy pode ser treinado para responder em esquemas com valores bem elevados (por exemplo, VR-100 segundos ou FI-60 segundos), desde que esses valores elevados sejam obtidos por meio da introdução de blocos intermediários. Eis a seguir os passos para aumentar o valor de um esquema. A título de ilustração, vamos supor que você aumentará o valor do esquema VR-5 do exercício anterior.

- Se o programa Sniffy não estiver sendo executado, inicie-o.
- Use o comando Open no menu File para abrir seu arquivo VR-5 do Exercício 32.
- Verifique a janela da mente Operant Associations para ter certeza de que a associação barra-som e a força da ação encontram-se em seus níveis máximos ou próximos deles. Em caso negativo, deixe o programa executar por mais tempo.
- Selecione o comando Save As no menu File e salve o arquivo com um nome apropriado na pasta Sniffy Files no disco rígido de seu computador. Em virtude de passarmos a aumentar o valor do esquema VR-5 do Sniffy para VR-10, sugerimos que você denomine o novo arquivo Ex33-VR10. Salvar o novo arquivo com um nome diferente preserva seu arquivo VR-5 original para uso futuro caso surja a necessidade.
- Selecione o comando Design Operant Conditioning Experiment no menu Experiment.
- Assegure-se de selecionar as alternativas Variable e Responses.
- Digite o número 10 na caixa de texto.
- Clique em Apply.
- Se você deseja acelerar o experimento, selecione o comando Isolate Sniffy (Accelerate Time) no menu Experiment.

Em razão do Sniffy estar sujeito agora a tentativas sem reforço de maior duração, a associação barra-som e a força da ação enfraquecerão inicialmente. No entanto, após Sniffy ter recebido diversos reforços no novo esquema, esses valores começarão a se elevar. Quando chegarem novamente ao máximo:

- Escolha o comando Save no menu File para preservar seu Sniffy treinado em VR-10.

Repita as partes relevantes dessas instruções dadas para modelar Sniffy em um esquema VR-50. Sniffy atingirá fácil e rapidamente o ponto final do VR-50 caso você use VR-20 e VR-35 como seus passos intermediários. Se você gosta de "viver perigosamente", tente conduzir Sniffy a um VR-50 após um VR-10 ou um VR-20. Ele pode ou não demonstrar extinção com os passos maiores.

O registro cumulativo que você obtém após Sniffy ter-se adaptado plenamente à programação VR-50 deve ficar parecido com o mostrado a seguir. Observe o padrão de respostas rápido e razoavelmente constante.

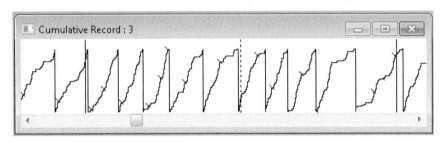

Exercício 34: esquemas de intervalo variável

Siga as instruções gerais indicadas na seção Setting Up a Schedule na caixa de diálogo Design Operant Conditioning Experiment a fim de modelar Sniffy a um esquema VI-50 segundos. Caso você deseje acelerar o experimento, selecione o comando Isolate Sniffy (Accelerate Time) no menu Experiment.

O registro cumulativo que você obtém após Sniffy ter-se adaptado plenamente ao esquema VI-50 segundos deve ficar parecido com o mostrado a seguir. Observe o padrão de respostas lentas e razoavelmente constantes.

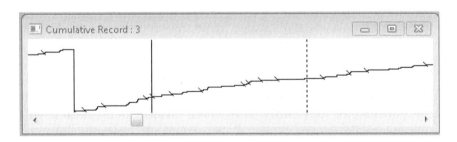

Exercício 35: esquema de razão fixa

Siga as instruções gerais indicadas na seção Setting Up a Schedule na caixa de diálogo Design Operant Conditioning Experiment para modelar Sniffy a um esquema FR-50. Se você deseja acelerar o experimento, selecione o comando Isolate Sniffy (Accelerate Time) no menu Experiment.

Nota: Com esquemas de FR (Razão Fixa), o item Bar-Sound Association na janela da mente Operant Associations (Associações Operantes) nunca atingirá um valor superior a 2/3 de seu valor máximo.

O registro cumulativo que você obtém após Sniffy ter-se adaptado plenamente ao esquema FR-50 segundos deve ficar parecido com o mostrado a seguir. Observe as pausas nas respostas que ocorrem após cada reforço ser recebido e as transições abruptas para o responder rápido no final de cada pausa.

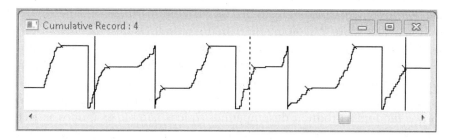

▬▬ Exercício 36: esquema de intervalo fixo

Siga as instruções gerais indicadas na seção intitulada Setting Up a Schedule na caixa de diálogo Design Operant Conditioning Experiment para modelar Sniffy a uma programação FI-50 segundos. Se você deseja acelerar o experimento, selecione o comando Isolate Sniffy (Accelerate Time) no menu Experiment.

O registro cumulativo que você obtevе após Sniffy se adaptar completamente ao esquema FI-50 segundos é parecido com o mostrado a seguir. Observe as pausas após cada reforço ser recebido, seguidas por transições razoavelmente graduais para responder moderadamente antes que ocorra o próximo reforço.

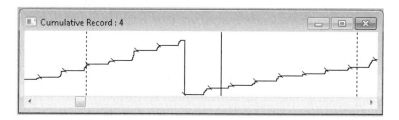

▬▬▬ Quão realista é o desempenho do Sniffy nos esquemas?

A rapidez com que Sniffy se adapta aos esquemas de reforçamento é um dos aspectos em relação ao qual sacrificamos realismo por conveniência. Os ratos reais adaptam-se a esquemas e a mudanças nos esquemas muito lentamente. Em muitos casos, um rato real requer diversas sessões diárias de treinamento com duração de uma hora antes que seu padrão de resposta no registro cumulativo comece a ficar parecido com o padrão de resposta que um esquema específico "normalmente" produz. Sniffy se adapta a esquemas e a mudanças nos esquemas muito mais rapidamente. Aceleramos o processo de aprendizagem do Sniffy para que você tenha a oportunidade de observar os efeitos de muitos esquemas diferentes em um período de tempo razoável.

Os desempenhos do Sniffy nos esquemas não são reproduções perfeitas dos desempenhos típicos mostrados na primeira parte deste capítulo e em muitos textos sobre Psicologia da Aprendizagem. Os desempenhos típicos são criados para comunicar ideias a respeito do que os psicólogos pensam sobre como os desempenhos dos esquemas pareceriam se todo "ruído" pudesse ser removido. Os desempenhos que você obtém com Sniffy de fato e os desempenhos de ratos vivos de fato raramente são típicos, porque os fatores que tendem a produzir desempenhos típicos não são os únicos aspectos que determinam o comportamento do animal. Por exemplo, esquemas VR deveriam produzir respostas rápidas e constantes, e eles tendem a produzi-las. No entanto, pressionar a barra não é a única tarefa que os ratos realizam enquanto recebem reforço no âmbito de um esquema VR. Algumas vezes, bebem porções de água; cuidam de si ou se coçam; ou vagueiam na caixa operante durante algum tempo. Todas essas interrupções tornam os desempenhos VR de fato menos rápidos e especialmente menos constantes do que seria o caso se os únicos fatores envolvidos fossem aqueles discutidos nas primeiras partes deste capítulo.

Portanto, o fato de que os registros cumulativos do Sniffy não são reproduções perfeitas de desempenhos típicos de esquemas significa que, até certo ponto, Sniffy está se comportando como um rato real. Se você observar representações de desempenhos reais de ratos vivos nos artigos divulgados em publicações científicas e em livros especializados sobre esquemas de reforço, descobrirá que os desempenhos em esquemas do Sniffy se enquadram na faixa de desempenhos que os ratos de verdade algumas vezes demonstram.

▬▬▬ Exercício 37: o efeito do reforço parcial sobre a extinção

O reforço parcial aumenta drasticamente a resistência à extinção de uma resposta. Os animais cujas respostas têm sido mantidas por um esquema de reforçamento parcial oferecem um número muito maior de respostas durante a extinção em comparação com os animais cujas respostas têm sido mantidas com reforços contínuos. Além disso, os esquemas de razão tendem a produzir maior resistência à extinção do que os esquemas de intervalo, e os esquemas variáveis tendem a produzir maior resistência à extinção do que os esquemas fixos. O programa Sniffy Pro permite observar essas diferenças da resistência à extinção. Para medir a resistência do Sniffy à extinção após o reforço parcial, você deve seguir estes passos:

- Abra um arquivo Sniffy Pro no qual Sniffy tenha sido completamente treinado para responder no contexto de um esquema com valor moderado ou grande. Sugerimos que você use um arquivo em que tenha treinado Sniffy para responder em um esquema com um valor de pelo menos 25 (isto é, VR-25, FR-25, VI-25 segundos ou FI-25 segundos).
- Observe a janela da mente Operant Associations para verificar se a associação barra-som se encontra no nível máximo ou perto dele.
- Salve o arquivo com um novo nome apropriado (por exemplo, Ex36-VR25Ext) para preservar seu arquivo original da programação para uso futuro.
- Escolha o comando Design Operant Conditioning Experiment no menu Experiment.
- Clique na opção Extinction na caixa de diálogo, certifique-se de que aparece uma marca de verificação (✓) na caixa ao lado de Mute Pellet Dispenser e clique no botão Apply.
- Se você deseja acelerar o experimento, selecione o comando Isolate Sniffy (Accelerate Time) no menu Experiment.
- Deixe o programa executar até Sniffy alcançar o critério de extinção de no máximo duas respostas durante um período de 5 minutos.
- Salve o arquivo.

Imprima o registro cumulativo e determine quantas respostas Sniffy deu e quanto tempo decorreu antes de ele atingir o critério de extinção. Compare seus resultados de extinção com reforço parcial aos resultados de extinção que obteve anteriormente quando as respostas do Sniffy tinham sido mantidas por reforço contínuo.

Exercício 38: comportamento adjuntivo

Como você descobriu no Exercício 28, quando Sniffy tiver sido condicionado de modo operante para pressionar a barra, as frequências com que ele desempenha outros comportamentos em seu repertório comportamental são afetadas. Reforçar a pressão à barra aumenta sua frequência e também as frequências de outros comportamentos estritamente associados à alimentação. Ao mesmo tempo, as frequências com que Sniffy desempenha a maior parte dos outros comportamentos diminuem. Contudo, as frequências com que ratos desempenham comportamentos pelos quais não estão recebendo reforço também dependem do esquema de reforço. Algumas vezes, um comportamento pelo qual um animal nunca é reforçado pode aumentar em frequência como um efeito colateral do esquema de reforço no qual o pressionamento de barra está sendo reforçado. Comportamentos que aumentam em frequência como efeito colateral do esquema que está sendo empregado para manter outro comportamento são chamados **comportamentos adjuntivos** (Powell, Sumbaluk e Honey, 2009).

O ato de beber é o comportamento adjuntivo que psicólogos mais têm estudado. Ratos que estão recebendo reforço para pressionar a barra em horários de intervalo, especialmente horários de intervalo fixos, bebem mais frequentemente do que quando estão recebendo reforço para pressionar a barra a fim de obter reforço contínuo (Falk, 1961, 1971). O ato de beber mais como um comportamento adjuntivo é chamado polidipsia induzida pelo esquema. Para demonstrar a atitude de beber como um comportamento adjuntivo com Sniffy, precisamos comparar a frequência relativa com a qual Sniffy bebe quando recebe reforço para pressionar a barra com reforço contínuo e quando está desempenhando conforme os esquemas FI-50, VI-50, FR-50 e VR-50.

- ♦ Neste exercício, você utilizará o arquivo Sniffy do Exercício 23 (o qual sugerimos que você nomeasse como Ex23-ShapeBP), o arquivo VR-50 do Exercício 33, o arquivo VI-50 do Exercício 34, o arquivo FR-50 do Exercício 35 e o arquivo FI-50 do Exercício 36.
- ♦ Abra um dos arquivos em questão.
- ♦ Certifique-se de que o Cumulative Record (Registro Cumulativo) atual está sendo exibido.
- ♦ Selecione o submenu Behavior Repertoire (Repertório de Comportamentos) no item Research Assistant (Assistente de Pesquisa) no menu Windows.
- ♦ Clique no botão Record (Registrar) na janela Behavior Repertoire (Repertório de Comportamentos).

- Selecione Isolate Sniffy (Accelerated Time) no menu Experiment para acelerar o processo.
- Depois que os comportamentos tiverem sido registrados durante pelo menos 30 minutos de tempo de programa, torne Sniffy visível novamente selecionando o comando Show Sniffy (Mostrar Sniffy) no menu Experiment.
- Clique no botão Stop na janela Behavior Repertoire para interromper o registro de comportamentos.
- Certifique-se de que a janela Behavior Repertoire está selecionada clicando nela e, então, selecione o comando Export Data (Exportar Dados) no menu File.
- Dê ao seu arquivo de dados um nome apropriado e salve-o no local de seu disco rígido onde você mantém seus arquivos Sniffy.
- Compare as frequências relativas com as quais Sniffy desempenha seus comportamentos nos cinco esquemas de reforço.

O meio mais fácil de fazer as comparações de frequências relativas necessárias é criar uma planilha semelhante à que vemos a seguir.

Depois que você tiver colado as colunas de Frequência Relativa de seus cinco arquivos de comportamento exportados, a planilha deverá ter a seguinte aparência:

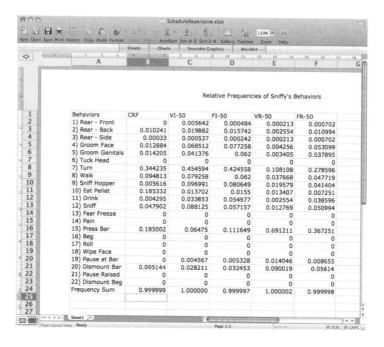

Por causa da variabilidade no comportamento do Sniffy, os números em sua planilha não são exatamente os mesmos que foram mostrados, mas deverão ser suficientemente similares para mostrar as mesmas tendências nas diferentes frequências para os diferentes esquemas e os vários comportamentos.

♦ Os dados mostram que a frequência relativa da atitude de beber é maior quando Sniffy está sendo reforçado no esquema FI-50, mas os esquemas VI-50 e FR-50 também produzem mais atitudes de beber do que o reforço contínuo.

♦ Quando comparamos as frequências relativas com que Sniffy desempenha outros comportamentos mediante reforço contínuo e os outros esquemas, vemos outros efeitos adjuntivos. Esses outros efeitos adjuntivos geralmente não ocorrem em ratos reais.

▬▬ Questões e tarefas para realizar

Os exercícios deste capítulo cobrem apenas os elementos básicos daquilo que é possível fazer com esquemas de reforçamento.

O valor do esquema afeta a taxa de pressão à barra como um todo?

Em um esquema de intervalo, o valor do esquema é o número de segundos após o reforço antes que o próximo reforço se torne disponível. Em um esquema de razão, o valor do esquema é o número de respostas exigido para um reforço. Os Exercícios 32, 33, 34 e 35 pedem para configurar esquemas VR, VI, FR e FI, respectivamente, com "tamanho" 50.

Variar o tamanho do esquema deveria produzir efeitos diferentes para tipos diferentes de esquema. Escolha dois tipos diferentes de esquemas, como VI e VR. Treine Sniffy integralmente (de modo que a associação barra-som e a força da ação se aproximem de seus respectivos valores máximos) para responder a valores 5, 10, 25, 50 e 100 para cada um dos dois tipos de esquemas. Determine, então, o número de vezes que ele pressiona a barra durante 30 minutos do esquema e divida esse número por 30 a fim de obter um número médio de respostas por minuto.

- Como a taxa de respostas varia à medida que o valor dos esquemas aumenta?
- Ele varia do mesmo modo para os dois tipos de esquema?

O valor do esquema afeta a resistência à extinção?

Escolha um tipo de esquema (VR, VI, FR ou FI) e treine Sniffy integralmente (de modo que a associação barra-som esteja em seu valor máximo ou muito próxima dele) para responder nos valores 5, 10, 25, 50 e 100. Determine, então, quantas respostas Sniffy dará e quanto tempo decorrerá antes de ocorrer a extinção das pressões na barra com esquemas de valores diferentes.

- Como o valor do esquema afeta a resistência à extinção?

13

Discriminação e generalização de estímulos

Elementos básicos e teoria

O condicionamento operante envolve a formação de uma associação em três partes entre uma situação, um padrão de comportamento (resposta) e um reforçador (Domjan, 1998, 2003, 2010; Mazur, 1998; Schwartz e Reisberg, 1991; Tarpy, 1997). Como resultado, animais e pessoas aprendem que comportamentos produzem reforçadores específicos e em quais situações. Pelo fato de a situação (o estímulo do ambiente) ser parte desse processo associativo, os organismos podem aprender a comportar-se de modo apropriadamente diferente na presença de estímulos diferentes. Aprender a comportar-se diferentemente na presença de estímulos diferentes é denominado **aprendizagem de discriminação**. A capacidade para aprender discriminações de estímulos é a razão por que um gato pode aprender a defecar em seu recipiente para dejetos, e não no meio do chão da cozinha, e por que as pessoas aprendem a comportar-se diferentemente em um tribunal e em um bar.

No entanto, a mesma situação envolvendo um estímulo raramente é reproduzida de modo exato. As pessoas não têm de reaprender um comportamento apropriado no bar quando visitam um novo estabelecimento, e os hábitos fisiológicos apropriados de um gato normalmente se conservarão caso haja substituição de um tipo de recipiente para dejetos por outro. Essa capacidade para responder de um modo similar na presença de estímulos similares, porém não idênticos, é denominada **generalização de estímulos**.

O programa Sniffy Pro fornece um modelo da aprendizagem por discriminação de estímulos auditivos e a generalização de estímulos. Ao criar as simulações de Sniffy desses processos, tomamos alguma liberdade em relação à vida real a fim de criar um instrumento de aprendizagem que auxiliará a compreender alguns dos fenômenos que os livros de Psicologia da Aprendizagem comumente discutem. Para citar um exemplo, atribuímos a Sniffy a habilidade de aprender discriminações de um modo rápido, mas que não é realista. Os ratos reais normalmente requerem muitas sessões diárias de treinamento para dominar os tipos de discriminação que o programa Sniffy simula, porém Sniffy usualmente os aprenderá em uma hora ou menos de tempo de programa. De modo mais significativo, oferece um modelo de aprendizagem por discriminação e diferenciação auditiva e a generalização de estímulos de Sniffy para simular fenômenos que foram, em sua maior parte, descobertos em pombos treinados para a discriminação visual de cores e figuras geométricas (Hanson, 1959; Honig et al., 1963). Em virtude de os ratos reais não distinguirem cores e por geralmente possuírem uma visão muito ruim, não poderíamos atribuir a Sniffy uma excelente visão das cores. No entanto, criamos a capacidade de aprendizagem de Sniffy por discriminação auditiva e generalização de estímulos para reproduzir fenômenos de aprendizagem por discriminação visual e generalização de estímulos em pombos, muito embora os dados indiquem a existência de certas diferenças entre pombos e ratos e entre visão e audição (Jenkins e Harrison, 1960, 1962). Tomamos essas liberdades a fim de capacitar Sniffy a simular o *deslocamento do pico* e o *contraste comportamental*, dois fenômenos que a maioria dos livros de Psicologia da Aprendizagem discute e que muitos alunos encontram dificuldade para compreender. Acreditamos que a resolução dos exercícios do programa Sniffy Pro descritos neste capítulo ajudará você a compreender esses fenômenos. Simplesmente tenha em mente que os mesmos experimentos realizados com ratos reais provavelmente produziriam resultados diferentes daqueles realizados com Sniffy.

No condicionamento operante, um estímulo que esteja correlacionado com uma mudança em um esquema de reforçamento é denominado **estímulo discriminativo**. Um estímulo em cuja presença uma resposta é reforçada é denominado **estímulo discriminativo positivo**. A abreviação para esse conceito é **S+** (ou **S^D**). Um estímulo em cuja presença uma resposta é extinta é denominado **estímulo discriminativo negativo**, cuja abreviatura é **S–** (ou **S$^\Delta$**).

O programa Sniffy usa tons para simular duas formas de aprendizagem por discriminação de estímulos. Na **aprendizagem por discriminação simples,** um tom pode estar ligado ou não. Se o tom for um estímulo discriminativo positivo (S+), então Sniffy é reforçado quando o tom é ligado e ocorre a extinção no caso contrário. Se o tom for um estímulo discriminativo negativo (S–), ocorre a extinção quando o tom é ligado e o reforço no caso contrário. Denominamos **aprendizagem de discriminações S+/S–** o segundo tipo de aprendizagem por discriminação que o programa Sniffy simula. Nesse caso, S+ e S– são tons de frequências diferentes.

Após Sniffy ter aprendido uma discriminação simples usando um tom como S+ ou S–, você pode avaliar a generalização de estímulos. Os testes de generalização são realizados em condições de extinção. Para entender o motivo disso, imagine que você tenha treinado Sniffy em uma discriminação simples na qual um tom de 2 kHz era o S+ e a condição de ausência do tom era o S–. Para determinar como o nível de generalização se relaciona ao grau de similaridade entre diversos possíveis estímulos de teste e S+ original do treino, você testaria Sniffy apresentando tons de várias frequências diferentes (por exemplo, 1,0, 1,25, 1,5, 1,75, 2,0, 2,25, 2,5, 2,75 e 3,0 kHz). Além disso, você provavelmente gostaria de traçar uma curva de generalização de estímulos, um gráfico em que indica no eixo vertical (como variável dependente), o número de respostas que Sniffy dá durante os períodos de teste de duração-padrão e no eixo horizontal (como variável independente), a frequência dos diferentes tons empregados no teste. Você deseja que o desempenho de Sniffy durante a presença desses tons reflita sem viés a tendência do rato para generalizar como resultado da aprendizagem por discriminação. Realizar os testes sem reforçar Sniffy na presença de qualquer dos tons empregados no teste é o melhor procedimento porque reforçar Sniffy na presença de qualquer dos estímulos modificaria sua aprendizagem original por discriminação, fazendo com que ele considerasse os tons empregados no teste como S+ adicionais. O teste sob condições de extinção também modifica a aprendizagem por diferenciação original. Os testes nos quais Sniffy ouve um tom mas não é reforçado tornam menos provável ele responder na presença de qualquer tom. Entretanto, esse é um problema menos sério por ser mais fácil lidar com o efeito de extinção do que com o efeito de começar a ensinar Sniffy que os tons empregados no teste são S+.

Para obter uma estimativa sem viés da generalização de estímulos (a fim de traçar um gráfico da curva de generalização de estímulos que não seja afetada pelos efeitos do reforço em animais na presença de estímulos de teste ou pelos efeitos da extinção), os experimentadores que trabalham com organismos reais normalmente treinam diversos animais no problema original de discriminação e então os testam, apresentando, durante um curto intervalo de tempo, cada um dos estímulos do teste em ordem sucessiva. Cada animal recebe os estímulos do teste em uma sequência diferente. Com esse procedimento, os resultados para qualquer animal específico são determinados pelo grau de similaridade entre cada estímulo do teste e o S+ original e pelos efeitos em vigor da extinção. Por causa da generalização de estímulos, o animal possui uma tendência para responder com mais rapidez na presença de estímulos que são muito similares ao S+ do que na presença de estímulos menos similares. Por causa da extinção, o animal possui uma tendência para responder mais lentamente na presença de estímulos que ocorrem no fim da sequência do que na presença de estímulos que ocorrem no início da sequência. No entanto, devido ao fato de animais diferentes receberem os estímulos em ordens aleatórias diferentes, cada estímulo aparece no início da sequência para alguns animais, no meio para outros e no

fim para os demais. Portanto, o efeito de extinção não introduz viés quando comparamos os números médios de pressão na barra para os diferentes estímulos do teste. Quando você considera que diversos animais precisam ser treinados e testados e que os animais reais aprendem lentamente a discriminação de estímulos, é fácil ver que o estudo da generalização de estímulos com animais reais exige muito tempo e esforço.

O fato de Sniffy ser uma simulação, e não um animal real, simplifica o estudo da generalização de estímulos. Você pode salvar um único arquivo de aprendizagem de discriminação quando o processo de aprendizagem estiver completo e então reverter à condição em que estava o arquivo no final do treinamento para cada teste de generalização. Desse modo, você cria uma situação em que cada estímulo do teste é o "primeiro" que Sniffy recebe imediatamente após o final da aprendizagem por discriminação. Portanto, você não precisa se preocupar em apresentar os estímulos do teste em ordens aleatórias diferentes para evitar resultados enviesados pelo efeito da extinção.

O procedimento para avaliar a generalização de estímulos é o mesmo se um animal aprendeu uma diferenciação simples ou uma discriminação S+/S–, porém os resultados serão diferentes. Quando acontece o reforço na presença de um tom e ocorre a extinção quando o tom é desligado (um procedimento que, no contexto do programa Sniffy Pro, denominamos **aprendizagem de discriminação simples com um tom S+**), o animal desenvolve uma tendência positiva para responder na presença do S+ e dos estímulos parecidos com S+. O potencial para a generalização de estímulos que se desenvolve como resultado desse procedimento é mostrado esquematicamente no gráfico a seguir:

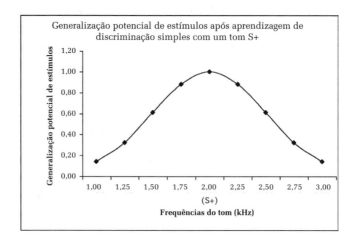

Em oposição, quando um animal tiver sua resposta extinta na presença de um tom e reforçada quando o tom for desligado, uma situação que denominamos **aprendizagem de discriminações simples com um tom S–**, ele desenvolve uma tendência negativa para responder em presença do S– e dos estímulos parecidos com S–. O potencial para generalização da inibição à pressão na barra que se desenvolve como resultado desse procedimento é mostrado no gráfico a seguir:

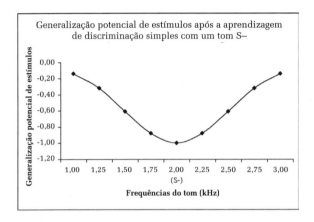

Durante a aprendizagem de discriminação S+/S–, quando um animal é reforçado para responder em presença de um tom de uma frequência (o S+) e a resposta é extinta na presença de um tom de outra frequência (o S–), podemos levantar a hipótese de que o animal desenvolve uma tendência positiva (excitatória) para responder na presença de S+ e de estímulos parecidos com S+ e uma tendência negativa (inibitória) a responder ao S– e aos estímulos parecidos com S– (Spence, 1937). Se S+ e S– são suficientemente similares, podemos imaginar que as curvas de generalização excitatória e inibitória coincidem e interagem entre si. O gráfico a seguir mostra o que poderia ocorrer se S+ fosse um tom de 2,0 kHz e S–, um tom de 1,75 kHz. O gráfico traz uma curva de generalização excitatória que poderia surgir como resultado de reforçar o animal na presença do tom de 20 kHz e uma curva de generalização inibitória que poderia desenvolver-se como resultado da extinção da resposta do animal na presença do tom de 1,75 kHz. O gráfico mostra, além disso, a curva final de generalização que resultaria da subtração da curva inibitória da curva excitatória. A curva de generalização final é uma previsão de como poderiam ser os resultados do teste de generalização após um animal ter recebido treinamento de discriminação S+/S– extensivo com um S+ e um S– muito similares entre si.

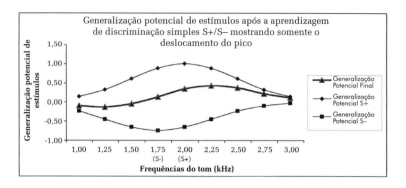

A linha que indica a generalização potencial final faz duas previsões interessantes a respeito de como o animal deveria comportar-se durante os testes de generalização:

♦ A curva de generalização potencial final não atinge seu pico com S+ de 2 kHz, mas com o tom de 2,25 kHz, o estímulo ao lado do S+ no lado oposto de S–. Esse fenômeno é denominado **deslocamento do pico**. Ele resulta da interação das curvas de generalização excitatória e inibitória. Quando S+ e S– estão próximos, ocorre tanta generalização da inibição de S– para S+ que o número de respostas dos animais na presença de S+ é reduzido. Quando a generalização de estímulos é avaliada após a discriminação de cores S+/S– em pombos, o efeito previsto do deslocamento de pico é visto com frequência (por exemplo, Hanson, 1959).

♦ No modelo simples apresentado no gráfico anterior, a "altura" prevista do pico após a aprendizagem de discriminação S+/S– é menor do que seria após a aprendizagem de discriminação S+ com um tom porque a curva de generalização inibitória reduz a tendência positiva para responder ao S+ e aos estímulos similares a S+. Por essa razão, o modelo prevê que, em geral, os animais deveriam responder menos em presença de estímulos do teste após a aprendizagem de discriminação S+/S– do que após uma aprendizagem de discriminação simples S+ com tom. Dados de pombos que aprenderam discriminações de cores contradizem essa previsão (por exemplo, Hanson, 1959). Após a aprendizagem de discriminação S+/S–, o número de respostas ao atingir o pico é maior do que após a aprendizagem por discriminação simples S+. Esse número maior de respostas no pico constitui um exemplo de um fenômeno denominado **contraste comportamental**.

O gráfico a seguir mostra as curvas de generalização excitatória e inibitória que aparecem como resultado da aprendizagem de discriminações simples juntamente com uma curva de generalização potencial final que reflete mais precisamente o modo como alguns animais respondem efetivamente durante os testes de generalização após a aprendizagem de discriminação S+/S–. Essa curva, que tem como modelo o comportamento dos pombos que aprenderam a discriminar cores, foi traçada subtraindo os valores da curva inibitória dos valores da curva excitatória e multiplicando as diferenças por uma constante.

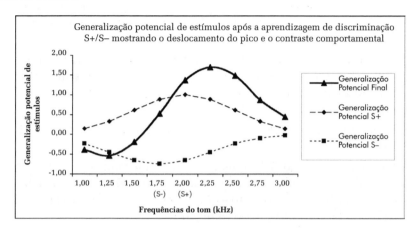

Preparando os experimentos de aprendizagem de discriminação

Quando você escolhe o comando Design Operant Conditioning Experiment no menu Experiment, aparece a seguinte caixa de diálogo.

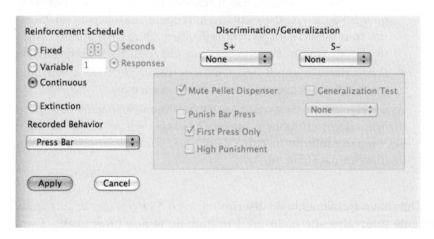

Eis os passos que você deve seguir para criar um experimento de aprendizagem de discriminação na caixa de diálogo:

- Abra um arquivo no qual Sniffy tenha sido totalmente treinado para responder com reforço contínuo (o arquivo do Exercício 23 que lhe sugerimos fosse denominado Ex23-ShapeBP ou o arquivo designado ShapeBP na pasta Sample Files).[1] Examine as associações na janela da mente Operant Associations. A associação som-alimento, a associação barra-som e a força da ação devem estar todas em seus níveis máximos antes de você iniciar um experimento de aprendizagem de discriminação.
- Selecione o comando Save As no menu File para salvar o arquivo com um novo nome em seu disco rígido. *Esse passo é importante por preservar seu arquivo original do Sniffy treinado para uso em experimentos futuros.*
- Selecione Design Operant Conditioning Experiment no menu Experiment.
- Na caixa de diálogo, selecione o estímulo que você deseja empregar como S+ (o estímulo em cuja presença as pressões na barra de Sniffy serão reforçadas) e o S– (o estímulo em cuja presença as pressões na barra de Sniffy não serão reforçadas).
  ◊ Para criar a aprendizagem de discriminação S+ com um tom, aponte o cursor no menu suspenso sob S+, clique seu botão (esquerdo) do mouse e então o movimente na tela para selecionar um tom de uma frequência específica. Durante a aprendizagem de discriminação simples S+ com um tom, S– é sempre None.
  ◊ Para criar a aprendizagem de discriminação simples S– com um tom, aponte o cursor no menu suspenso sob S–, clique o botão (esquerdo) do seu mouse e então o movimente na tela para selecionar um tom de uma frequência específica. Durante a aprendizagem de discriminação simples S– com um tom, S+ é sempre None.
  ◊ Para criar a aprendizagem de discriminação S+/S–, selecione tons de frequências diferentes para o S+ e o S–.
- Após selecionar o S+ e o S– para o experimento específico de aprendizagem de discriminação que você deseja realizar, clique no botão OK na parte inferior da caixa de diálogo para iniciar o treinamento de discriminação de Sniffy.

Durante o treinamento de discriminação, o S+ e o S– serão apresentados durante intervalos alternados de 1 minuto do tempo programado. Durante

---

[1] Como variação desses exercícios, você poderia tentar a utilização de um arquivo em que Sniffy tenha sido completamente treinado para responder em um esquema PRF. No entanto, a aprendizagem de discriminação levará um tempo muito maior se Sniffy estiver respondendo

o S+, as pressões na barra feitas por Sniffy são reforçadas. Durante o S–, as pressões na barra feitas pelo rato não são reforçadas.

Durante o treinamento para a discriminação, você pode observar o progresso de Sniffy examinando a janela Cumulative Record, a janela da mente Operant Associations e a janela da mente DS Response Strength.

O registro cumulativo indica a ocorrência dos períodos de S+ e de S– e mostra com que frequência Sniffy pressiona a barra durante cada período. A ilustração a seguir mostra o aparecimento do registro cumulativo logo no início de um experimento de aprendizagem de discriminação S+/S– na qual S+ é o tom de 2,0 kHz e S– é o tom de 2,25 kHz. Observe como as ocorrências desses estímulos estão indicadas.

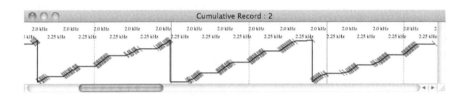

Logo no início da aprendizagem de discriminação, Sniffy pressionará a barra com a mesma frequência sob as duas condições de estímulo. À medida que a aprendizagem de discriminação se desenvolve, ele começará a pressionar com mais frequência durante o S+ do que durante o S–. Quando a aprendizagem por diferenciação estiver completa, ele pressionará a barra frequentemente durante o S+ e muito raramente, ou talvez nunca, durante o S–.

No início da aprendizagem de discriminação, a janela da mente Operant Associations mostrará que a associação barra-som e a força da ação se encontram em níveis elevados. Inicialmente, quando as pressões na barra de Sniffy não são reforçadas durante o S–, a associação barra-som e a força da ação se enfraquecerão. À medida que prossegue a aprendizagem de discriminação, a força da associação barra-som e a força da ação deixarão de enfraquecer e começarão a aumentar. Quando a aprendizagem de discriminação estiver completa, a associação barra-som e a força da ação atingirão seu ponto máximo ou estarão próximas dele.

---

no contexto de um esquema PRF do que se estiver respondendo com reforço contínuo. Quando Sniffy receber um reforço para toda resposta que der na presença do S+ e nunca for reforçado na presença do S–, ele pode discriminar facilmente as contingências de reforço em efeito sob as duas condições de estímulo. Se Sniffy estiver recebendo reforço em uma programação PRF na presença de S+ e a resposta for extinta na presença de S–, o contraste entre as duas contingências de reforço é menos visível e a aprendizagem de discriminação diminui de ritmo. Em razão de o S+ e o S– ocorrerem durante períodos alternados de 1 minuto, Sniffy nunca pode aprender discriminação se o esquema em efeito durante o S+ o reforça com menos frequência do que uma vez por minuto.

A janela da mente DS Response Strength mostra a tendência de Sniffy para pressionar a barra na presença de tons de frequências diferentes. Essa janela da mente prevê, desse modo, os resultados que você obteria se realizasse testes de generalização. No início da aprendizagem de discriminação, essa janela mostra uma tendência igualmente moderada para responder na presença de todos os tons diferentes. Durante o treinamento para discriminação, a janela DS Response Strength (Força da Resposta ao Estímulo Discriminativo) indicará o aparecimento de tendências de resposta excitatórias (acima de zero) e/ou inibitórias (abaixo de zero). A imagem a seguir mostra a janela da mente DS Response Strength conforme ela aparece no final de um experimento de discriminação S+/S– em que o S+ era o tom de 2,0 kHz e o S– era o tom de 2,25 kHz. Neste caso, tanto as tendências excitatórias para responder quanto as inibitórias para não responder estão associadas à maioria dos tons.

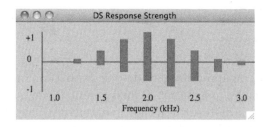

Seus critérios para decidir se a aprendizagem de discriminação de Sniffy está completa devem ser baseados conjuntamente em observações da janela Cumulative Record atual e das janelas da mente Operant Associations e DS Response Strength. Quando a aprendizagem por diferenciação estiver completa:

♦ A janela Cumulative Record atual mostrará que Sniffy está respondendo constantemente (ao longo de diversos ciclos S+/S– consecutivos) durante o S+ e muito raramente (ou nunca) durante o S–.
♦ Na janela Operant Associations, a associação barra-som e a força da ação estarão próximas de seus valores máximos.
♦ O aspecto da janela DS Response Strength terá estabilizado. A altura das barras não irá mais se alterar.

Quando o treinamento de Sniffy estiver completo, escolha o comando Save no menu File a fim de salvar seus resultados para utilização em testes de generalização de estímulo.

Transferindo os dados de força da resposta de DS para uma planilha ou programa de análise estatística

A janela da mente DS Response Strength é configurada em função dos dados numéricos que o programa Sniffy Pro armazena internamente no arquivo Sniffy Pro. Você pode visualizar esses dados salvando-os em um arquivo de dados exportados e então abrir esse arquivo com um programa de planilha ou de análise estatística. Para criar o arquivo de dados exportados:

- Se a janela DS Response Strength estiver oculta, torne-a visível selecionando-a na seção Mind Windows do menu Windows.
- Assegure-se de que a janela DS Response Strength seja selecionada apontando o cursor em qualquer parte da janela e clicando uma vez o botão (esquerdo) do mouse.
- Selecione o comando Export Data no menu File.
- Na caixa de diálogo, para salvar o arquivo que aparece, atribua um nome apropriado ao arquivo de dados exportados e salve-o em um lugar apropriado no disco rígido de seu computador.

O programa Sniffy Pro cria um arquivo de texto que a maior parte dos programas de planilha ou de análise estatística é capaz de ler. Para visualizar o arquivo em uma planilha ou programa de análise estatística:

- Inicie o programa no qual você deseja visualizar seus dados transferidos do Sniffy Pro.
- Escolha o comando Open no menu File desse programa.
- Na caixa de diálogo que aparece, dirija-se ao lugar no seu disco rígido em que você salvou o arquivo de dados exportados do Sniffy Pro.
- Se o arquivo de dados exportados do Sniffy Pro não estiver visível, escolha a opção Show All Files na caixa de diálogo que abre os arquivos.
- Se nenhuma opção Show All Files estiver disponível ou se o programa não abrir o arquivo de modo bem-sucedido quando você o selecionar, verifique se o programa possui um comando especial de importação de dados. Se necessário, leia o manual de seu programa de planilha eletrônica ou de análise estatística ou busque os arquivos de ajuda na Internet para determinar como importar um arquivo de texto delimitado por tabulação.

A janela reproduzida a seguir mostra a aparência dos dados transferidos quando um arquivo for aberto com o Microsoft Office versão X do Microsoft Excel para o Macintosh OS X. Os dados terão uma aparência similar na maioria das planilhas ou programas de análise estatística.

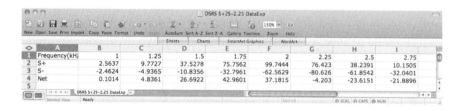

Os dados estão dispostos nas Linhas 1 a 4 e nas Colunas B a J. As indicações na Coluna A descrevem a natureza dos dados nas outras colunas.

♦ Na linha 1, os valores que aparecem após "Frequency(kHz)" são as frequências dos nove possíveis tons do teste.

♦ Na linha 2, os valores que aparecem após "S+" são as tendências excitatórias de Sniffy para responder na presença de cada um dos possíveis tons do teste.

♦ Na linha 3, os valores que aparecem após "S−" são as tendências inibitórias de Sniffy para não responder na presença de cada um dos possíveis tons do teste.

♦ Na linha 4, os valores que aparecem após "Net" são obtidos subtraindo os valores inibitórios dos valores excitatórios. Esses valores finais preveem como Sniffy deve responder durante os testes de generalização. Sniffy não deveria pressionar a barra na presença de um tom com Net < 0. Para tons com Net > 0, o número de respostas de Sniffy deve estar correlacionado com a magnitude do valor.

Preparando os testes de generalização de estímulos

Eis os passos que você precisa seguir para avaliar a generalização de estímulos:

♦ Abra um arquivo em que Sniffy tenha sido treinado integralmente em uma tarefa de aprendizagem de discriminação.

♦ Selecione o comando Design Operant Conditioning Experiment no menu Experiment.

- Na caixa de diálogo Design Operant Conditioning Experiment:
  ◊ Selecione Extinction.
  ◊ Assegure-se de que existe uma marca de verificação (✓) na caixa ao lado de Mute Pellet Dispenser.
  ◊ Coloque uma marca de verificação (✓) na caixa ao lado de Generalization Test apontando o cursor na caixa e clicando o botão (esquerdo) do mouse.
  ◊ Selecione a frequência do tom que você deseja testar no menu suspenso sob Generalization Test.
  ◊ Clique no botão OK.

O programa Sniffy Pro executará automaticamente um teste de generalização no qual o tom selecionado é apresentado continuamente durante 2 minutos do tempo programado. Durante o teste, o Lab Assistant contará o número de vezes que Sniffy pressiona a barra e relatará o resultado na janela Lab Assistant Helpful Advice (Conselho Útil do Assistente de Laboratório). Registre em uma folha de papel a frequência do tom do teste e o número de vezes que Sniffy pressionou a barra durante o teste.

Para realizar seu próximo teste de generalização, escolha o comando Revert no menu File do Sniffy Pro e repita os passos supracitados.

- **Advertência 1**: É muito importante executar o comando Revert para que o arquivo retorne ao estado que apresentava no início do treinamento de discriminação antes de realizar o próximo teste.
- **Advertência 2**: Também é muito importante não salvar o arquivo no fim de um teste de generalização. Salvar o arquivo no fim de um teste de generalização fará com que você tenha um Sniffy parcialmente extinto e tornará impossível a realização de outros testes de generalização sem viés. Se você salvar um Sniffy parcialmente extinto, sua única opção consistirá em repetir o treinamento de discriminação antes de realizar testes de generalização adicionais.

Exercício 39: aprendizagem de discriminação simples com um tom S+

Neste exercício, você ensinará a Sniffy uma discriminação simples usando o tom de 2,0 kHz como S+ e a ausência de tom (None) como S–. Eis os passos que você deve seguir para realizar o experimento:

- Abra um arquivo no qual Sniffy tenha sido treinado integralmente para pressionar a barra com reforço contínuo. Você pode usar o arquivo que lhe recomendamos fosse denominado Ex23-ShapeBP no Exercício 23 ou o arquivo denominado ShapeBP na pasta Sample Files.
- Use o comando Save As para salvar o arquivo com um novo nome apropriado (por exemplo, Ex37 S+2) na pasta Sniffy Files no disco rígido de seu computador.
- Selecione o comando Design Operant Conditioning Experiment no menu Experiment.
- Siga as instruções gerais indicadas na seção deste capítulo intitulada "Preparando os experimentos de aprendizagem de discriminação" para realizar um experimento em que o tom de 2,0 kHz de frequência é o S+ e a ausência do tom (None) é o S–.
- Se você deseja acelerar o experimento, selecione o comando Isolate Sniffy (Accelerate Time) no menu Experiment.
- Salve o arquivo após a aprendizagem de discriminação de Sniffy estar completa.

Quando a aprendizagem de discriminação estiver completa de acordo com os critérios discutidos na seção deste capítulo intitulada "Preparando os experimentos de aprendizagem de discriminação", a janela Cumulative Record e a janela da mente DS Response Strength devem ficar parecidas com as mostradas a seguir:

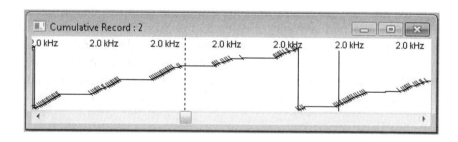

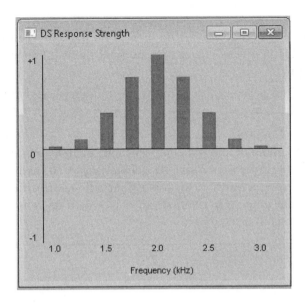

▬▬ Exercício 40: generalização de estímulos após a aprendizagem de discriminação simples com um tom S+

Neste exercício, você medirá a generalização do estímulo após a aprendizagem de discriminação simples que Sniffy adquiriu com um tom no Exercício 37. Para fazer esse exercício, siga os passos:

- Abra o arquivo do Exercício 37 que lhe sugerimos fosse denominado Ex37 S+2.
- Verifique os critérios indicados na seção deste capítulo intitulada "Preparando os experimentos de aprendizagem de discriminação" para assegurar-se de que a aprendizagem de discriminação está completa. Caso não esteja completa, deixe o programa executar (após a abertura do arquivo) até que o critério de finalização seja atingido.
- Siga as instruções gerais indicadas na seção deste capítulo intitulada "Preparando os testes de generalização de estímulos" a fim de selecionar o tom de 1,0 kHz para o teste de generalização.
- Quando o teste estiver completo, observe a janela Lab Assistant a fim de determinar quantas vezes Sniffy pressionou a barra durante o teste. Registre em uma folha de papel o número de pressões na barra.

> ♦ Escolha o comando **Revert** no menu **File** para reverter o arquivo ao estado em que se encontrava no final do treinamento por diferenciação.
>
> ♦ Repita esses passos a fim de testar a generalização de Sniffy para os outros oito tons.

Use um programa de planilha eletrônica, de análise estatística ou editor de gráficos para traçar uma curva de generalização na qual você indica o número de vezes que Sniffy pressionou a barra no eixo vertical (*y*) e as frequências do tom no eixo horizontal (*x*). Seu gráfico de generalização final deve parecer-se com o seguinte:

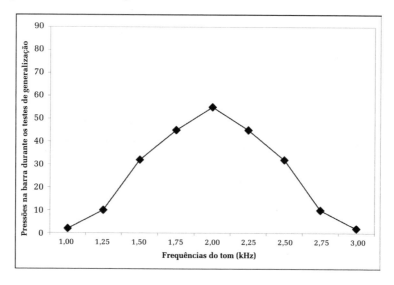

▬▬ Exercício 41: aprendizagem de discriminação simples com um tom S–

Neste exercício, você ensinará a Sniffy uma discriminação simples usando o tom de 2,0 kHz como S– e a ausência de tom (None) como S+. Eis os passos necessários para realizar o experimento:

> ♦ Abra um arquivo no qual Sniffy tenha sido treinado integralmente para pressionar a barra com reforço contínuo. Você pode usar o arquivo que lhe recomendamos fosse denominado Ex23-ShapeBP no Exercício 23 ou o arquivo denominado ShapeBP na pasta Sample Files.

- Use o comando Save As para salvar o arquivo com um novo nome apropriado (por exemplo, Ex39 S-2) no disco rígido de seu computador.
- Selecione o comando Design Operant Conditioning Experiment no menu Experiment.
- Siga as instruções gerais indicadas anteriormente neste capítulo na seção intitulada "Preparando os experimentos de aprendizagem de discriminação" para realizar um experimento de aprendizagem de discriminação no qual o tom de 2,0 kHz é o S– e a ausência de tom (None) é o S+.
- Se você deseja acelerar o experimento, selecione o comando Isolate Sniffy (Accelerate Time) no menu Experiment.
- Salve o arquivo quando a aprendizagem de discriminação de Sniffy estiver completa.

Quando a aprendizagem de discriminação estiver completa, a janela Cumulative Record e a janela da mente DS Response Strength devem ficar parecidas com as mostradas a seguir:

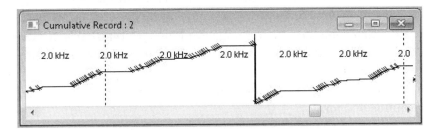

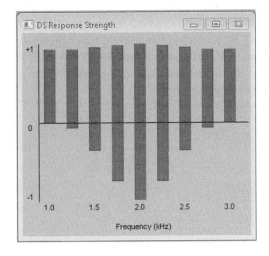

Exercício 42: generalização de estímulos após a aprendizagem de discriminação simples com um tom S−

Neste exercício, você medirá a generalização de estímulos após a aprendizagem de discriminação simples S− que Sniffy adquiriu no Exercício 39. Para realizar o exercício, siga estes passos:

- Abra o arquivo do Exercício 39 que lhe sugerimos fosse denominado Ex39 S-2.
- Verifique os critérios indicados na seção deste capítulo intitulada "Preparando os experimentos de aprendizagem de discriminação" a fim de se assegurar de que a aprendizagem de discriminação esteja completa. Caso não esteja, deixe o programa executar até que seja observado o critério de finalização.
- Siga as instruções gerais indicadas na seção deste capítulo intitulada "Preparando os testes de generalização de estímulos" a fim de selecionar o tom de 1,0 kHz para um teste de generalização.
- Quando o teste finalizar, observe a janela Lab Assistant para determinar quantas vezes Sniffy pressionou a barra durante o teste. Registre em uma folha de papel o número de pressões na barra.
- **Escolha o comando Revert no menu File para retornar o arquivo ao estado em que se encontrava no final do treinamento de discriminação.**
- Repita esses passos a fim de testar a generalização de Sniffy para os outros oito tons.

Use um programa de planilha eletrônica, de análise estatística ou editor de gráficos para traçar uma curva de generalização na qual você indica o número de vezes que Sniffy pressionou a barra no eixo vertical (y) e as frequências do tom no eixo horizontal (x). Sua curva de generalização final deve ficar parecida com a seguinte:

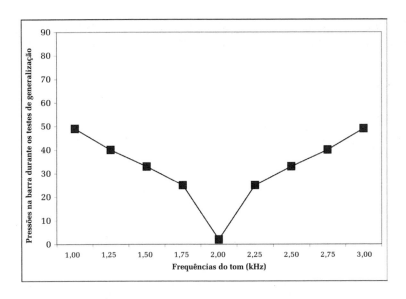

▬▬ Exercício 43: aprendizagem de discriminações S+/S−

Neste exercício, você ensinará a Sniffy uma diferenciação S+/S− usando o tom de 2,0 kHz como S+ e o tom de 2,25 kHz como S−. Eis os passos que você deve seguir para realizar o experimento:

- ♦ Abra um arquivo em que Sniffy tenha sido treinado integralmente a pressionar a barra com reforço contínuo. Você pode usar o arquivo que lhe recomendamos fosse denominado Ex23-ShapeBP no Exercício 23 ou o arquivo denominado ShapeBP na pasta Sample Files.
- ♦ Use o comando Save As para salvar o arquivo com um novo nome apropriado (por exemplo, Ex41 S+2 S-2,25) na pasta Sniffy Files em seu disco rígido.
- ♦ Selecione o comando Design Operant Conditioning Experiment no menu Experiment.
- ♦ Siga as instruções gerais indicadas na seção deste capítulo intitulada "Preparando os experimentos de aprendizagem de discriminação" para realizar um experimento em que S+ é o tom de 2,0 kHz e S− o tom de 2,25 kHz.
- ♦ Se você deseja acelerar o experimento, selecione o comando Isolate Sniffy (Accelerate Time) no menu Experiment.
- ♦ Salve o arquivo quando a aprendizagem de discriminação de Sniffy estiver completa.

Quando a aprendizagem de discriminação estiver completa, a janela Cumulative Record e a janela da mente DS Response Strength devem ficar parecidas com as mostradas a seguir:

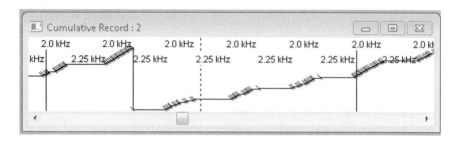

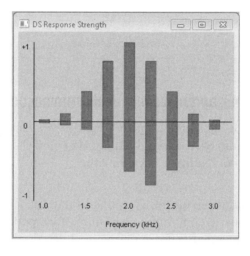

Exercício 44: generalização de estímulos após a aprendizagem de discriminação S+/S−

Neste exercício, você medirá a generalização do estímulo após a aprendizagem de discriminação S+/S− que Sniffy adquiriu no Exercício 41. Para fazer o exercício, siga estes passos:

- Abra o arquivo do Exercício 41 que sugerimos fosse denominado Ex41 S+2 S−2,25.
- Verifique os critérios indicados na seção deste capítulo intitulada "Preparando os experimentos de aprendizagem de discriminação" para certificar-se de que a aprendizagem de discriminação foi

finalizada. Caso isso não tenha ocorrido, deixe o programa executar até que o critério de finalização seja cumprido.

◆ Siga as instruções gerais indicadas na seção deste capítulo intitulada "Preparando os testes de generalização de estímulos" a fim de selecionar o tom de 1,0 kHz para um teste de generalização.

◆ Quando o teste tiver terminado, observe a janela Lab Assistant para determinar quantas vezes Sniffy pressionou a barra durante o teste. Registre em uma folha de papel o número de pressões na barra.

◆ **Escolha o comando Revert no menu File para reverter o arquivo ao estado em que se encontrava no final do treinamento para a discriminação.**

◆ Repita esses passos a fim de testar a generalização de Sniffy para os demais oito tons.

Use um programa de planilha eletrônica, de análise estatística ou editor de gráficos para traçar uma curva de generalização na qual você indicará o número de vezes que Sniffy pressionou a barra no eixo vertical (*y*) e as frequências do tom no eixo horizontal (*x*). Sua curva de generalização final deve ficar parecida com a seguinte:

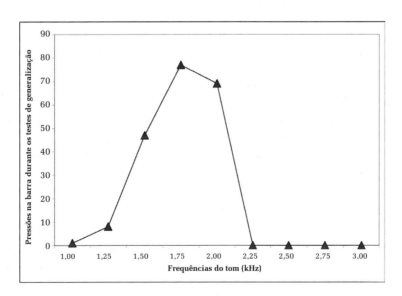

▬▬▬ Comparação de três curvas de generalização

O gráfico a seguir mostra conjuntamente as curvas de generalização dos Exercícios 38, 40 e 42.

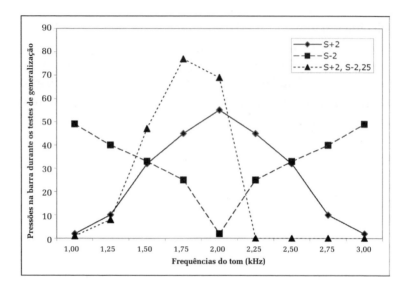

Observe as seguintes características comparativas:

◆ O número máximo de respostas após a aprendizagem de discriminação S+/S– é maior que o número máximo de respostas após a aprendizagem de discriminação simples S+. O número de respostas comparativamente maior após a aprendizagem de discriminação S+/S– exemplifica o fenômeno denominado *contraste comportamental*. Esse fenômeno é observado comumente em pombos que aprenderam a diferenciar luzes de comprimentos de onda (cores) distintos (por exemplo, Hanson, 1959), porém não em ratos reais treinados para diferenciar tons de frequências diferentes (Jenkins e Harrison, 1960, 1962).

◆ Na tarefa de aprendizagem de discriminação S+/S–, o S+ foi o tom de 2,0 kHz e o S– foi o de 2,25 kHz. No entanto, o número máximo de respostas de Sniffy ocorreu com o tom de 1,75 kHz. O fato de Sniffy ter respondido mais vezes em presença do tom de 1,75 kHz do que na presença do S+ de 2,0 kHz exemplifica o fenômeno denominado *mudança de pico*. Ratos reais treinados em discriminações auditivas S+/S– apresentam deslocamento de pico (Jenkins e Harrison, 1960, 1962). Porém, a curva de generalização de Sniffy provavelmente não é uma reprodução quantitativa exata da curva de generalização que os ratos reais produziriam.

♦ A curva de generalização de Sniffy após a aprendizagem de discriminação simples S– demonstra que ele responde menos ao tom de 2,0 kHz do S– e que seu número de respostas aos tons completamente distintos de 1,0 kHz e 3,0 kHz é menor do que seu número máximo de respostas após a aprendizagem por discriminação simples S+ ou S+/S–. Nesse caso, não sabemos quão realista é o desempenho de Sniffy, porém os animais reais produzem algumas vezes curvas de generalização com essas características após a aprendizagem de discriminação simples S–.

Questões

♦ Por que você precisa reverter à versão salva do arquivo de aprendizagem de discriminação cada vez que realizar um teste de generalização?
♦ O que é deslocamento do pico?
♦ O que é contraste comportamental?

Tarefas para realizar

Os exercícios neste capítulo formam um pequeno subconjunto dos experimentos de discriminação e de generalização que é possível realizar com Sniffy. Eis dois dos diversos possíveis exercícios adicionais:

♦ Examine algumas diferentes tarefas de aprendizagem de discriminação S+/S–. Por exemplo, com o tom de 2,0 kHz como o S+, varie a frequência do S–. A duração de tempo requerida para aprender integralmente a discriminação depende da diferença entre a frequência do S+ e a do S–?
♦ O fenômeno do deslocamento de pico ocorre se as frequências do S+ e do S– não forem "adjacentes" entre si? Justifique seus resultados com base nos valores das janelas da mente DS Response Strength.

14

Modelando comportamentos diferentes de pressão na barra

Se você chegou a assistir a apresentações de animais de circo, provavelmente os terá visto realizar uma variedade de coisas "espantosas" que os animais sem treinamento da mesma espécie não realizam – como ursos andarem de bicicleta ou cães caminharem sobre cordas estendidas. Ou você pode ter visitado uma atração à beira da rodovia como o jardim zoológico I.Q. em Hot Springs, Arkansas, onde frangos saltam nos arcos e jogam beisebol e um pato toca piano. Uma das técnicas mais importantes que os treinadores empregam para que os animais façam essas coisas incomuns denomina-se modelagem. Com a finalidade de permitir experiência adicional em modelagem e proporcionar divertimento, permitiremos que você modele Sniffy para ele demonstrar alguns comportamentos interessantes.

Modelar um animal vivo envolve alguns passos. O primeiro é estabelecer um reforçador secundário por meio de um procedimento parecido com o treinamento para uso do alimentador. O reforçador secundário precisa ser um estímulo cujas ocorrências você pode controlar de modo preciso. Um procedimento comum usado com cães e diversos outros tipos de animais denomina-se "treinamento com 'click'". Você pega um objeto pequeno que produz ruído e ensina o animal que, ao escutar o som do objeto, você lhe dará uma pequena porção de alimento.

Antes de começar a modelar um animal, muitos treinadores estabelecem uma **hierarquia da modelagem** – uma sequência de comportamentos que parecem progressivamente cada vez mais próximos do comportamento-alvo. Na base da hierarquia existe um comportamento que (o treinador espera) o animal exibirá espontaneamente e que, de algum modo, é parecido com o comportamento-alvo. Depois que o animal exibe esse primeiro comportamento, o treinador passa a reforçá-lo sempre que ele ocorre. Como consequência, o animal principiará a exibir mais frequentemente o comportamento do primeiro passo.

Os animais nem sempre fazem as coisas de modo exatamente igual. Seu comportamento varia. Em algum momento, o animal fará algo mais parecido com o comportamento-alvo que o primeiro item da hierarquia. Nesse ponto, o treinador reforça o comportamento no segundo passo e exige que o animal repita o comportamento para obter reforços adicionais.

Se o treinador for hábil e suficientemente persistente, o processo de reforço dos comportamentos que ficam cada vez mais parecidos com o comportamento-alvo levará finalmente o animal a exibir um comportamento-alvo que um participante sem treinamento de sua espécie nunca teria espontaneamente e que parece suficientemente espetacular a ponto de causar uma grande impressão.

Os exercícios neste capítulo não o tornarão um grande treinador de animais. No entanto, eles lhe permitirão adquirir prática ao submeter Sniffy a hierarquias da modelagem rápidas que resultam em comportamentos interessantes para observar. Os comportamentos-alvo para os quais você pode treinar Sniffy são os seguintes:

♦ Pedir
♦ Rolar (ou seja, dar uma cambalhota)
♦ Esfregar o focinho

Buscando assegurar que você obtenha sucesso na modelagem de Sniffy para exibir esses comportamentos, proporcionamos muita ajuda irreal. O programa Sniffy Pro registrará e reforçará automaticamente comportamentos-alvo, muito embora os comportamentos não envolvam interação com um dispositivo de um modo que permitiria o registro automático com um animal vivo. E, se você tiver problema em saber o que fazer, você pode obter ajuda do Shaping Tutor, que pode ser programado para registrar e reforçar comportamentos prévios para cada um dos comportamentos-alvo.

Advertência: Os exercícios deste capítulo não proporcionam um vislumbramento realista daquilo que você poderia esperar se tentasse modelar alguma vez um animal vivo.

♦ Para treinar Sniffy a rolar ou esfregar o focinho, você inicia reforçando os movimentos direcionados ao próprio corpo do rato por meio de um som associado a alimento. Entretanto, pesquisas com diversos tipos de mamíferos indicaram que apresentar alimento ou reforçadores secundários associados a alimento não constitui um modo eficaz para aumentar a frequência dos movimentos ao próprio corpo do animal (por exemplo, Shettleworth, 1975).

- Reforçar um comportamento prévio fará com que Sniffy comece a fazer algo qualitativamente diferente (e consideramos mais interessante) do comportamento prévio. Em oposição, modelar um animal real normalmente envolve submetê-lo a um grande número de pequenas mudanças quantitativas que resultam em uma mudança importante do comportamento somente após um programa de treinamento prolongado.

Acreditamos, contudo, que praticar com exemplos simples o ajudará a aprender os *princípios* da modelagem. Simplesmente, não espere que um animal real seja tão "cooperativo" como Sniffy.

Exercício 45: modelando Sniffy para pedir

Para observar como parece ser o comportamento de pedir algo, abra o arquivo denominado BegDemo na pasta Sample Files. Após você ter visto como é o comportamento-alvo, siga estes passos a fim de treinar Sniffy para pedir:

- Abra o arquivo do Exercício 22 que lhe sugerimos fosse denominado Ex22-MagTrain.
- Selecione o comando Save As no menu File para atribuir ao arquivo um novo nome apropriado (como Ex45-ShapeBeg) e salve-o na pasta Sniffy Files no disco rígido de seu computador. *Salvar o arquivo com um novo nome antes de você iniciar a modelagem de Sniffy preserva seu arquivo original de treinamento para uso do alimentador visando utilização futura.* Se o Cumulative Record 1 não estiver visível, torne-o visível selecionando-o na seção Cumulative Record do menu Windows.
- Selecione o comando Design Operant Conditioning Experiment no menu Experiment.
- Na caixa de diálogo que aparece, selecione Beg (Pedir) na seção Shaping (Modelar) Behavior do menu suspenso sob Recorded Behavior (Comportamento Registrado). Após fazer a seleção, clique no botão Apply (Aplicar) para fechar a caixa de diálogo.
- Observe que os termos CRF e Beg aparecem na janela Cumulative Record. Essa notação significa que o programa reforçará automaticamente toda a ocasião em que o rato pedir e que o registro cumulativo registrará os movimentos correspondentes.
- Como sua primeira abordagem do ato de pedir, ofereça a Sniffy uma pelota de alimento sempre que ele se erguer olhando para a frente (isto é, para você) em qualquer ponto da caixa operante.

- Após haver reforçado algumas vezes o comportamento de erguer-se de frente, você começará a notar que o rato fará pedidos e o programa os reforçará automaticamente.
- Se você for paciente, surgirá a ocasião em que Sniffy pedirá 10 vezes ou mais durante um intervalo de 5 minutos. Nesse ponto, você pode parar de modelar, descansar e observar o efeito progressivo do reforço à medida que Sniffy continuar pedindo com frequência cada vez maior.
- Sniffy estará totalmente treinado quando a coluna Action Strength na janela da mente Operant Associations aproximar-se de seu máximo, sendo Beg o comportamento reforçado automaticamente. Nesse ponto, selecione o comando Save no menu File a fim de preservar seu Sniffy treinado para uso futuro.

Após 45 a 60 minutos de tentativas para modelar Sniffy de acordo com essas instruções, ele deveria pedir no mínimo 10 vezes durante cada intervalo de 5 minutos delineado pelas linhas verticais contínuas e pontilhadas alternadas no registro cumulativo. Caso a sua tentativa de modelagem não consiga atingir esse resultado mínimo, algo está errado naquilo que você está fazendo.

Uma possibilidade é que Sniffy não tenha sido treinado adequadamente para o uso do alimentador. Observe a janela da mente Operant Associations. A associação som-alimento deve estar em seu nível máximo na escala. Caso não esteja, retorne e repita o Exercício 22 para criar um Sniffy com treinamento apropriado para uso do alimentador ou use o arquivo denominado MagTrain na pasta Sample Files.

Uma segunda possibilidade é que você pode não estar reforçando casos de erguer-se de frente em direção à parede frontal conforme indicamos ou não estar reforçando esses comportamentos com a rapidez necessária.

Para os usuários que encontram dificuldade com a modelagem, criamos uma seção no menu Reinforcement Action da caixa de diálogo Design Operant Conditioning Experiment denominada Shaping Tutor. Caso você esteja encontrando problema para reforçar o comportamento de erguer-se de Sniffy:

- Escolha o comando Design Operant Conditioning Experiment no menu Experiment.
- Escolha Rear – Front (Traseira – Frente) na subseção Shaping Tutor do menu Reinforcement Action.

- O programa Sniffy Pro reforçará agora automaticamente todos os casos em que o rato se levantar de frente para o compartimento, incluindo todas as vezes em que pedir. Observe quais as ações que o programa reforça automaticamente.
- Após você ter constatado o que estava fazendo de maneira errada, reabra a caixa de diálogo Design Operant Conditioning Experiment e escolha Beg na seção Target Behavior do menu Reinforcement Action.
- Alternativamente, se você ainda não conseguir reforçar Sniffy de modo eficaz manualmente, observe aquilo que está ocorrendo à medida que o programa reforça automaticamente o comportamento de erguer-se para a frente. Após Sniffy pedir 10 vezes ou mais durante um período de 5 minutos, reabra a caixa de diálogo Design Operant Conditioning Experiment e escolha Beg na seção Target Behavior do menu Reinforcement Action. O programa completará automaticamente o treinamento de Sniffy.
- Salve o arquivo quando Sniffy estiver totalmente treinado.

Exercício 46: modelando Sniffy para esfregar o focinho

Para ver como é esfregar o focinho, abra o arquivo denominado FaceWipeDemo na pasta Sniffy Data Files (dentro de Manual Install). Face Wipe (Esfregar o focinho) envolve Sniffy tocar seu focinho com a pata, movê-la para cima e para baixo ao longo de sua vista três vezes em sucessão rápida. O comportamento anterior para Face Wipe é Face Touch (tocar o focinho), pelo qual Sniffy toca o focinho com uma pata, porém não a movimenta para cima e para baixo repetidamente ao longo de sua vista. Após você ter observado como parece ser esfregar o focinho, siga estes passos para modelar o comportamento:

- Abra o arquivo do Exercício 22 que lhe sugerimos fosse denominado Ex22-MagTrain.
- Selecione o comando Save As no menu File para atribuir ao arquivo um novo nome apropriado (por exemplo, Ex44-ShapeFaceWipe) e salve-o na pasta Sniffy Files no disco rígido de seu computador. *Salvar o arquivo com um novo nome antes de você iniciar a modelagem de Sniffy preserva seu arquivo original de treinamento para uso do alimentador visando à utilização futura.*

- Se Cumulative Record 1 não estiver visível, torne-o visível selecionando-o na seção Cumulative Record do menu Windows.
- Se a janela da mente Operant Associations não estiver visível, torne-a visível selecionando-a na seção Mind Windows do menu Windows.
- Selecione o comando Design Operant Conditioning Experiment no menu Experiment.
- Na caixa de diálogo que aparece, selecione Face Wipe na seção Target Behavior do menu suspenso sob Recorded Behavior. Após fazer a seleção, clique no botão OK para fechar a caixa de diálogo.
- Observe que os termos CRF e Face Wipe aparecem no registro cumulativo. Essas notações significam que o programa reforçará automaticamente todo ato de esfregar o focinho e que o registro cumulativo registrará os casos de esfregar o focinho.
- Como sua primeira abordagem do ato de esfregar o focinho, dê a Sniffy uma pelota de alimento sempre que ele tocar o focinho com uma de suas patas.
- Quando Sniffy tiver sido reforçado com frequência suficiente para tocar o focinho, ele às vezes o esfregará repetidamente ao longo de sua vista em vez de simplesmente tocá-lo. Esse é o comportamento que denominamos Face Wipe e o programa o reforçará automaticamente sempre que ocorrer.
- Cada vez que Sniffy esfregar o focinho, observe cuidadosamente aquilo que ele faz após ingerir a pelota de alimento. Talvez ele esfregue seu focinho novamente logo depois de comer. Caso ele faça isso, você sabe que está conseguindo progredir. Permita-lhe que continue a esfregar o focinho enquanto estiver disposto a fazê-lo. No entanto, se ele fizer algo diferente ou tocar o focinho sem esfregá-lo, continue a reforçar o toque no focinho sempre que ocorrer.
- Se você for paciente, surgirá a ocasião em que Sniffy esfregará o focinho 8 a 10 vezes em sucessão rápida. Nesse ponto, você pode interromper a modelagem, descansar e permitir que o programa reforce automaticamente o comportamento de esfregar o focinho.
- Sniffy estará totalmente treinado quando a coluna Action Strength na janela da mente Operant Associations aproximar-se de seu máximo. Nesse ponto, selecione o comando Save no menu File a fim de preservar seu Sniffy treinado para uso futuro.

Após cerca de 30 minutos de tentativas para modelar Sniffy de acordo com essas instruções dadas, ele deveria esfregar o focinho *pelo menos* 10 vezes durante cada intervalo de 5 minutos delineado pelas linhas verticais contínuas e pontilhadas no registro cumulativo. Se sua tentativa de modelagem não conduzir a esse resultado mínimo, algo está errado com o que você está fazendo.

Uma possibilidade é que Sniffy não foi treinado apropriadamente para uso do alimentador. Observe a janela da mente Operant Associations. O nível da associação som-alimento deve estar perto de seu máximo. Caso não esteja, retorne e repita o Exercício 22 para criar um Sniffy treinado adequadamente para uso do alimentador ou use o arquivo denominado MagTrain na pasta Sample Files.

Uma segunda possibilidade é que você pode não estar reforçando situações de tocar o focinho conforme detalhamos ou não estar reforçando esses comportamentos com a rapidez suficiente.

Para os usuários que encontram dificuldade com a modelagem, criamos uma seção no menu Reinforcement Action da caixa de diálogo Design Operant Conditioning Experiment denominada Shaping Tutor. Se você está tendo problemas para reforçar o comportamento de tocar o focinho exibido por Sniffy:

- Escolha o comando Design Operant Conditioning Experiment no menu Experiment.
- Escolha Groon Face na subseção Shaping Tutor do menu suspenso Recorded Behavior.
- O programa Sniffy Pro reforçará agora automaticamente todos os casos de tocar, incluindo todas as vezes que o rato esfregar o focinho. Observe quais ações o programa reforça automaticamente.
- Quando você julgar ser capaz de reforçar eficazmente esses comportamentos manualmente, reabra a caixa de diálogo Design Operant Conditioning Experiment e escolha Wipe Face na seção Shaping Behavior do menu suspenso Recorded Behavior.
- Se você ainda não conseguir reforçar Sniffy de modo eficaz manualmente, observe aquilo que está ocorrendo à medida que o programa reforça os atos de tocar e esfregar o focinho automaticamente. Após Sniffy esfregar o focinho 8 a 10 vezes em um período de 1 ou 2 minutos, reabra a caixa de diálogo Design Operant Conditioning Experiment e escolha Wipe Face na seção Shaping Behavior do menu suspenso Recorded Behavior. O programa completará o treinamento de Sniffy automaticamente.
- Salve o arquivo quando Sniffy estiver totalmente treinado.

Exercício 47: modelando Sniffy para rolar

O comportamento que denominamos Roll (Rolar) envolve Sniffy dar saltos à medida que se movimenta da esquerda para a direita ou vice-versa na caixa operante. Para observar como é o comportamento, abra o arquivo denominado RollDemo na pasta Sample Files.

Modelar Sniffy para rolar envolve uma hierarquia de modelagem com dois comportamentos prévios: tocar a genitália e retrair a cabeça. Você inicia reforçando as situações de tocar a genitália. Quando o movimento de tocar a genitália tiver sido reforçado com a frequência suficiente, começará a ocorrer o retraimento da cabeça. Portanto, o retraimento da cabeça é o segundo item em sua hierarquia de modelagem. Após o retraimento estar ocorrendo um número razoável de vezes, você deve interromper o reforço do comportamento de baixar a cabeça e reforçar somente o retraimento. No final, reforçar o movimento de tocar a genitália começará a gerar o comportamento de rolar. Finalmente, quando este comportamento estiver ocorrendo com frequência razoável, você para de reforçar o retraimento da cabeça e reforça somente o ato de rolar. No final, Sniffy terá uma grande probabilidade de rolar sempre que estiver em uma posição na qual poderá demonstrar esse comportamento sem se chocar com uma parede.

Eis os passos para modelar o ato de rolar:

- Abra o arquivo do Exercício 22 que lhe sugerimos fosse denominado Ex22-MagTrain.

- Selecione o comando Save As no menu File para atribuir ao arquivo um novo nome apropriado (por exemplo, Ex45-ShapeRoll) e salve-o na pasta Sniffy Files no disco rígido de seu computador. *Salvar o arquivo com um novo nome antes de você começar a modelar Sniffy preserva seu arquivo original de treinamento para uso do alimentador visando à utilização futura.*

- Se o Cumulative Record 1 não estiver visível, torne-o visível selecionando-o na seção Cumulative Record do menu Windows.

- Selecione o comando Design Operant Conditioning Experiment no menu Experiment.

- Na caixa de diálogo que aparece, selecione Roll na seção Shaping Behavior do menu suspenso sob Recorded Behavior. Após fazer a seleção, clique no botão Apply para fechar a caixa de diálogo.

- Observe que os termos CRF e Roll aparecem no registro cumulativo. Essas notações significam que o programa reforçará automaticamente todo comportamento de rolar e que o registro cumulativo irá registrá-los.

♦ Como sua primeira abordagem do ato de rolar, dê a Sniffy uma pelota de alimento sempre que ele abaixar a cabeça e posicioná-la entre as patas traseiras (como se estivesse lambendo os genitais).

♦ Quando Sniffy tiver sido reforçado para abaixar a cabeça com frequência suficiente, às vezes ele começará a agitar-se para frente e para trás com a cabeça retraída entre as patas traseiras. Esse é o comportamento que denominamos Head Tuck.

♦ Reforce todos os retraimentos da cabeça. Continue também a reforçar inicialmente as situações em que Sniffy toca a genitália. No entanto, quando o ato de retrair a cabeça se tornar razoavelmente comum, pare de reforçar as situações em que o rato toca a genitália e reforce somente o retraimento da cabeça.

♦ Quando você tiver reforçado o retraimento da cabeça com frequência suficiente, começará a ver os primeiros comportamentos de rolar e o programa os reforçará automaticamente. De início, continue a reforçar manualmente os casos de retraimento da cabeça. Mas, após ter visto um total de cerca de 50 situações nas quais Sniffy rola, você pode deixar de reforçar o ato de retrair a cabeça. Nesse ponto, descanse e deixe o programa reforçar automaticamente o ato de rolar.

♦ Quando a coluna Action Strength tiver atingido seu valor máximo com Roll como comportamento reforçado automaticamente, Sniffy estará totalmente treinado. Nesse ponto, selecione o comando Save no menu File a fim de preservar seu Sniffy treinado para uso futuro.

Você pode ter a expectativa de que modelar Sniffy para rolar, iniciando com um arquivo no qual o rato tenha sido treinado apenas para uso do alimentador, deve levar entre meia hora e uma hora. Portanto, seja paciente e não desista rapidamente.

Após cerca de 1 hora tentando modelar Sniffy de acordo com essas instruções dadas, Sniffy deveria rolar *pelo menos* duas ou três vezes durante cada intervalo de 5 minutos delineado pelas linhas verticais contínuas e pontilhadas alternadas no registro cumulativo. Se a sua tentativa de modelar não conseguir obter aquele resultado mínimo após 1 hora, algo está errado com o que você está fazendo.

Uma possibilidade é que Sniffy não tenha sido treinado adequadamente para uso do alimentador. Observe a janela da mente Operant Associations.

O nível da associação som-alimento deve ser ao menos 3/4 acima na escala. Caso não seja, retorne e repita o Exercício 22 para criar um Sniffy treinado apropriadamente para uso do alimentador ou use o arquivo chamado MagTrain na pasta Sample Files.

Uma segunda possibilidade é que você pode não estar reforçando os casos em que o rato abaixa e retrai a cabeça conforme indicamos ou não estar reforçando esses comportamentos com a rapidez necessária.

Para usuários que encontram dificuldade com a modelagem, incluímos uma seção do menu Reinforcement Action na caixa de diálogo Design Operant Conditioning Experiment intitulada Shaping Tutor. Se você estiver enfrentando problemas para reforçar os comportamentos de Sniffy de tocar a genitália e retrair a cabeça:

- Escolha o comando Design Operant Conditioning Experiment no menu Experiment.
- Escolha Recorded Behavior na subseção Shaping Tutor do menu Groom Genitals.
- O programa Sniffy Pro agora reforçará automaticamente todos os casos em que o rato tocar a genitália, incluindo todos os retraimentos da cabeça e as situações em que Sniffy rola. Observe quais ações o programa reforça automaticamente.
- Quando você julgar ter a capacidade para reforçar de modo eficaz esses comportamentos manualmente, reabra a caixa de diálogo Design Operant Conditioning Experiment e escolha Roll na seção Shaping Behavior do menu Recorded Behavior.
- Se você ainda assim não conseguir reforçar Sniffy de modo eficaz manualmente, deixe o programa treinar automaticamente o comportamento de rolar.
- Salve o arquivo quando Sniffy estiver totalmente treinado.

Exercício 48: modelando Sniffy para ter outros comportamentos

Reforçar manualmente algum comportamento que Sniffy demonstra espontaneamente terá o efeito de fazer com que esse comportamento e outros similares ocorram mais frequentemente. Portanto, se você for paciente e tiver bom senso de oportunidade, é possível treinar Sniffy para demonstrar uma série de "truques" diferentes daqueles que documentamos neste capítulo.

Uma família de comportamentos envolve algo que denominamos farejar. Sniffy senta-se, tendo sua cabeça abaixada perto das barras metálicas que formam o piso da caixa operante e contrai seu bigode. Quatro exemplos básicos desse comportamento formam uma família: farejar de frente (Sniffy fareja enquanto está de frente para você), farejar à esquerda e à direita (Sniffy fareja com sua cabeça direcionada para os lados esquerdo ou direito da caixa) e farejar atrás (a parte posterior de Sniffy está de frente para você e ele se sacode um pouco, porém seu nariz não pode ser visto). Reforçar qualquer um desses comportamentos fará com que o comportamento reforçado e os demais comportamentos da "família de farejamento" ocorram com mais frequência. Se você reforçar constantemente qualquer um desses comportamentos e não reforçar os demais, aquele que você reforçar ocorrerá no final com muito mais frequência que os outros. Nós o convidamos para explorar e descobrir o conjunto completo de "truques" de Sniffy que podem ser treinados.

Exercício 49: como treinar a pedir, esfregar o focinho e rolar afeta a frequência de outros comportamentos no repertório comportamental de Sniffy

Neste exercício, examinaremos como treinar a pedir, esfregar o focinho e rolar afeta as frequências relativas dos vários comportamentos de Sniffy. Para avaliar as mudanças de comportamento, vamos querer comparar as frequências relativas depois que Sniffy foi treinado para fazer cada um de seus "truques" com as frequências que Sniffy manifesta antes de qualquer treinamento e depois de ser modelado para pressionar a barra.

♦ Neste exercício, você utilizará os arquivos Sniffy do Exercício 45 (o arquivo que recomendamos que você denominasse Ex45-Shape-Beg), do Exercício 46 (o arquivo que sugerimos que você denominasse Ex46-ShapeFaceWipe) e do Exercício 47 (o arquivo que recomendamos que você denominasse Ex47-ShapeRoll). Além disso, para comparar frequências de comportamento depois de treinar para a realização de "truques" com frequências de comportamento após treinar para pressionar a barra, você utilizará o arquivo do Exercício 23 (o arquivo que recomendamos que você denominasse Ex23-ShapeBP). Para ver como as frequências de comportamento seguindo todos esses diferentes tipos treinamento se comparam às frequências de comportamento antes de qualquer tipo de treinamento, você também utilizará um novo arquivo de dados Sniffy, não treinado.

- Abra um dos arquivos em questão (ou inicie com um novo arquivo de dados).
- Certifique-se de que seu Cumulative Record (Registro Cumulativo) atual está sendo exibido.
- Selecione o submenu Behavior Repertoire (Repertório Comportamental), sob Research Assistant (Assistente de Pesquisa), na janela Windows.
- Clique no botão Record (Registrar) na janela Behavior Repertoire.
- Selecione Isolate Sniffy (Accelerated Time) no menu Experiment para acelerar o processo.
- Depois que comportamentos foram registrados por pelo menos 30 minutos de tempo de programa, torne Sniffy visível novamente selecionando o comando Show Sniffy (Mostrar Sniffy) no menu Experiment.
- Clique no botão Stop (Parar) na janela Behavior Repertoire a fim de parar de registrar comportamentos.
- Certifique-se de que a janela Behavior Repertoire está selecionada clicando nela e, então, selecionando o comando Export Data (Exportar Dados) no menu File.
- Dê ao seu arquivo de dados um nome apropriado e salve-o no local de seu disco rígido onde você mantém seus arquivos Sniffy.
- Compare as frequências e as frequências relativas com que Sniffy desempenha seus comportamentos de acordo com os cinco esquemas de reforço.

O meio mais fácil de fazer as comparações de frequência de comportamento necessárias é configurar uma planilha semelhante à mostrada a seguir, que descreva as frequências relativas de todos os comportamentos de Sniffy de acordo com as cinco condições de treinamento.

Modelando comportamentos diferentes de pressão na barra

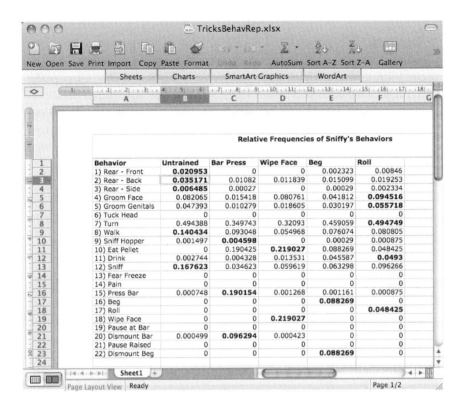

Por causa da variabilidade no comportamento de Sniffy, os números que você obtiver não serão idênticos àqueles mostrados, mas os padrões em seus dados deverão ser similares. Na planilha mostrada, as células de dados impressas em negrito representam a condição de treinamento com que cada comportamento ocorreu com a maior frequência relativa. Eis aqui alguns aspectos interessantes a serem observados:

♦ Cinco comportamentos (Traseira – Frente, Traseira – Costas, Traseira – Lado, Andar e Cheirar) são mais frequentes na condição Untrained (Sem treinamento), que representa o comportamento de um Sniffy ingênuo, antes de qualquer treinamento.

♦ Press Bar (Pressionar Barra) e Dismount Bar (Desmontar Barra) são mais frequentes quando Sniffy está treinado para pressionar a barra, conclusões que são exatamente as esperadas. Sniff Hopper (Cheirar o Funil) também é mais frequente quando Sniffy está treinado para pressionar a barra.

- Como era de esperar, Wipe Face (Esfregar o focinho) também é mais comum quando Sniffy foi treinado para fazer isso. Comer a pelota de alimento também é mais frequente nessa condição. Uma razão para esta segunda conclusão é que Sniffy pode repetidamente esfregar seu focinho sem precisar se afastar do funil de comida. (Observe que comer é quase tão frequente quando Sniffy está treinado para pressionar a barra, outro comportamento que ele pode repetir sem se afastar do funil.)
- Os dois únicos comportamentos que são mais comuns quando Sniffy está treinado para pedir são pedir por si mesmo e Dismount Beg, ou seja, parar de pedir (um comportamento que somente pode ocorrer depois de pedir).
- Quando Sniffy está treinado para rolar, os comportamentos de rolar por si mesmo, tocar o focinho, tocar os genitais, virar e beber ocorrem mais frequentemente do que em qualquer outra condição de treinamento.

Exercício 50: modelando um gato para pedir ou andar com as patas traseiras

As limitações na simulação de Sniffy significam a existência de limites para a variedade de comportamentos que Sniffy pode ser treinado para exibir. No entanto, os treinadores de animais usam rotineiramente a modelagem para ensinar os animais reais a fazer um grande número de coisas que são fisicamente possíveis, mas que um animal sem treinamento nunca faria. Como um exemplo simples, treinar um gato fisicamente apto a sentar-se, pedir alimento e ficar ereto ou andar com suas patas traseiras sem apoio é um processo razoavelmente direto, embora os gatos sem treinamento muito raramente ou nunca demonstrem esses comportamentos.

Os fabricantes de alimentos para animais de estimação produzem porções para gatos em diversos sabores e frequentemente é possível identificar um sabor que seu gato aprecie tanto a ponto de esforçar-se para consegui-lo. Na realidade, o gato pode gostar tanto dos sabores que você terá de manter o recipiente com o alimento trancado a fim de evitar furto. Após identificar o sabor preferido de seu gato, as porções constituirão um reforçador primário que você pode usar para ensinar o animal a sentar-se e a pedir, erguer-se e caminhar com as patas traseiras ou realizar outras façanhas.

Conforme ocorreu com Sniffy, o primeiro passo do treinamento de seu gato será o treinamento para uso do alimentador. Você precisa identificar um estímulo que possa ser aplicado em uma fração de segundo quando seu gato fizer algo certo e que possa ser facilmente transformado em um reforçador secundário combinando-o com a apresentação do alimento. Frequentemente, as lojas que vendem artigos para festas possuem uma variedade de objetos que fazem barulho e muitas lojas que vendem artigos para animais domésticos possuem um "dispositivo" que faz um ruído criado para emitir um som que pode ser estabelecido como um reforçador secundário.

Você treina um gato para uso do alimentador do mesmo modo que treinou Sniffy. Espere, inicialmente, até que o gato esteja perto de você. Então, acione o objeto que faz barulho e dê ao gato uma porção de alimento. Após haver obtido um som do dispositivo e ter dado ao gato duas vezes uma porção estando ele muito perto, afaste-se um pouco antes de acionar o "click" e dar ao gato a próxima porção de alimento. Você saberá que seu gato está bem treinado para uso do alimentador quando você puder chamá-lo de qualquer lugar da casa (ou da vizinhança!) simplesmente acionando o "click".

Treinar um gato para sentar-se e pedir ou levantar-se e caminhar com as patas traseiras envolve exigir que o animal levante a cabeça progressivamente cada vez mais para cima em relação ao piso antes de você reforçá-lo acionando o objeto que produz ruído e dar-lhe uma porção de alimento. Inicie observando o gato até ele levantar a cabeça um pouco mais para o alto que o usual. (Não pode ficar de pé apoiando suas patas em algum objeto.) Acione, então, o dispositivo e dê ao gato uma porção. Após diversos reforços, o gato começará a caminhar mais frequentemente com a cabeça levantada. Em virtude de o comportamento do gato variar, mais cedo ou mais tarde ele erguerá a cabeça mais alto que seu primeiro critério para o nível, e esse nível mais elevado torna-se, então, a segunda situação que o gato precisa atingir para conseguir porções adicionais. Quando você tiver atingido a terceira ou a quarta situação, o gato provavelmente estará sentado sobre as patas traseiras com as patas dianteiras sem tocar o chão. Após o gato começar a levantar as patas dianteiras do chão, ele atingirá rapidamente um patamar de treinamento em que sentará e "pedirá" porções de alimento. Dependendo de sua paciência, você pode decidir que sentar é suficientemente bom ou partir para a tarefa um tanto mais desafiadora de modelar o gato para apoiar-se nas patas traseiras e caminhar.

Após o gato estar sentado, ele pode começar, espontaneamente ou não, a apoiar-se nas patas traseiras. Alguns gatos comportam-se desse modo, porém muitos não. Se o gato simplesmente permanecer sentado sem começar a se levantar apoiando-se nas patas traseiras, tente incentivá-lo a levantar-se segurando uma porção de alimento acima da cabeça dele. Então, tão logo o gato comece a levantar-se, acione o dispositivo e lhe dê uma porção. Na próxima tentativa, espere um pouco antes de incentivar que o gato se levante segurando uma porção. Se você for suficientemente paciente, o animal, no final, começará a se levantar apoiando-se espontaneamente nas patas traseiras. Finalmente, se desejar que o animal caminhe com as patas traseiras, você terá de esperar ou provocar variações do comportamento em que ele não somente fique de pé apoiando-se nas patas traseiras, mas caminhe distâncias cada vez maiores antes de você soar o dispositivo e dar-lhe uma porção de alimento.

Se você decidir treinar seu gato, descobrirá que treinar um animal real é mais difícil que treinar Sniffy. Uma razão para a diferença é que seu gato possui um repertório de comportamentos maior que o de Sniffy; uma outra é que o gato tem liberdade para se locomover e entrar em contato com você de um modo que Sniffy não consegue. Uma dificuldade surgirá quase certamente: durante o treinamento para uso do alimentador, quando você começar a se afastar do gato, ele o seguirá. Se você se sentar com as porções e o dispositivo em suas mãos, o gato saltará para o seu colo. Se você estiver andando, o gato pode saltar sobre seu ombro. Quando surgirem esses problemas, procure não punir o animal, pois você retardará significativamente o processo de aprendizagem se fizer algo que o assuste. No entanto, se você nunca oferecer ao gato uma porção a não ser que tenha soado primeiro o dispositivo e se você nunca soar o dispositivo a não ser que o gato esteja no chão, o animal aprenderá finalmente a manter-se à distância de você e a "cooperar".

O "treinamento com 'click'" também é uma técnica que se tornou popular com muitos treinadores de cães. Mas, em virtude de os cães formarem laços sociais mais fortes com as pessoas do que os gatos, elogios verbais entusiásticos e afeto físico são, muitas vezes, os únicos reforçadores que os cães requerem. Para um cão, o elogio verbal provavelmente passa a agir como um reforçador secundário que prevê a disponibilidade de afeto físico. O fato de as porções de alimento serem usadas além do afeto físico constitui um tema um tanto controverso entre treinadores de cães, porém muitos cães são treinados com mais rapidez quando elas são usadas.

Uma outra variante do condicionamento operante que os treinadores profissionais de animais usam para ensiná-los a demonstrar sequências de comportamentos denomina-se *encadeamento de trás para frente*. Suponha, por exemplo, que você desejasse treinar um rato para subir uma escada e caminhar em uma tábua elevada para chegar a uma porta, abri-la e obter alimento. Você treinaria primeiro o rato a passar pela porta aberta e a dirigir-se ao alimento, e então o modelaria para abrir a porta a fim de ter acesso ao alimento. O próximo passo seria colocar o rato na plataforma elevada no topo da escada de tal modo que ele tivesse de "percorrer a tábua" para chegar à porta. Finalmente, você modelaria a subida na escada para chegar à plataforma. Em outras palavras, a ideia de encadeamento de trás para frente consiste em treinar o animal inicialmente a realizar o último item na sequência um pouco antes de receber o alimento. Então você torna a oportunidade para demonstrar o último comportamento na sequência dependente da exibição do penúltimo comportamento e assim por diante. A maior parte dos desempenhos complexos de animais treinados que você vê em um circo ou em um zoológico é obtida por meio de uma combinação de modelagem com encadeamento de trás para frente.

Questões e tarefas para realizar

♦ Para obter informações adicionais a respeito de como os princípios de condicionamento operante podem ser aplicados no mundo real, pesquise na Internet as páginas que abordam o "treinamento com 'click'". Você encontrará um grande número de artigos a respeito de como treinar cães, gatos, cavalos, peixes e muitos outros animais. Muitas pessoas obtêm grande satisfação ao treinar seus animais para demonstrarem uma variedade impressionante de comportamentos interessantes e úteis. Você também descobrirá como o condicionamento operante é usado para modificar o comportamento humano. Por exemplo, alguns técnicos esportivos usam o treinamento com click para melhorar o desempenho dos atletas.

♦ Você pode realizar experimentos sobre extinção, recuperação espontânea, reforço secundário, esquema de reforçamento, discriminação de estímulos e generalização de estímulos usando arquivos nos quais Sniffy tenha sido treinado para pedir, esfregar o focinho ou rolar. Os resultados dessas tentativas serão variáveis. Em alguns casos, você obterá resultados idênticos àqueles obtidos com a pressão na barra. Em outros, você obterá resultados bem diferentes.

Em razão de o programa Sniffy sempre usar o mesmo modelo de rede neural do condicionamento operante, você pode ter certeza de que as diferenças observadas não são decorrentes de diferenças nos mecanismos de aprendizagem subjacentes.[1] Em vez disso, diferenças em aspectos como efeitos do esquema e generalização de estímulos devem ser o resultado de diferenças no lugar em que os comportamentos são demonstrados e no modo como os movimentos fazem com que Sniffy interaja com seu ambiente na caixa operante. Pense a respeito das diferenças entre pressionar a barra e os outros comportamentos que podem explicar toda diferença que você observar.

---

[1] Sabemos que Sniffy sempre usa o mesmo mecanismo de aprendizagem porque não lhe atribuímos outro. Os psicólogos supõem muitas vezes que os animais sempre usam os mesmos mecanismos de aprendizagem, mas essa suposição nem sempre pode ser correta no caso de animais vivos.

- Pressionar a barra é o único comportamento no repertório dos comportamentos de Sniffy que envolve interação com um dispositivo (a barra). Qual a importância disso?
- Pressionar a barra é o único comportamento que precisa ser demonstrado bem próximo à vasilha na qual o alimentador deixa cair as pelotas de alimento. Isso é importante?
- A pressão na barra pode ser repetida rapidamente. Para que outros comportamentos isso é verdadeiro? Que fatores limitam a frequência com a qual outros comportamentos podem ser exibidos?

Apêndice: como gerenciar seus arquivos Sniffy Pro

Pen drives

Pen drives são pequenos dispositivos portáteis que podem armazenar grandes quantidades de dados. Aqui está uma imagem de um pen drive que pode ser utilizado em computadores Windows e Macintosh atuais.

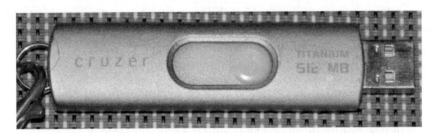

Muitos diferentes modelos de pen drives estão disponíveis com capacidades de armazenamento de dados amplamente variáveis. Os pen drives proporcionam um conveniente meio de transportar dados de um computador para outro.

Além disso, seu computador contém pelo menos um **disco rígido** localizado dentro dele. Os discos rígidos nos computadores atuais geralmente têm capacidades de armazenamento de várias centenas de gigabytes (GB) – ou mais – de dados.

Veja aqui algumas dicas que economizarão tempo e minimizarão frustrações:

♦ **Sempre salve seus arquivos Sniffy no disco rígido do computador que você está utilizando.** O programa Sniffy Pro é projetado para salvar e recuperar arquivos a partir do disco rígido do computador no qual o programa Sniffy estiver sendo executado. Salvar arquivos diretamente em um pen drive ou abrir arquivos armazenados em um pen drive geralmente funciona bem, mas algumas vezes pode produzir resultados imprevisíveis.

♦ **Se você não tiver seu próprio computador** e precisar armazenar seus arquivos Sniffy em um pen drive:
  ◊ Salve seus arquivos Sniffy no disco rígido do computador que estiver utilizando quando criar os arquivos.
  ◊ Copie os arquivos do disco rígido em seu pen drive quando o experimento estiver concluído.
  ◊ Copie os arquivos de seu pen drive novamente no disco rígido do computador que você estiver utilizando antes de utilizar os arquivos novamente.

Decidindo onde salvar seus arquivos

No Windows, o instalador Sniffy Pro armazena os arquivos de amostra em uma pasta denominada Sniffy Data Files, a qual se encontra na pasta My Documents (Meus Documentos) associada com seu nome de usuário no Disco Local (C) de seu computador.

As instruções de instalação para Macintosh solicitam que você:

1. Coloque o programa Sniffy Pro na pasta Applications (Aplicativos);
2. Crie uma pasta denominada Sniffy Data Files (Arquivos de Dados Sniffy) dentro de sua pasta Documents (Documentos);
3. Coloque os Sample Files (Arquivos de Amostra) dentro da pasta Sniffy Data Files (Arquivos de Dados Sniffy).

É altamente recomendável que você mantenha todos os seus arquivos de dados Sniffy juntos no disco rígido de seu computador. Mantê-los juntos no mesmo local facilita muito encontrar esses arquivos quando você precisar deles.

Criando novas pastas

Para criar uma nova pasta no Windows:

♦ Aponte o cursor no desktop ou em uma janela de pasta aberta e clique com o botão direito do mouse. (Esta operação assegura que a nova pasta seja criada no local certo.)

- No menu que aparecer, segure o botão do mouse enquanto arrasta o ponteiro até New, passe então para Folder e solte o botão do mouse. Uma nova pasta aparece.
- Digite imediatamente o nome que você quer atribuir à nova pasta.

Para criar uma pasta em um Macintosh:

- Clique uma vez o botão de seu mouse enquanto aponta para o desktop ou para uma janela de pasta aberta. (Essa operação assegura que a nova pasta será criada na localização correta.)
- Escolha o comando New Folder no menu File do Finder. Aparece uma nova pasta sem título.
- Digite imediatamente o nome que você deseja atribuir à pasta.

Obtendo acesso fácil aos seus arquivos Sniffy a partir da área de trabalho de seu computador

Criando um atalho no Windows

No Windows 7, o modo "usual" para acessar a lista de arquivos Sniffy envolve os seguintes passos:

- Clique com o botão esquerdo do mouse no ícone Start na parte inferior de sua tela.
- Clique com o botão esquerdo na palavra Documents (Documentos) no painel do lado direito do menu Iniciar.
- Clique com o botão esquerdo no ícone da pasta My Documents (Meus Documentos).
- Dê um clique duplo com o botão esquerdo no ícone da pasta Sniffy Data Files (Arquivos de Dados Sniffy).

Que processo complicado! Felizmente, existe uma maneira simples para reduzir o número de passos envolvidos: crie um atalho a fim de acessar sua pasta Sniffy Data Files (Arquivos de Dados Sniffy) na área de trabalho de seu Windows. Eis o que você precisa fazer para criar o atalho:

- Execute os quatro passos relacionados anteriormente para abrir sua janela My Documents.

- Enquanto aponta o cursor no ícone da pasta Sniffy Pro for Windows, clique no botão direito de seu mouse.
- Aparece um menu pop-up com alguns comandos listados.
- Percorra a tela com o cursor até chegar ao comando Create Shortcut Data Files e clique nele com o botão esquerdo do mouse.
- Um ícone de uma pasta com uma seta intitulado Shortcut to Sniffy Data Files aparece dentro da pasta Program Files.
- Clique no ícone de atalho com o botão esquerdo de seu mouse, mantenha o botão pressionado e mova o ícone para a área de trabalho do Windows.
- Após o ícone de atalho estar na área de trabalho, você pode movimentá-lo na tela e colocá-lo onde quiser.
- No futuro, tudo o que você terá de fazer para abrir sua pasta Sniffy Data Files consistirá em clicar duas vezes o botão esquerdo do mouse no ícone de atalho.

Criando um atalho no Macintosh

Para os usuários do Mac OS X, o modo mais simples e rápido de acessar a pasta Sniffy Data Files é criar um atalho no desktop Mac OS X. Para criar um atalho da pasta Sniffy Data Files em seu desktop:

- Localize a pasta de arquivos Sniffy em sua pasta Documentos.
- Clique uma vez no ícone da pasta para selecioná-lo.
- Escolha o comando Make Alias (Criar Atalho) no menu File do Finder.
- Aparecerá um ícone do atalho da pasta com uma seta nele intitulada Sniffy Data Files.
- Arraste o ícone do atalho para seu desktop.

▬▬ Salvando arquivos

Vamos imaginar que você chegou a um ponto nas instruções para a resolução de um exercício no qual lhe dizemos para executar o comando Save As e salvar o exercício com um nome específico em um lugar apropriado no disco rígido de seu computador. Apresentamos a seguir instruções específicas a respeito do que os usuários do Windows e do Macintosh precisam fazer naquele ponto a fim de salvar o arquivo na pasta Sniffy Data Files.

Salvando arquivos no Windows 7

♦ Selecione o comando Save As no menu File do programa Sniffy Pro.
♦ Aparecerá uma caixa de diálogo parecida com a mostrada a seguir:

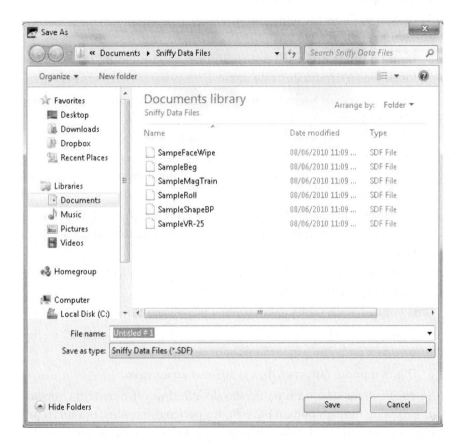

♦ Examine cuidadosamente a caixa de diálogo.
♦ No alto, logo abaixo e à direita das palavras "Save As" existe um espaço contendo um ícone e o nome do lugar onde o arquivo será salvo, a não ser que você faça algo para mudar a localização. Nesse caso, o ícone é uma imagem de uma pasta aberta que lhe informa que o lugar atual é uma pasta. Ícones diferentes apareceriam para tipos diferentes de lugares (por exemplo, a área de trabalho, um pen drive ou o diretório-raiz de um disco rígido).[1]

---

[1] O diretório-raiz de um disco rígido é o conteúdo que você vê quando abre um ícone do disco rígido por meio de um clique duplo.

- No amplo espaço branco abaixo do nome do lugar existe uma área exibindo o conteúdo do local. Dependendo do que se encontra na localização mostrada atualmente, você pode ver nomes e ícones representando arquivos, pastas, discos rígidos ou um pen drive.
- Se o local exibido for onde deseja salvar seu arquivo, tudo o que você precisa fazer é:
  ◊ Digite o nome que você deseja atribuir ao arquivo na caixa de texto localizada à direita de "File name:".
  ◊ Aponte o cursor no botão denominado Save e clique uma vez com o botão esquerdo do mouse.
- Se o local exibido não for o lugar onde você deseja salvar o arquivo (por exemplo, se não for sua pasta Sniffy Data Files), você pode utilizar os ícones no painel à esquerda da caixa de diálogo para encontrar a pasta Sniffy Data Files.
  ◊ Lembre-se de que a pasta Sniffy Data Files é a pasta My Documents, que também é chamada Documents Library (Biblioteca de Documentos).
  ◊ Na seção Libraries (Bibliotecas) do painel à esquerda da caixa de diálogo, clique em Documents (Documentos).
- Uma vez que você tenha encontrado a pasta Data Files:
  ◊ Aponte o cursor na caixa de texto à direita de "File name:" e clique uma vez no botão esquerdo do mouse.
  ◊ Digite o nome que você deseja atribuir ao arquivo.
- Se você estiver usando uma versão do Windows diferente da versão 7, as caixas de diálogo podem parecer um pouco diferentes, porém os princípios envolvidos quando um arquivo é salvo em um lugar específico serão muito similares.

Salvando arquivos no Mac OS X

Supondo que você deseje salvar um arquivo em uma pasta denominada Sniffy Data Files localizada dentro da pasta Documents em seu disco rígido:

- Selecione o comando Save As no menu File no programa Sniffy Pro.
- Pode aparecer uma versão abreviada ou detalhada da caixa de diálogo Save. A versão abreviada da caixa de diálogo é mostrada a seguir.

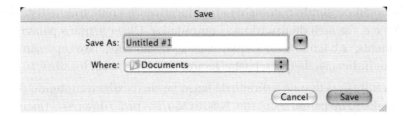

- Se aparecer a caixa de diálogo abreviada, clique no botão com um triângulo localizado do lado direito da caixa de texto após Save As:.
- Clicar no triângulo fará com que apareça a versão detalhada da caixa de diálogo mostrada a seguir.

Observe cuidadosamente a caixa de diálogo detalhada.

- Na parte superior à direita das palavras Save As: existe uma caixa de texto na qual você digitará o nome que deseja atribuir ao arquivo. Como, nesse caso, o arquivo ainda não possuía um nome, aparece Untitled #1.
- Abaixo da caixa de texto existe um botão mostrando um ícone de pasta e o nome do lugar onde o arquivo será salvo, a não ser que você faça algo para alterar a localização. No exemplo mostrado, a palavra Documents indica que o arquivo será salvo em sua pasta Documents, a não ser que você altere a localização.
- A parte principal da caixa de diálogo consiste de dois grandes espaços em branco separados por uma coluna vertical. A área diretamente abaixo

do botão contendo o nome da atual localização contém uma lista de locais em sua área de usuário no computador. Observe que a palavra "Documents" e o ícone à sua esquerda estão ressaltados. Isso representa uma outra indicação de que a pasta Documents é sua atual localização.

- A grande área branca à direita da barra vertical exibe o conteúdo do item ressaltado no painel esquerdo. Nesse caso, em razão de a pasta Documents estar ressaltada, o painel direito exibe o conteúdo da pasta Documents.
- Suponhamos que você queira salvar o arquivo em sua pasta Sniffy Files. Para fazê-lo, clique uma vez na pasta Sniffy Files no painel direito. Ocorre que os itens que haviam sido exibidos no painel direito passam para o painel esquerdo e o conteúdo da pasta Sniffy Files é exibido no painel direito.
- Após você ter acessado o local onde quer salvar seu arquivo:
  ◊ Digite o nome que você deseja atribuir ao arquivo na caixa de texto sob "Save As:".
  ◊ Aponte o cursor no botão Save e clique uma vez no botão de seu mouse.

Abrindo arquivos

Abrindo arquivos no Windows 7

Existem diversas maneiras de abrir arquivos no Windows, porém descreveremos somente os métodos básicos. No primeiro exemplo, suponhamos que você já tenha iniciado o programa Sniffy Pro e que acaba de executar o comando Open localizado no menu File. Quando você executar o comando Open, o programa Sniffy Pro sempre exibe uma caixa de diálogo perguntando se você deseja salvar o arquivo que se encontra aberto atualmente. Caso deseje salvar o arquivo, clique no botão Yes e execute o processo de salvamento do arquivo. Se você não quiser salvar o arquivo (por exemplo, porque acabou de iniciar o programa Sniffy Pro e não há motivo para salvar o arquivo Untitled que não contém dados), clique no botão No. Em ambos os casos, aparecerá uma caixa de diálogo parecida com a mostrada a seguir.

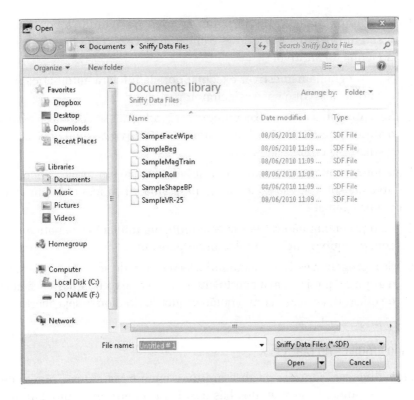

- Sob muitos aspectos, a caixa de diálogo Open é parecida com a caixa de diálogo Save. Eis os principais pontos a serem comentados a respeito dela:
  - No alto da caixa de diálogo à direita e ligeiramente abaixo de "Open", encontra-se o nome do lugar (a pasta ou o disco) cujo conteúdo está sendo mostrado atualmente.
  - O ícone logo à esquerda do nome do lugar informa qual o tipo de local. No exemplo, o ícone da pasta aberta nos informa que estamos examinando o conteúdo de uma pasta.
  - Na área grande no meio da caixa de diálogo, existe uma lista do conteúdo do lugar indicado no alto. Você verá os nomes dos vários itens com ícones que identificam quais são os tipos de itens.
  - Quando você vir o nome do arquivo que deseja abrir, aponte o cursor nesse ícone e clique uma vez no botão esquerdo do mouse. O nome do arquivo aparecerá na caixa de texto localizada à direita de "File name:" na parte inferior da caixa de diálogo.
  - Quando você tiver identificado o item certo, aponte o cursor no botão Open e clique uma vez no botão esquerdo de seu mouse para abrir o arquivo.

♦ Uma segunda maneira de abrir um arquivo no Windows consiste em abrir seu Sniffy Pro for Windows e clicar duas vezes com o botão esquerdo no ícone do arquivo.

◊ Se o programa não estiver executando, ele iniciará automaticamente com o arquivo que você selecionou para abrir.

◊ Se o programa estiver executando, será indagado se você deseja salvar o arquivo que já estava aberto antes de o arquivo no qual você acabou de dar dois cliques ser aberto.

♦ Uma terceira maneira de abrir o arquivo consiste em mover o ícone do arquivo até sobrepor-se ao ícone do programa ou ao ícone de um atalho para o programa.

◊ Se o programa não estiver executando, ele iniciará automaticamente com o arquivo que você selecionou para abrir.

◊ Se o programa estiver executando, será indagado se você deseja salvar o arquivo que já estava aberto antes de o arquivo no qual você acaba de clicar duas vezes com o botão esquerdo do mouse seja aberto.

Abrindo arquivos no Mac OS X

Existem diversas maneiras de abrir arquivos em um Macintosh, porém descreveremos somente os métodos básicos. No primeiro exemplo, supomos que você já tenha iniciado o programa Sniffy Pro e acabado de executar o comando Open localizado no menu File. Quando você executa o comando Open, o programa Sniffy Pro sempre exibe uma caixa de diálogo que pergunta se você deseja salvar o arquivo aberto atualmente. Se você desejar salvar o arquivo, clique no botão Save e execute o processo de salvamento do arquivo. Se não deseja salvar o arquivo (por exemplo, porque acaba de iniciar o programa Sniffy Pro e não há motivo para salvar um arquivo Untitled que não contém dados), clique no botão "Don't Save". Em ambos os casos, aparecerá uma caixa de diálogo parecida com a mostrada na página seguinte.

Essa caixa de diálogo parece-se, sob muitos aspectos, com a caixa de diálogo Save. Eis os principais pontos a serem observados a respeito:

♦ No alto, há um botão contendo o nome do lugar (a pasta ou o disco) cujo conteúdo está sendo mostrado atualmente.

♦ O ícone logo à esquerda do nome do lugar informa de que tipo de local se trata. No exemplo, o ícone da pasta nos informa que estamos examinando o conteúdo de uma pasta.

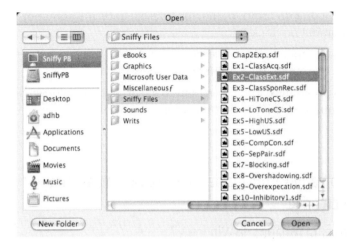

- Clicar no botão do nome do lugar produzirá um menu suspenso mostrando a localização do lugar atual na hierarquia de pastas e discos onde poderiam existir arquivos que você poderia abrir e uma lista de pastas nas quais você abriu ou salvou arquivos recentemente. Se você não estiver na pasta Sniffy Files, talvez a veja na lista de locais recentes. Caso se encontre aí, poderá selecioná-la da lista.
- Na área grande abaixo do nome do lugar, existem dois painéis separados por uma barra vertical. O painel à esquerda contém o lugar identificado no alto da caixa de diálogo. No painel à direita, existe uma lista com o conteúdo desse local. Quando você estiver dentro da pasta Sniffy Files, verá uma lista de arquivos e de outros itens.
- Selecione o arquivo que você deseja abrir clicando uma vez nele.
- Clique então no botão Open na parte inferior direita da caixa de diálogo.
- Uma segunda maneira de abrir um arquivo no Mac OS X consiste em abrir a pasta Sniffy Files e clicar duas vezes no ícone do arquivo.
  ◊ Se o programa não estiver executando, ele iniciará automaticamente com o arquivo que você selecionou para abrir.
  ◊ Se o programa estiver executando, você será indagado se deseja salvar o arquivo que já estava aberto antes de o arquivo que você acabou de clicar duas vezes ser aberto.
- Uma terceira maneira de abrir um arquivo consiste em mover o ícone do arquivo até sobrepor-se ao ícone do programa ou ao ícone de um atalho para o programa. Esse é um modo especialmente prático para abrir arquivos quando você possui atalhos para o programa e sua pasta Sniffy Files no dock. Simplesmente clique no ícone da pasta para abri-la. Mova

então o ícone do arquivo que você deseja abrir até sobrepor-se ao ícone do programa no dock.

- ◊ Se o programa não estiver executando, ele iniciará automaticamente com o arquivo que você moveu.
- ◊ Se o programa estiver executando, você será indagado se deseja salvar o arquivo que já se encontrava aberto antes de o arquivo cujo ícone você acaba de mover ser aberto.

Copiando arquivos de um disco rígido para um pen drive

Instruções para usuários do Windows 7

- ♦ Abra uma janela contendo o diretório de arquivos no pen drive.
  - ◊ Se o pen drive não estiver inserido em seu computador, insira-o em uma das portas USB em seu computador.
  - ◊ Na caixa de diálogo que aparecer, clique com o botão esquerdo na pasta Open (Abrir) para visualizar arquivos.
  - ◊ Se o pen drive já estiver aberto em seu computador clique no botão Start (Iniciar).
  - ◊ No painel à direita da caixa de diálogo que aparece, clique em Computador.
  - ◊ No painel à esquerda da caixa de diálogo, dê um duplo clique no ícone que representa seu pen drive (F).
  - ◊ De um modo ou de outro, uma janela contendo o diretório de arquivos no pen drive deverá ser aberta.
- ♦ Abra uma segunda janela contendo seu diretório de arquivos Sniffy Pro Data.
  - ◊ Se você criou um atalho para a pasta Sniffy Data Files em seu desktop, dê um clique duplo no atalho.
  - ◊ Ou então:
    - ◊ Clique com o botão esquerdo no ícone Start (Iniciar) na parte inferior de sua tela.
    - ◊ No menu suspenso que aparece, selecione Computador.
    - ◊ Na janela Computador, dê um clique duplo no ícone do disco rígido.
    - ◊ Na janela que aparece, selecione Documents (Documentos) no painel esquerdo.

◊ Na biblioteca Documents (Documentos), dê um clique duplo em Sniffy Data Files.
- O diretório de arquivos do pen drive e o conteúdo de sua pasta Sniffy Data Files deverão agora estar visíveis em janelas separadas em seu desktop no Windows.
- Na janela Sniffy Data Files, selecione os arquivos que você quer copiar no pen drive.
- Mantenha o botão esquerdo do mouse pressionado e arraste o ícone ou os ícones do arquivo para a pasta Sniffy Data Files, na janela de diretório do pen drive.
- O Windows irá copiar os arquivos no pen drive.

Instruções para usuários do Mac OS X

- Abra uma janela contendo o diretório de arquivos no pen drive.
  ◊ Se o pen drive não estiver inserido em seu computador, insira-o em uma das portas USB de seu computador.
  ◊ Aparecerá o ícone do pen drive no desktop de seu Macintosh.
  ◊ Dê um clique duplo no ícone do pen drive para abrir o seu diretório.
  ◊ De um modo ou de outro, uma janela contendo o diretório de arquivos no pen drive deverá agora estar aberta.
- Abra uma segunda janela contendo seu diretório de arquivos Sniffy Data Files.
  ◊ Se você tiver criado um atalho de sua pasta Sniffy Data Files em seu desktop, dê um duplo clique no atalho.
  ◊ Ou então:
    ◊ Com o cursor em qualquer lugar no desktop, pressione simultaneamente as teclas Command (Comando) e N.
    ◊ Clique no ícone Documents (Documentos) à esquerda da janela que é exibida.
    ◊ Encontre e dê um clique duplo no ícone da pasta Sniffy Data Files dentro de sua pasta Documents.
- O diretório de arquivos no pen drive e o conteúdo de sua pasta Sniffy Data Files deverão agora estar visíveis em janelas separadas no desktop de seu Mac OS X.
  ◊ Na janela Sniffy Data Files, selecione os arquivos que você quer copiar para o pen drive.

◊ Mantenha pressionado o botão do mouse e arraste o ícone ou ícones do arquivo na pasta Sniffy Data Files na janela de diretório do pen drive.

◊ O Mac OS X irá copiar os arquivos no pen drive.

Copiando arquivos de um pen drive para um disco rígido

Este procedimento é basicamente o mesmo para copiar arquivos do disco rígido de seu computador para um pen drive.

♦ Use os procedimentos descritos anteriormente para exibir uma janela contendo o diretório do pen drive e uma janela com o conteúdo de sua pasta Sniffy Data Files.

♦ Na janela que exibe o conteúdo do pen drive, selecione os arquivos que você quer copiar para seu disco rígido.

♦ Arraste os ícones dos arquivos que você quer copiar para a janela Sniffy Data Files.

♦ O Windows 7 ou o Mac OS X irá copiar os arquivos do pen drive para seu disco rígido.

Usando os arquivos Sniffy Pro do Macintosh em um PC com Windows e vice-versa

Os arquivos do Sniffy Pro for Macintosh são compatíveis com os arquivos do Sniffy Pro for Windows e vice-versa. Você pode criar um arquivo em um tipo de computador e visualizá-lo em outro tipo de computador. Você pode até mesmo realizar um experimento em um tipo de computador, salvar o arquivo enquanto o experimento estiver em andamento e então completá-lo em outro tipo de computador.

Para transferir arquivos de um PC com Windows para um Macintosh

♦ Copie os arquivos Sniffy Pro for Windows em um pen drive.
♦ Insira o pen drive em um Macintosh.
♦ Copie os arquivos Sniffy Pro for Windows para o disco rígido do Macintosh.
♦ Inicie seu programa Sniffy Pro for Macintosh.
♦ Use o comando Open no menu File para abrir os arquivos Sniffy Pro for Windows.

Para transferir arquivos de um Macintosh para um PC com Windows

- Salve os arquivos que você deseja transferir no disco rígido do Macintosh com o sufixo ".sdf" anexo a cada nome de arquivo. O Sniffy Pro for Windows precisa dessa extensão para reconhecê-los como arquivos Sniffy.
- Copie os arquivos Sniffy Pro for Macintosh em seu pen drive.
- Copie os arquivos do pen drive para o disco rígido de seu PC com Windows.
- Inicie seu programa Sniffy Pro for Windows.
- Use o comando Open no menu File para abrir os arquivos Macintosh.

Glossário

Aprendizagem de discriminação S+/S–. Um procedimento de aprendizagem de discriminação em que a resposta é reforçada na presença de um estímulo discriminativo explícito e extinta na presença de um outro estímulo discriminativo explícito.

Aprendizagem de discriminação simples com um tom S+. Um procedimento de aprendizagem por diferenciação em que a resposta é reforçada quando um tom estiver presente e extinta quando ele não ocorrer.

Aprendizagem de discriminação simples com um tom S–. Um procedimento de aprendizagem de discriminação em que a resposta é reforçada quando não ocorre um tom e extinta quando o mesmo tom estiver presente.

Aquisição. No condicionamento clássico, o desenvolvimento de uma resposta condicionada como consequência do pareamento dos estímulos condicionado e incondicionado. No condicionamento operante, o aumento na frequência de um comportamento emitido como resultado do reforço das ocorrências do comportamento.

Associação barra-som. A parte do algoritmo do condicionamento operante de Sniffy, mostrada na janela da mente Operant Associations (Associações operantes), que se desenvolve quando a manipulação da barra é seguida repetidamente por reforço.

Associação som-alimento. A parte do algoritmo de condicionamento operante de Sniffy, mostrada na janela da mente Operant Associations (Associações operantes), que se desenvolve quando a apresentação de uma pelota de alimento ocorre após Sniffy ouvir o som do mecanismo do alimentador.

Bloco (de um experimento de condicionamento clássico). Um grupo de tentativas que precisam ser finalizadas antes do próximo bloco iniciar.

Bloqueio. Um fenômeno de condicionamento clássico em que uma série anterior de tentativas, durante as quais um estímulo condicionado (CS_1) tenha sido pareado a um estímulo incondicionado, impede um segundo estímulo condicionado (CS_2) de adquirir a capacidade para eliciar com força a resposta ao estímulo condicionado quando os dois estímulos $(CS_1$ e $CS_2)$ são subsequentemente apresentados como um estímulo condicionado composto pareado com o estímulo incondicionado.

Comportamento adjuntivo. Um padrão de comportamento (resposta) que nunca é reforçado, mas que aumenta em frequência como um efeito colateral do esquema no qual outro padrão de comportamento é reforçado.

Comportamento-alvo. O comportamento que um treinador procura fazer que um animal desempenhe ao final da modelagem.

Comportamento eliciado. Um comportamento específico que ocorre como resultado direto da apresentação de um estímulo específico.

Comportamento emitido. Um padrão de comportamento que um animal exibe "espontaneamente" e para o qual não existe um estímulo eliciador.

Condicionamento clássico. A forma de aprendizagem que ocorre quando dois estímulos são apresentados repetidamente em uma série temporal de modo que as ocorrências do primeiro estímulo preveem as ocorrências do segundo estímulo.

Condicionamento com estímulos compostos. Uma variante do condicionamento clássico em que dois estímulos condicionados (CS_1 e CS_2) aparecem e desaparecem simultaneamente.

Condicionamento de ordem superior. Uma forma de condicionamento clássico em que um estímulo condicionado (CS_1) que havia sido pareado previamente a um estímulo incondicionado é usado para condicionar uma resposta a um segundo estímulo condicionado (CS_2) em uma série de tentativas durante as quais as apresentações do CS_2 precedem brevemente as CS_1.

Condicionamento excitatório. Condicionamento clássico em que um estímulo condicionado adquire a capacidade para eliciar uma resposta condicionada como resultado do pareamento com um estímulo incondicionado.

Condicionamento inibitório. Condicionamento clássico em que um estímulo condicionado passa a atuar como um "sinal" de que um US, que poderia ser esperado, *não* vai ocorrer. Quando apresentado isoladamente, um estímulo condicionado inibitório não elicia uma resposta condicionada. Quando um estímulo condicionado inibitório ocorre composto com um estímulo condicionado excitatório, o estímulo condicionado inibitório impede ou reduz a magnitude da resposta condicionada que o estímulo condicionado excitatório viria a eliciar.

Condicionamento operante. Uma alteração aprendida na probabilidade de que um comportamento emitido ocorrerá novamente em circunstâncias similares no futuro, resultante dos eventos que seguem as ocorrências do comportamento.

Condicionamento pavloviano. Uma outra designação para o condicionamento clássico.

Condicionamento respondente. Uma outra designação para o condicionamento clássico.

Curva de generalização. Um gráfico indicando o número de respostas durante os testes de generalização como uma função de similaridade com um estímulo discriminado usado durante a aprendizagem por diferenciação.

DS Response Strenght. Força da resposta ao estímulo discriminativo (SD). A parte do algoritmo de condicionamento operante de Sniffy, mostrada na janela da mente DS Response Strength, que prevê quantas vezes Sniffy dará uma resposta de condicionamento operante na presença de um tom de frequência específica durante os testes de generalização.

Efeito de pré-exposição ao CS. Um fenômeno de condicionamento clássico em que as apresentações repetidas de um estímulo condicionado retardam o condicionamento subsequente quando o estímulo condicionado é pareado com um estímulo incondicionado em uma série de tentativas.

Efeito de superexpectativa. Um fenômeno de condicionamento clássico em que dois estímulos condicionados que foram pareados separadamente a um estímulo não condicionado são apresentados juntos subsequentemente como um estímulo condicionado composto em uma série adicional de pareamentos com o estímulo incondicionado. No final da série de tentativas de condicionamento com estímulos compostos, a magnitude da resposta condicionada que os estímulos condicionados são capazes de produzir separadamente é menor que a magnitude da resposta condicionada que produziram separadamente no fim das tentativas de pareamentos independentes/separados.

Encadeamento de trás para frente. Um procedimento de treinamento operante usado para ensinar um animal a demonstrar uma série de comportamentos improváveis. O animal é treinado inicialmente a exibir o último comportamento da cadeia que ocorreria um pouco antes do reforço no final da série. Em seguida, é treinado para demonstrar o penúltimo comportamento da cadeia ao tornar a oportunidade de demonstrar o último comportamento contingente à exibição do penúltimo comportamento e assim por diante.

Esfregar o focinho. Um comportamento modelável operantemente em que Sniffy movimenta repetidamente uma de suas patas frontais ao longo de uma vista.

Esquema de intervalo. No condicionamento operante, um esquema de reforço no qual uma resposta pode ser reforçada somente após um período de tempo ter decorrido desde o último reforço.

Esquema de intervalo fixo (FI). Um esquema de reforçamento em que o reforço de um comportamento condicionado operantemente fica disponível apenas após um período fixo de tempo haver transcorrido desde o último reforço.

Esquema de intervalo variável (VI). Um esquema de reforçamento em que o período de tempo após o reforço, e durante o qual respostas adicionais não são reforçadas, varia entre os reforços.

Esquema de razão. Um esquema de reforçamento no qual o reforço de uma resposta se torna disponível somente após ocorrerem algumas respostas não reforçadas.

Esquema de razão fixa (FR). Um esquema de reforçamento em que um comportamento de condicionamento operante é reforçado somente após um número específico de respostas não reforçadas, que é sempre idêntico para cada reforço, ter sido exibido.

Esquema de razão variável (VR). Um esquema de reforçamento em que o número de respostas não reforçadas exigidas antes que uma outra resposta seja reforçada varia entre os reforços.

Esquema de reforçamento. Uma regra que determina em que casos se deve reforçar uma resposta.

Estímulo condicionado (CS). No condicionamento clássico, um estímulo que tem condição para adquirir a capacidade de eliciar uma resposta condicionada como resultado da apresentação do estímulo imediatamente antes das apresentações de um estímulo incondicionado em uma série de tentativas.

Estímulo discriminativo. No condicionamento operante, um estímulo que sinaliza que uma resposta particular irá ou não ser reforçada.

Estímulo incondicionado (US). No condicionamento clássico, um estímulo que possui a capacidade intrínseca para eliciar uma resposta óbvia e fácil de avaliar. O US é apresentado após o CS nas tentativas de treinamento do condicionamento clássico padrão.

Extinção. No condicionamento clássico, a diminuição e eliminação final de uma resposta previamente condicionada que ocorre como resultado da apresentação repetida do estímulo condicionado sem o estímulo incondicionado. No condicionamento operante, a redução na frequência de uma resposta condicionada previamente que ocorre quando a resposta deixa de ser reforçada.

Força da ação. A parte do algoritmo de condicionamento operante de Sniffy, mostrada na janela da mente Operant Associations, que aumenta como consequência do reforço sistemático de um movimento específico.

Força da resposta ao CS. A parte do algoritmo de condicionamento clássico de Sniffy, mostrada na janela da mente CS Response Strength, que prevê a força da resposta de Sniffy ao estímulo condicionado na próxima vez em que for apresentado.

Generalização de estímulos. A resposta na presença de um estímulo parecido com, mas não idêntico a, o estímulo discriminativo usado na aprendizagem de discriminação.

Habituação da resposta. A redução ou eliminação da resposta eliciada por um estímulo que ocorre como consequência de apresentações repetidas do estímulo.

Índice de movimento. A proporção de tempo durante a apresentação de um estímulo condicionado em que Sniffy está demonstrando congelamento e outros comportamentos relacionados ao medo.

Índice de supressão. Uma medida de resposta usada para avaliar a resposta emocional condicionada. O índice de supressão é igual ao índice de resposta durante uma apresentação do CS dividido pela soma do índice de respostas durante o CS com o índice de respostas durante o período que precede imediatamente o CS.

Inibição latente. Uma outra designação para o Efeito de Pré-Exposição ao CS.

Janela da mente. Um recurso do programa Sniffy que mostra certos parâmetros dos algoritmos de Sniffy para os condicionamentos clássico e operante. Os parâmetros mostrados correspondem a processos psicológicos que os psicólogos propuseram como explicações para aspectos dos condicionamentos clássico e operante. As janelas da mente mostram como as mudanças nos "processos psicológicos" de Sniffy se relacionam a alterações no seu comportamento.

Medida da resposta. Qualquer medida da duração, frequência, magnitude ou da probabilidade de um comportamento.

Medo. A parte do algoritmo de condicionamento clássico de Sniffy, mostrado na janela da mente Sensitivity & Fear (Sensibilidade e Medo), que prevê a probabilidade de Sniffy vir a exibir congelamento e outros comportamentos relacionados ao medo.

Método experimental acoplado. Uma configuração experimental em que a resposta de um animal determina a programação de reforço de um segundo animal.

Modelagem. Um procedimento de treinamento operante no qual o animal é treinado para apresentar um comportamento-alvo improvável como consequência do reforço de uma série de comportamentos que se parecem cada vez mais com o comportamento-alvo.

Pedir. Um comportamento modelável operantemente em que Sniffy permanece defronte ao observador, levanta suas patas dianteiras e movimenta sua cabeça para cima e para baixo.

Polidipsia induzida pelo esquema. A forma de comportamento adjuntivo mais extensivamente estudada. Um aumento na frequência do comportamento de beber (polidipsia) que ocorre como efeito colateral de reforçar um animal com alimento em um esquema de intervalo, especialmente um esquema de intervalo fixo.

Pré-condicionamento sensorial. Um fenômeno de condicionamento clássico que demonstra a aprendizagem de uma associação entre dois estímulos condicionados. Durante o primeiro bloco do experimento, dois estímulos condicionados (CS_1 e CS_2) são pareados sequencialmente com as apresentações do CS_1, precedendo brevemente as apresentações do CS_2. No segundo bloco do experimento, CS_2 é pareado repetidamente a um estímulo incondicionado. Finalmente, no terceiro bloco do experimento, CS_1 é apresentado isoladamente. O fenômeno é demonstrado se CS_1 eliciar uma resposta condicionada durante o Bloco 3.

Punição. A operação de apresentação de um punidor positivo ou de remoção de um punidor negativo como consequência de um padrão de comportamento, tendo como resultado que o padrão de comportamento punido se torna menos provável de ocorrer em circunstâncias similares no futuro.

Punidor negativo. Um estímulo cuja remoção como consequência de um comportamento torna esse comportamento *menos* provável de ocorrer em circunstâncias similares no futuro.

Punidor positivo. Um estímulo cuja apresentação como consequência de um comportamento torna esse comportamento *menos* provável de ocorrer em circunstâncias similares no futuro.

Punidor primário. Um estímulo cuja capacidade de funcionar como um punidor não depende de experiência prévia.

Punidor secundário. Um estímulo cuja capacidade para atuar como punidor depende de sua associação prévia com um punidor primário.

RAM. Memória de acesso aleatório, um dos componentes eletrônicos de um computador que determina em parte a possibilidade de ele conseguir executar certos programas, bem como a qualidade (velocidade) com que os programas serão executados.

Recuperação espontânea. O reaparecimento de uma resposta, previamente extinta, condicionada de modo clássico ou operante que ocorre quando o animal retorna à situação de teste após passar um tempo em outro ambiente, por exemplo, na caixa-viveiro onde vive.

Reforçador negativo. Um estímulo cuja remoção como consequência de um comportamento torna esse comportamento *mais* provável de ocorrer em circunstâncias similares no futuro.

Reforçador positivo. Um estímulo cuja apresentação como consequência de um comportamento torna esse comportamento *mais* provável de ocorrer em circunstâncias similares no futuro.

Reforçador primário. Um estímulo cuja capacidade de funcionar como um reforçador não depende de experiência prévia.

Reforçador secundário. Um estímulo cuja capacidade de atuar como reforçador depende de sua associação prévia com um reforçador primário.

Reforçamento. No condicionamento operante, a operação de apresentar um reforçador positivo ou remover um reforçador negativo como consequência de um padrão de comportamento, tendo como resultado que o comportamento reforçado se torna mais provável de ocorrer em circunstâncias similares no futuro. No condicionamento clássico, a apresentação do estímulo não condicionado após a ocorrência do estímulo condicionado.

Repertório comportamental. Uma lista e uma descrição de todos os padrões de comportamento que um animal exibe.

Resposta condicionada (CR). No condicionamento clássico, a resposta aprendida com um estímulo condicionado que se desenvolve como resultado da apresentação repetida do estímulo condicionado um pouco antes da apresentação do estímulo incondicionado. No condicionamento operante, um comportamento emitido cuja frequência foi aumentada como resultado do reforço sistemático do comportamento.

Resposta de orientação (OR). A resposta inicial e não aprendida a um estímulo condicionado.

Resposta emocional condicionada (CER). Uma forma de condicionamento clássico na qual um estímulo condicionado adquire a capacidade de produzir congelamento e outros comportamentos relacionados ao medo como resultado de ser pareado com um estímulo incondicionado aversivo.

Resposta incondicionada (UR). No condicionamento clássico, a resposta eliciada por um estímulo incondicionado.

Rolar. Um comportamento modelável em condições operantes em que Sniffy dá cambalhotas.

Saliência. A capacidade de um estímulo para atrair a atenção de um animal.

Sensibilidade à dor. O parâmetro do algoritmo de condicionamento clássico de Sniffy, mostrado na janela da mente Sensitivity & Fear (Sensibilidade e Medo), que prevê a duração da resposta incondicionada de Sniffy ao US choque na próxima vez em que ele ocorrer.

Sensibilização. Um aumento da magnitude da resposta eliciada por um estímulo que ocorre como resultado da sua apresentação repetida.

Sombreamento. Quando um estímulo condicionado de característica evidente muito marcante e um estímulo condicionado de característica evidente pouco marcante são apresentados juntos como um estímulo composto em uma série de pareamentos com um estímulo incondicionado, o estímulo condicionado de característica saliente adquire a capacidade para eliciar uma resposta condicionada mais intensa do que o estímulo condicionado de característica pouco saliente.

Supressão condicionada. Uma designação alternativa para a resposta emocional condicionada.

Tempo cronológico. Tempo conforme medido no mundo real.

Tempo de programa. O tempo conforme medido internamente pelo programa Sniffy. Quando Sniffy está visível, a relação entre tempo de programa e tempo cronológico depende da velocidade da animação. Quando Sniffy está oculto para "acelerar o tempo", o tempo de programa decorre muito mais rapidamente que o tempo cronológico.

Tipo de tentativa. Os eventos específicos que ocorrem durante um certo tipo de tentativa de condicionamento clássico. Um bloco de um experimento de condicionamento clássico precisa incluir tentativas de pelo menos um tipo, podendo incluir tentativas de mais de um tipo.

Treinamento para uso do alimentador. O procedimento pelo qual o som do alimentador em uma caixa operante é transformado em um reforçador secundário por meio do seu pareamento com a apresentação de pelotas de alimento.

Glossário de termos e expressões em inglês-português

A

About this Computer. Sobre este computador.

About this Mac. A respeito deste Mac.

Action Strength. Força da ação.

Active During CS. Ativo durante o CS.

Animate Sniffy. Animar Sniffy.

Application. Aplicativo.

Average Interval Between Trials. Intervalo médio entre as tentativas.

B

Bar Press. Pressão na barra.

Bar-Sound. Barra-Som.

Beg. Pedir.

Bell. Campainha.

Blocking. Bloqueio.

Blocking Stages 2 and 3. Blocos 2 e 3 do Bloqueio.

C

Cage. Caixa.

Cancel. Cancelar.

Change Nature of Association. Mudar a natureza das associações.

Clear. Retirar ou remover.

Compact. Compacto.

Continuous. Contínuo.

Continuous Reinforcement. Reforço contínuo.

Copy. Copiar.

Copy to Folder. Copiar para a pasta.

Copy Window. Copiar a janela.

Copy Window Image. Copiar a imagem da janela.

Create Shortcut. Criar atalho.

CS Intensity. Intensidade do CS.

CS Response Strength. Força da resposta ao CS.

Cumulative Record. Registro cumulativo.

Custom. Personalizado.

D

Default. Padrão.

Delete Stage. Eliminar bloco.

Delete Type. Eliminar tipo.

Design Classical Conditioning Experiment. Programar Experimentos de Condicionamento Clássico.

Design Operant Conditioning Experiment. Programar Experimentos de Condicionamento Operante.

Discrimination/Generalization. Discriminação/generalização.

Display. Vídeos.

Documents. Documentos.

Don't Save. Não salvar.

DS Response Strength. Força da resposta ao estímulo discriminativo.

E

Edit. Editar.

Exit. Sair.

Experiment. Experimento.

Export Data. Exportar dados.

Extinction. Extinção.

F

Face Touch. Tocar o focinho.
Face Wipe. Esfregar o focinho.
FAQ (Frequently Asked Questions). Perguntas formuladas frequentemente.
Fear. Medo.
File. Arquivo.
File Name. Nome do arquivo.
Finder. Localizador.
Finder's File. Arquivo do localizador.
First Press Only. Primeira pressão somente.
First Stimulus. Primeiro estímulo.
Fixed-interval (FI). Intervalo fixo.
Fixed-ratio (FR). Razão fixa.
Freeze During CS. Congelamento durante o CS.

G

Groom Face. Limpeza da face.
Groom Genitals. Tocar a genitália.
Generalization Test. Teste de generalização.

H

Hard Disk. Disco rígido.
Head Tuck. Retraimento da cabeça.
Help. Ajuda.
Hide Sniffy (Accelerate Time). Ocultar Sniffy (acelerar a duração).
High Punishment. Punição severa.

I

Install. Instalar.
Interval Between Trials. Intervalo entre tentativas.
Isolate Sniffy (Accelerate Time). Isolar Sniffy (tempo acelerado).

L

Lab Assistance. Assistência do laboratório.
Lab Assistant. Assistente de laboratório.
Light. Luz.
Limit Colors To. Limitar as cores a.
Look in. Veja em.

M

MagTrain. Treinamento para uso do alimentador.

Mark (Record). Sinalizar (registrar).
Mark Record. Assinalar registro.
Mind Window. Janela da mente.
Movement Ratio. Índice de movimento.
Mute Pellet Dispenser. Dispensador silencioso de pelotas.
My Computer. Meu computador.

N

Net. Final.
New. Novo.
New Folder. Pasta nova.
New Stage. Novo bloco.
New Type. Novo tipo.
New Window. Janela nova.
Next. Próximo.
None. Nenhum(a).

O

Open. Abrir.
Operant Associations. Associações operantes.
Operant Chamber. Caixa operante.

P

Pain Sensitivity. Sensibilidade à dor.
Paste. Colar.
Pause and Resume. Interromper e continuar.
Pre-Exposure Comparisons. Comparações pré-exposição.
Preference. Preferência.
Present Each Trial Type – Times. Apresentar cada tipo de tentativa – número de vezes.
Previous Stage. Bloco anterior.
Previous Type. Tipo anterior.
Print Window. Imprimir janela.
Program. Programa.
Program Files. Arquivos de programas.
Punish Bar Press. Punir a pressão na barra.

R

RAM (Random Access Memory). Memória de acesso aleatório.
Read Me. Leia-me.
Rear Up Facing Back. Levantar-se de frente para a parede de trás.
Rear Up Facing Front. Levantar-se de frente.

Reinforcement Action. Ação de reforço.
Reinforcement Schedule. Esquema de reforçamento.
Remove Sniffy for Time-Out. Remover Sniffy para um período de espera.
Response. Resposta.
Resume. Continuar.
Retry. Tentar novamente.
Revert. Reverter.
Roll. Rolar.
Run Classical Conditioning Experiment. Realizar o experimento de condicionamento clássico.

S

Sample Files. Arquivos de demonstração.
Save. Salvar.
Save As. Salvar como.
Save in. Salvar em.
Second Stimulus. Segundo estímulo.
Seconds. Segundos.
Sensitivity & Fear. Sensibilidade e medo.
Setting. Configuração.
Setting Up a Schedule. Configurando um esquema.
Shaping Behavior. Modelar o comportamento.
Shaping Tutor. Instrutor de modelagem.
Shock US. US choque.
Shortcut to Sniffy Pro for Windows. Atalho para o Sniffy Pro for Windows.

Show All Files. Mostrar todos os arquivos.
Show Sniffy. Mostrar Sniffy.
Slow-Fast. Lento-rápido.
Sniffy Files. Arquivos Sniffy.
Sniffy Tutor. Instrutor Sniffy.
Sound-Food. Som-alimento.
Sound Proof Cage. Compartimento à prova de som.
Stage. Bloco.
Start. Iniciar.
Suppression Ratio. Índice de supressão.
System Folder. Pasta do sistema.

T

Target Behavior. Comportamento-alvo.
Tone. Tom.
Trial Types. Tipos de tentativa.
Typical. Típico.

U

Undo. Desfazer.
Untitled. Sem título.
Use Default. Usar padrões.
User. Usuário.

V

Variable-interval (VI). Intervalo variável.
Variable-ratio (VR). Razão variável.
View/Edit Experiment Stage. Visualizar/editar bloco do experimento.

W

Windows. Janelas.

Referências

ANNAU, Z.; KAMIN, L. J. The conditioned emotional response as a function of intensity of the US. *Journal of Comparative and Physiological Psychology, v. 54*, p. 428-32, 1961.

CHANCE, P. *Learning and behavior*. 6. ed. Belmont, CA: Wadsworth Cengage Learning, 2008.

DOMJAN, M. *The principles of learning and behavior*. 4. ed. Pacific Grove, CA: Brooks/Cole, 1998.

_____. *The principles of learning and behavior*. 5. ed. Belmont, CA: Wadsworth, 2003.

_____. *The principles of learning and behavior*. 6. ed. Belmont, CA: Wadsworth Cengage Learning, 2010.

ESTES, W. K.; SKINNER, B. F. Some quantitative properties of anxiety. *Journal of Experimental Psychology, v. 29*, p. 390-400, 1941.

FALK, J. L. Production of polydipsia in normal rats by an intermittent food schedule. *Science*, v. *133*, p. 195-196, 1961.

_____. The nature and determinants of adjunctive behavior. *Physiology and Behavior, 6*, p. 577-588, 1971.

FERSTER, C. B.; SKINNER, B. F. *Schedules of reinforcement*. Nova York: Appleton-Century-Crofts, 1957.

GUTHRIE, E. R. *The psychology of learning* (edição revista). Gloucester, MA: Smith, 1960.

HANSON, H. M. Effects of discrimination training on stimulus generalization. *Journal of Experimental Psychology, v. 58*, p. 321-33, 1959.

HONIG, W. K. et al. Positive and negative generalization gradients obtained under equivalent training conditions. *Journal of Comparative and Physiological Psychology, v. 56*, p. 111-6, 1963.

HULL, C. L. *Principles of behavior*. Nova York: Appleton-Century-Crofts, 1943.

_____. *A behavior system*. New Haven, CT: Yale University Press, 1952.

IMADA, H.; YAMAZAKI, A.; MORISHITA, M. The effects of signal intensity upon conditioned suppression: Effects upon responding during signals and intersignal intervals. *Animal Learning and Behavior, v. 9*, p. 269-74, 1981.

JAMES, W. *Principles of psychology*. Nova York: Holt, 1890.

JENKINS, H.M.; HARRISON, R. G. Effects of discrimination training on auditory generalization. *Journal of Experimental Psychology, v. 59*, p. 246-53, 1960.

_____. Generalization of inhibition following auditory discrimination learning. *Journal of the Experimental Analysis of Behavior, v. 5*, p. 435-41, 1962.

KAMIN, L. J. Attention-like processes in classical conditioning. In: JONES, M.R. (Ed.) *Miami Symposium on the Prediction of Behavior: Aversive stimulation.* Miami, FL: University of Miami Press, 1968.

KELLER, F. S.; SCHOENFELD, W. N. *Principles of psychology.* Nova York: Appleton-Century-Crofts, 1950.

KIMBLE, G. A. *Hilgard; Marquis' conditioning and learning.* 2. ed. Nova York: Appleton-Century-Crofts, 1961.

MAZUR, J. E. *Learning and behavior.* 4. ed. Upper Saddle River, NJ: Prentice Hall, 1998.

PAVLOV, I. P. *Conditioned reflexes* (G.V. Anrep, tradução para o inglês). Londres: Oxford University Press, 1927.

POLENCHAR, B. E. et al. Effects of US parameters on classical conditioning of cat hindlimb flexion. *Animal Learning and Behavior,* v. 12, p. 69-72, 1984.

POWELL, R. A.; SYMBALUK, D. G.; HONEY, R. L. *Introduction to learning and behavior.* Belmont, CA: Wadsworth Cengage Learning, 2009.

RESCORLA, R. A. Second order conditioning: implications for theories of learning. In: MCGUIGAN, E.J. LUMSDEN, D. B. (Eds.) *Contemporary approaches to conditioning and learning.* Nova York: Wiley, 1973.

RESCORLA, R. A.; WAGNER, A. R. A theory of Pavlovian conditioning: variations in the effectiveness of reinforcement and nonreinforcement. In: BLACK, A. H.; PROKASY, W. F. (Eds.) *Classical conditioning II: current research and theory.* Nova York: Appleton-Century-Crofts, 1972, p. 64-99.

REYNOLDS, G. S. *A primer of operant conditioning.* Glenview, IL: Scott, Foresman, 1975.

RIZLEY, R. C.; RESCORLA, R. A. Associations in second-order conditioning and sensory preconditioning. *Journal of Comparative and Physiological Psychology,* v. 81, p. 1-11, 1972.

SCHWARTZ, B.; REISBERG, D. *Learning and memory.* Nova York: Norton, 1991.

SELIGMAN, M.E.P. Chronic fear produced by unpredictable electric shock. *Journal of Comparative and Physiological Psychology,* v. 66, p. 402-11, 1968.

SELIGMAN, M.E.P.; MAIER, S. F.; SOLOMON, R.L. Unpredictable and uncontrollable aversive effects. In: BRUCH, F. R. (Ed.) *Aversive conditioning and learning.* Nova York: Academic Press, 1971, p. 347-400.

SHETTLEWORTH, S. J. Reinforcement and the organization of behavior in the golden hamster: hunger, environment, and food reinforcement. *Journal of Experimental Psychology: Animal Behavior Processes,* v. 1, p. 56-87, 1975.

SKINNER, B.F. On the conditions of elicitation of certain eating reflexes. *Proceedings of the National Academy of Science (Washington),* v. 15, p. 433-8, 1930.

_____. Two types of conditioned reflexes and a pseudo type. *Journal of General Psychology,* v. 12, p. 66-77, 1935.

_____. *The behavior of organisms.* Nova York: Appleton-Century-Crofts, 1938.

_____. *Science and human behavior.* Nova York: Macmillan, 1953.

_____. *Beyond freedom and dignity.* Nova York: Knopf, 1971.

SPENCE, K. W. The differential response in animals to stimuli varying within a single dimension. *Psychological Review,* v. 44, p. 430-44, 1937.

TARPY, R. M. *Contemporary learning theory and research.* Nova York: McGraw-Hill, 1997.

THORNDIKE, E. L. Animal intelligence. An experimental study of associative processes in animals. *Psychological Monographs,* v. 2, n. 8), 1898.

TOLMAN, E. C. *Purposive behavior in animals and men.* Nova York: Appleton-Century-Crofts, 1932.

Índice remissivo

A
abaixar a cabeça, 235
abrir arquivos
  no Mac OS X, 254-256
  no Windows 7, 252-254
acelerando o tempo, 33-34
alimentador, definição de, 138
animação de Sniffy
  na resposta emocional condicionada, 9
  visão geral da, 2
animais
  aprendizado ao vivo *versus* virtual, 1-5, 39, 141, 227-229
  ética e estudo de, 6
  modelagem, 152-156, 227-244
  pombos, 187-188, 204, 208, 224
  regulamentações para cuidados com, 1
  trabalho experimental inicial em, 130-132
animais reais
  bloqueio em, 66-68
  frustração em, 164
  generalização de estímulos em, 190, 203
  modelagem de, 227, 229
  natureza das associações nos, 101
  instrumentos de aprendizagem em, 4-6
  registros cumulativos de Sniffy 156-158
  resposta aos estímulos condicionados em, 51
animais vivos. *Veja* animais reais
aprendizagem de discriminação de estímulo

comparação de curvas de generalização, 224-225
configuração de experimentos na, 209-212
exercícios de, simples com um tom S+/S-, 222-223
exportação de dados para outros programas, 213-214
generalização após, 222-223
visão geral de, 203
visão geral de, simples com um tom S-/S+, 206-209
aprendizagem de discriminações S+/S-, 204
aprendizagem de discriminação simples com um tom S+, 214-217
aprendizagem de discriminação simples com um tom S-, 207
  comparação das curvas, 224-225
  definição de, 207
  realização de testes de generalização de estímulos, 220-221
  realização dos experimentos, 215
  transferência de dados da DS Response Strength (Força da Resposta), 213-214
  visão de conjunto da, 203-209
aprendizagem de discriminações S+/S-, 204, 221-222, 224
aprendizagem de discriminação simples
  com um tom S+, 206, 210, 215-216, 217-218
  com um tom S-, 207, 210, 218-219, 220
aquisição, no condicionamento clássico
  definição de, 35
  de CR no, básico, 35-40

275

exercício sobre, 35-40
força variável de CS (exercício), 44-52
força variável de US (exercício), 52-55
visão geral da, 33-35
aquisição, no condicionamento operante
definição de, 138
e frequências relativas de comportamento, 145
área de trabalho, gerenciamento de arquivos, 247-248
armazenagem, em pendrives, 245-246
Assistente do Laboratório (Conselhos Úteis), 36, 215
associação barra-som
definição de, 149
modelagem de Sniffy para pressionar a barra, 193
na aprendizagem de discriminação, 215-216
na extinção, 207
no esquema VR, 191
no reforço secundário, 164-165
visão geral da, 209
associação som-alimento
definição de, 149
extinção do reforço, 160-161
reforço secundário, 164-165
visão de conjunto da, 149
associações S-R
definição de, 26-28
exercícios para, 102-104
modelos de, 106
visão de conjunto das, 99-102
associações S-S
definição de, 26-27
exercícios para, 102-120
modelos de, 106
no condicionamento clássico, 99-102
visão de conjunto das, 99-102
associações, no condicionamento clássico, 87-97
aquisição de, 102-104
condicionamento de ordem superior, 94-97
condicionamento de primeira ordem, 111-114
habituação da UR, 115-120
extinção da CR de primeira ordem, 101-115
modelos para associação de S-R/S, 102
pré-condicionamento sensorial, 88-94
questões sobre, 121

tipos de, 26-27
visão geral das, 99-102
associações, no condicionamento operante
barra-som, 149, 152-156, 164, 167, 197, 210
força da ação, 149, 153, 191-192, 210
som-alimento, 149, 150, 164
visão geral de, 3, 149
atalho, criação no Windows, 247-248
atalho, criação no Macintosh, 248

B

beber, 172.
birras e reforçamento, 183
blocos no condicionamento clássico, 14-16
bloqueio, 64-68
botão Cancel, 27
botão Use Defaults, 27

C

cães, 242
caixa de diálogo Design Classical Conditioning Experiment (Experimento de Condicionamento Clássico), 14-20
caixa de diálogo Design Operant Conditioning Experiment, 189-191
caixa operante, 1, 141, 142
pen drives, 245-246
saliência, 69
CER (resposta emocional condicionada), 9-13
cérebro, processos de aprendizagem no, 3
choque, estímulo, 18
classe de resposta, 152
colar, 31
colar, copiar e, 31-32
comando Change Nature of Associations (Mudar a Natureza das Associações), 106
comando Copy Window, 31
comando Export Data, 46, 125, 169
comando Delete Stage (Deletar o Bloco), 17
comando Design Classical Conditioning Experiment (Programar Experimento de Condicionamento Clássico), 14-20
comando Export Data (Exportar Dados), 30, 46, 125, 169
comando Isolate Sniffy (Isolar Sniffy) Accelerate Time (Tempo Acelerado), 19
comando Nature of Association (Natureza das Associações), 27
comando Preferences (Preferências), 34

comando Previous Stage (Bloco Anterior), 16
comando Print Window (Imprimir Janela), 41
comando Remove Sniffy for Time-Out (Remover Sniffy do Período de Espera), 42, 167
comando Run Classical Conditioning Experiment (Executar Experimento de Condicionamento Clássico), 101
comando Show Sniffy (Mostrar Sniffy), 19
comportamento. *Veja também* reforçamento; esquema de reforçamento
   adjuntivo, 198-200
   alvo, 152
   eliciado, 141
   emitido, 139, 141
   punição, 143-146, 177-179
   reforçadores de, 143, 144, 145, 184
   registro cumulativo, na medição de, 165, 192, 194
   repertório de Sniffy, 171-173, 198-200
   variante, 152
comportamento-alvo
   reforço contínuo do, 183
   visão de conjunto do, 152-156
condição de controle sem o emprego de pareamentos, 92-94
condicionamento clássico, 7-122
   acelerando o tempo no, 33-34
   aquisição do, 9, 44-51, 54-55, 102-104
   associações de. *Veja* associações, no condicionamento clássico
   resposta emocional condicionada, 9-13
   caixa de diálogo, 14-20
   caixa de diálogo Delineamento Experimental, 9-13
   condicionamento de ordem superior, 94-97
   definição de, 3
   entendendo resultados de experimentos, 29-30
   exportando resultados, 30
   extinção no, 40-42
   impressão do conteúdo da janela de dados, 31
   intensidade variável do CS no, 44-51
   janela da mente CS Response Strength (Força de Resposta ao CS) no, 21-23
   janelas da mente em experimentação, 19-24
   janela da mente Sensitivity & Fear (Sensibilidade e Medo) no, 20-21
   janela Movement Ratio (Índice de Movimento) no, 23-24
   janela Supression Ratio (Índice de Supressão) no, 25-26
   observações do, 22
   obtenção de resultados confiáveis de, 28-29
   pré-condicionamento sensorial, 88-94
   recuperação espontânea no, 42-43
   registros cumulativos do, 24-25
   variação da força de US, 52-55
   visão geral do, 8-9
condicionamento com estímulos compostos, 57-76
   bloqueio no, 64-68
   definição de, 262
   pareamentos de CSs separados *Veja US*, 57-64
   sombreamento, 69-71
   superexpectativa, 72-75
condicionamento contextual, 121-125, 125-130
condicionamento de ordem superior
   básico, sob modelos de S-R/S (exercício), 108-111
   definição de, 262
   habituação da UR e, 115-120
   efeito na extinção do CR de primeira ordem (exercício), 111-115
   efeito na habituação do UR (exercício), 115-120
   experimento de, 94-97
   extinção da CR de primeira ordem e, 111-115
condicionamento de primeira ordem, 87, 104-108
   de habituação de UR (exercício), 104-108
   extinção de CR por condicionamento de ordem superior (exercício), 111-115
   visão geral de, 87-88, 115-116
condicionamento excitatório, 77-82, 262
   aquisição, 35-40
   avaliação do conjunto de resposta, 82-86
   bloqueio, 64-65
   comportamento humano, 139
   condicionamento com estímulos composto, 57-59
   condicionamento de ordem superior, 94

condicionamento de ordem superior, básico, 108-111
condicionamento excitatório retarda versus anterior, 78-82
condicionamento inibitório e soma de resposta, 82-83
condicionamento inibitório, 77-86
definição de, 262
efeito da pré-exposição de US, 132
efeito de superexpectativa, 72
efeito de pré-exposição de CS, 130
exercício de soma de resposta, 82-86
extinção, 40-42
habituação aos efeitos de UR sobre o condicionamento de ordem superior, 111-115
habituação aos efeitos de UR no condicionamento de primeira ordem, 104-108
habituação, sensibilização e condicionamento em background, 125-130
na janela da mente CS Response Strength, 21
pré-condicionamento sensorial (condição de controle sem paridade), 92
pré-condicionamento sensorial (condição experimental), 89
recuperação espontânea, 42-43
retardando o condicionamento excitatório, 78-82
US, variação da força de, 52-55
visão de conjunto de, 77-78
condicionamento instrumental. *Veja* condicionamento operante
condicionamento negativo
discriminação por estímulo/generalização, 203-225
e índice de supressão, 25
e registro de condicionamento clássico, 24
trabalhos de Skinner no, 138-141
condicionamento operante, 137-145
definição de, 3, 262
extinção do, 160-164
imobilidade relacionada ao medo e, 10
janela explicativa Operant Associations (Associações Operantes), 148-149
modelagem de Sniffy, 152-156
recuperação espontânea, 167-168
reforço e punição, 143-145

reforço secundário, 164-167
registros cumulativos, 156
repertório comportamental, 168-170
técnica de, 203-204
trabalho de Skinner, 138-141
trabalho de Thorndike, 137-138
treinamento para uso do alimentador, 148, 150
condicionamento pavloviano, 9. *Veja também* condicionamento clássico
condicionamento positivo. *Veja também* condicionamento excitatório
condicionamento respondente. *Veja* condicionamento clássico
configuração do Interval Between Trials (Intervalo Médio entre Tentativas), 17
contraste comportamental, 204
controle de ruído, 34
convenção de nomes
preservação de arquivos originais, 40
cópia de arquivos
do pen drive para o disco rígido, 258
do disco rígido para o pen drive, 256-258
cópia do conteúdo de janelas, 31
CR (resposta condicionada) aquisição da, 44-51, 54-55
combinação do US com o CS para criar a, 87-88
definição de, 9, 266
extinção da, de primeira ordem, 111-115
na janela da mente CS Response Strength (Força da Resposta), 21-23
CRF (de reforçamento contínuo)
definição de, 183
CS (estímulo condicionado)
aquisição, 87-88
cumulativo, registros. *Veja* registros cumulativos
definição de, 9
efeito de pré-exposição ao, 130-132
força da resposta, 264
força variável do, 44-51
janela da mente Response Strength, 21-23
no condicionamento com compostos, 57-64
simulação no Sniffy Pro, 13
CS com estímulos compostos, 13

D

delineamento experimental (condicionamento operante), 187

delineamento experimental (exercícios de condicionamento operante)
  após a aprendizagem de discriminação de S+/S-, 222-223
  aprendizagem de discriminação de S+/S-, 221-222
  aprendizagem de discriminação, 209-211
  aquisição e extinção na frequência relativa, 171-175
  comportamento adjuntivo, 198-200
  programação de esquema, 188-191
    esquema VR, aumento do valor de, 194-196
    esquema VR, colocando Sniffy em um pequeno, 191-194
  generalização de estímulo (discriminação por simples acionamento de tom S+), 217-218
  generalização de estímulo (discriminação por simples acionamento de tom S-), 215-217
  modelagem de Sniffy para esfregar o focinho, 231-234
  modelagem de Sniffy para pedir, 229-231
  modelagem de Sniffy para rolar, 234-236
  modelagem de Sniffy para pressionar a barra, 152-160
  punição, severa única, 179-181
  punição, suave repetida, 181-182
  punição, suave única, 177-179
  recuperação espontânea, 167-168
  reforçamento secundário, 164-167
  reforço parcial em exercício de extinção, 196-197
  treinamento para uso do alimentador, 150-151
delineamento experimental (gráficos de estágio/condicionamento) em condicionamento clássico
  antes do exercício de condicionamento inibitório, 78-82
  bloqueio, 64-69
  condicionamento de ordem superior e extinção de CR de primeira ordem, 111-115
  condicionamento e habituação de ordem superior, 115
  condicionamento inibitório e exercício de soma de resposta, 82-86
  efeitos de habituação de UR no exercício de condicionamento de ordem superior, 111-115
  em exercício de associação de S+/S-, 102
  estágios, em exercício de bloqueio, 64-65
  exercício básico de condicionamento de ordem superior, 108-111
  exercício de aquisição, 35-40
  exercício de condicionamento por estímulos compostos, 57
  exercício de efeito pré-exposição de US, 132
  exercício de extinção, 40-42
  exercício de pré-condicionamento sensorial, 88-94
  exercício de recuperação espontânea, 42
  exercício de sombreamento, 69-72
  exercício de superexpectativa, 72-75
  exercício de UR para condicionamento de habituação de primeira ordem, 104-108
  exercício do efeito de pré-exposição de CS, 130-132
  habituação, sensibilização, e background, 125-127
desempenho, realismo Veja US, 196
deslocamento do pico, 208
diminuição da resposta
  da UR no condicionamento de ordem superior, 115-120
  da UR no condicionamento de primeira ordem, 108-111
  visão de conjunto de, 123-125
discos rígidos
  cópias de arquivos de e para, 256-259
  diretório-raiz de, 249
  salvamento de arquivos, 248-249
Dispensador de Pelotas Silencioso, 161
  OR (resposta de orientação), 9, 87
dock, no Mac OS X, 255
dor. Veja também janela da mente Sensitivity & Fear (Sensibilidade e Medo)
  exercício sobre a, 125-127
  mostrar força do, 22

E
efeito de superexpectativa, 72-75
efeitos ambientais, 139
encadeamento de trás para frente, 242
esfregar o focinho, 231-234
esquemas CRF (de reforçamento contínuo), 183-187
esquemas de intervalo fixo (FI), 188

definição de, 263
desempenho idealizado com, 189-191
exercício de, 195-196
realização dos experimentos, 189
visão de conjunto de, 183. *Veja também* esquemas de razão, 187-188
esquemas de razão fixa. *Veja* esquemas FR (razão fixa)
esquemas de reforçamento contínuo (CRF), 183-187
esquemas de reforçamento, 183-202
   arranjo experimental, 189-191
   definição de, 263
   esquemas de intervalo fixo, 188-189, 195-196
   esquemas de intervalo variável, 187, 194
   esquemas de razão fixa, 188
   esquemas de razão variável, 187-188
   realismo do, 196
   visão de conjunto do, 183-202
   configuração de experimentos em condicionamento operante, 189-191
   e comportamento adjuntivo, 198-200
   tamanho de, e efeito nos comportamentos, 201
esquemas FR (razão fixa)
   definição de, 263
   desempenho nos, 187-188
   exercício de, 194-195
   realização de experimentos com, 189-191
   visão de conjunto de, 183
esquemas VI (intervalo variável)
   definição de, 263
   exercício em pequenos esquemas, 191-194
   exercício no, 194
   exercício sobre, 194
   realização dos experimentos, 189-191
   visão de conjunto dos, 185
   visão geral de, 183
esquemas VR (razão variável)
   aumentar o valor de, 193-194
   cálculo dos índices de supressão, 41
   criação de pequenos, 191-192
   definição de, 263
   linha base de comparação, 35
   realização dos experimentos, 189-191
   visão de conjunto dos, 183
estímulo. *Veja também* CS (estímulo condicionado).
   observação do, 29-30

tipos de associações do, 26-27
US (estímulo incondicionado)
visão de conjunto do, 8-9
estímulo discriminativo, 204
estímulo discriminativo negativo (S–), 207
estímulo discriminativo positivo (S+), 206
ética, uso de animais vivos, 2
   transferir dados para outros programas, 30-31
exercícios. *Veja* delineamento experimental (gráficos de blocos/condicionamento) no condicionamento clássico; resultados experimentais (exercícios de condicionamento clássico)
extinção
   avaliação da generalização de estímulos, 206
   da CR de primeira ordem no condicionamento de ordem superior, 111-115
   (exercício) 108-111
   definição de, 264
   e aquisição nas frequências relativas de comportamento
   e exercícios de punição, 177-182 e recuperação espontânea (exercício), 167
   em delineamento experimental exercício na, 40-42
   experimento de, 160-164
   jorro de respostas, 162
   punição e, 177
   realização de tentativas, 40-42
   recuperação espontânea e, 167-168
   reforçamento e (exercício), 160-164
   reforçamento secundário e, 164
   reforço parcial e, 196-198
   reforço secundário e, 164-167
   resistência a, 9, 201-202

F
farejar, 171
fatores genéticos, 139
fisiológicos, processos de aprendizagem, 3
força da ação
   aumento da aprendizagem por discriminação, 215-216
   definição de, 264
   eliminação por extinção, 160-161
   em aprendizagem por discriminação, 215-216

Índice remissivo

Força da Resposta ao Estímulo Discriminativo (SD), 262
frequência relativa
   de comportamentos de Sniffy, 171-175
   curva de generalização, 205, 262

G
gatos, 240-243
generalização de estímulos
   após aprendizagem de discriminação S+/S–, 222-224
   após aprendizagem de discriminação simples com um tom S+, 217-218
   após exercício de aprendizagem de discriminação simples com um tom S-, 220-221
   comparação das curvas, 224-225
   definição de, 264
   realização de testes de, 220-221
   visão geral de, 203-204
gerenciamento de arquivos.
   abertura de arquivos, 252-256
   armazenagem em pen drives, 245
   arquivos Macintosh no Windows e, 258-259
   cópias, 258
   criação de atalhos, 248
   pen drives *versus* discos rígidos, 256-257
   geração de acesso na área de trabalho, 247-248
   salvar arquivos, 248-252
   potencial de generalização
   comparação de resultados de, 224-225
   inibição, 207-209
gráficos/legendas, 22, 51.

H
habituação
   de UR no condicionamento de ordem superior (exercício), 115-120
   de UR no condicionamento de primeira ordem (exercício) 104-108
   de UR, 19
   definição de, 264
   e condicionamento contextual, 125-130
hierarquia da modelagem, 227

I
impressão do conteúdo da janela de dados, 31

índice de movimento, 11, 23-24, 264
índice de supressão, 11, 25-26, 264
inibição latente, 130, 264
inicialização, do Sniffy Pro, 7-8
Intervalo Entre Tentativas, 17, 29

J
James, William, 137
janelas da mente.
   CS Response Strength (Força da Resposta ao CR), 21-23
   definição de, 269
   Operant Associations (Associações Operantes), 148-149
   Sensitivity & Fear (Sensibilidade e Medo).
   visão de conjunto das, 3
janela da mente DS Response Strength (Força da Resposta ao SD), 213-214, 262
janela da mente Operant Associations (Associações Operantes), 148-149
janela da mente Sensitivity & Fear (Sensibilidade e Medo), 20-21
janela Moviment Ratio (Índice de Movimento), 23-24
janela Suppression Ratio (Índice de Razão da Supressão), 25-26

L
Lab Assistant (Assistência do Laboratório), 7, 31
legenda, do gráfico, 22, 51
Lei do Efeito, 137
levantar as patas, 171
locomoção, 171

M
Mac OS X
   abertura de arquivos, 254-255
   atalhos, 248-249
   cópias de arquivos, 257-258
   executar Sniffy Pro no, 7-8
   Veja também salvar arquivos no, 250-251
   transferência de arquivos para o PC com Windows, 258
medição de comportamento. *Veja também* janela da mente
   Força da Resposta; índice de movimento;
   metáfora da "caixa preta", 140
medidas da resposta, 30, 264

medo, 20, 264. *Veja também* janela da mente Sensitivity & Fear (Sensibilidade e Medo)
esquemas de intervalo fixo (FI), 188
menu Experiment
    aceleração do tempo, 33
    alteração da natureza das associações, 26
    caixa de diálogo Design Classical Conditioning Experiment (Programar Experimentos de Condicionamento Clássico), 14, 189
    Assistência do Laboratório (Conselhos Úteis), 36, 215
    comando Pausa, 157
    Tutorial para Modelagem, 155
    Mostrar Sniffy, 19, 33, 172
método experimental acoplado, 264
Microsoft Windows
    abrir arquivos no, 252-254
    cópia de arquivos, 256-258
    copiar arquivos do disco rígido para o pen drive, 256-258
    criação de atalhos, 247-248
    inicialização do Sniffy Pro, 7-8
    salvar arquivos no, 249-250
    transferência de arquivos para o Macintosh do, 258
modelagem, 227-244
    comportamentos diferentes de pressionar a barra, 227-229
    de gatos para pedir/andar com as patas traseiras, 240-243
    de Sniffy para emitir outros comportamentos, 237-240
    de Sniffy para esfregar o focinho, 231-234
    de Sniffy para pedir, 229-231
    de Sniffy para pressionar a barra, 152-156
    de Sniffy para rolar, 234-236
    definição de, 265
    outros exercícios sobre, 243-244
modelar Sniffy para as, 152-156
    na medição do índice de supressão, 25-26

O

observações, no condicionamento clássico, 22
OR (resposta de orientação), 9, 87, 266

P

painel First Stimulus (Primeiro Estímulo), 18

painel Second Stimulus (Segundo Estímulo), 18
pasta Applications, 246
pasta Program Files, 248
pasta Sniffy Files, 252
pedir
    definição de, 265
    modelar gatos para, 240-241
    treinar Sniffy para, 237-240
pen drive
    cópias de arquivos de e para, 258
    salvar dados em, 246-247
pombos
    aprendizagem de discriminação de estímulo, 208
    em experimento associado, 187-188
pré-condicionamento sensorial, 88-94
pressões na barra
    avaliação da CER, 9-13
    barra-som/alimento-som, 149
    como resposta, 142
    durante a extinção, 160-164
    exercício de extinção, 160-164
    exercício de frequência relativa, 171-175
    interpretação dos registros cumulativos, 156-160
    medição do índice de supressão, 25-26
    modelar Sniffy para as, 152-156
    na aprendizagem de discriminação, 215-216
    na caixa operante, 142
    no reforço secundário, 164-167
    repertório comportamental e, 168
PRF (reforço parcial), 183
Principles of psychology (James), 137
processos de aprendizagem, 4-6
processos de aprendizagem. *Veja também* associações, no condicionamento clássico; aprendizado por discriminação de estímulo
    efeito no comportamento, 137
    experimento de condicionamento de ordem superior, 115
    experimento de condicionamento de primeira ordem, 111
    teorias de associação, 99-102
    visão geral de, 4-6
processos psicológicos, 3-7, 21
punição, 177-182
    definição de, 265
    exercício de punição suave única, 179-181

exercício de punição severa única, 179-181
severa única, 179-181
suave repetida, 181-182
suave única, 177-179
visão de conjunto da, 177
punidor condicionado (secundário), 145, 265
punidor negativo, 144, 265
punidor positivo, 144, 265
punidor primário, 144, 265
punidor secundário, 145, 265

Q
Quatro Modelos de associação, 102

R
RAM (memória de acesso aleatório), 265
reais, animais. *Veja* animais reais
realismo
desempenho de esquema *versus*, 196
e animação da resposta, 9
falta de elementos de, no Sniffy Pro, 225
recuperação espontânea, 42-43, 167-168
recuperação espontânea
definição de, 265
no condicionamento clássico, 42-44
no condicionamento operante, 167-168
reforçador, 143
reforçador secundário (condicionado), 145, 266
reforçador negativo, 143, 265
reforçador positivo, 143, 265
reforçador primário, 144, 266
reforçamento
condicionamento operante e, 143-145
definição do, 266
extinção do, 160-164
interpretação dos registros cumulativos, 156-160
modelagem do comportamento mediante, 152-156, 227-229
na caixa operante, 142
negativo, 143
parcial, 196-198
positivo, 143
secundário, 145
treinamento para uso do alimentador como, 150-151
reforço contínuo, 159, 161, 183
reforço de alimento. *Veja também* associação som-alimento

e índice de supressão, 11
e modelagem de Sniffy, 227
e saciação, 5
modelar por meio de, 227
no condicionamento operante, 142
reforçadores secundários com, 145
registro cumulativo no condicionamento clássico, 24-25
saciação e, 5
visão geral de, 142
reforço parcial (PRF), 196-198
reforço secundário, 164-167
registrador cumulativo, 156-160
registros cumulativos
no condicionamento clássico, 8-9
no condicionamento operante, 149-151
registro cumulativo no condicionamento operante
aumentando o valor do exercício de esquema VR, 193-194
e exercícios de punição, 177, 179, 181
em exercícios de aprendizado por discriminação de S+/S2, 199
exercício de aprendizagem de discriminação de S+/S-, 221
exercício de discriminação simples por acionamento de tom S+, 217
exercício de discriminação simples por acionamento de tom S-, 218-219
exercício de esquema FR (razão fixa), 194
exercício de recuperação espontânea, 167
exercício de reforço secundário, 164-167
hipotético em experimentos associados, 164, 188
interpretação do exercício de resposta de Sniffy, 187
exercício com esquema VR pequeno, 191-194
reforço parcial no exercício de extinção, 196
visão geral de, 183
repertório comportamental. *Veja também* modelagem de Sniffy, 145
definição de, 266
resposta condicionada. *Veja* CR (resposta condicionada)
resposta emocional condicionada (CER), 9-13

rolar, 234-236, 266

S
S– (estímulo discriminativo negativo), 204
S+ (estímulo discriminativo positivo), 204
saciedade, 5
salvar arquivos
   convenção de nomes, 246
   no disco rígido, 248
   no Mac OS X, 250-252
   no Windows, 249-250
Schedules of reinforcement (Ferster e Skinner), 185
scallop de intervalo fixo (FI), 188-189
sensibilidade à dor, 20-21, 107, 125
sensibilização, 125-130, 266
Shaping Tutor (Tutorial da Modelagem), 155
sistemas operacionais. *Veja* Mac OS X; Microsoft Windows
Skinner, B. F., 138-141
Sniffy Isolado
   Tempo Acelerado, 33-34
Sniffy Pro, 1-7 *Veja também* condicionamento clássico; condicionamento operante; modelagem
   animação no, 2, 9, 158
   aprendizagem de discriminação de estímulo/generalização, 203-209
   caixa operante, 142
   configurações padrão, 29
   modelos de processos psicológicos para, 21
   registros cumulativos no, 156-160
   repertório comportamental, 145
   versus ratos reais, 4, 164, 196
   a respeito do programa, 4-6
   aplicações no mundo real do, 6
   arquivos, gerenciamento de. *Veja* gerenciamento de arquivo
   como instrumento de aprendizagem, 4-6
   criação do Sniffy animado, 2-3
   inicialização do, 7-8
   razões para a criação do, 1-2
Sniffy Pro for Windows, 258
sombreamento, 69-71, 266

supressão condicionada, 9, 266

T
técnicas de treinamento, 150-152
tempo cronológico
   aceleração do tempo, 33
   definição de, 266
Thorndike, Edward, 137-138
tipos de tentativa, 14-20
tocar a face, 171
treinamento com "click", 243
treinamento para uso do alimentador de gatos, 240-243
   definição de, 267
   exercícios sobre, 150-152
   reforço secundário no, 145
   treinamento mais rápido com o, 156-160
   visão de conjunto do, 143-145

U
UR (resposta incondicionada)
   definição de, 9
   habituação da, no condicionamento de ordem superior, 115-120
   diminuição da, no condicionamento de primeira ordem, 111-115
   exercícios em, 104-108, 115-120
   produção de US, 87
US (estímulo incondicionado) definição para os tipos de tentativas, 26-28
   background, 48
   CS comparado ao, 87
   definição de, 264
   discriminação e generalização, 203-227
   efeito pré-exposição, 130-132
   intensidade variável do, 44-51
   janela da mente Força da Resposta ao CS, 21-23
   observação no condicionamento clássico, 22
   pré-exposição e, 132-134
   Primeiro e Segundo, no delineamento experimental, 18
   sensibilização/condicionamento contextual, 125-130
   visão geral, 8-9